中西對話
汪琪 主編

當代
西方思想的困局

勞思光 著

中西對話叢書序

清末民初的百年間西學東漸，中國的思想與學術在一場驚天動地的典範轉變後，逐漸陷入一個歷史學家余英時所謂的「雙重邊緣化」困境。在理論知識上忠實追隨西方，不僅使我們在國際學術版圖上淪為邊緣，研究對本土社會文化發展的貢獻也頗為有限。華人社會在人文社會科學研究上年復一年投入龐大人力與資源，但我們是否真正瞭解「全球化」與「本土化」的意義？在二十一世紀的今天，我們如何看待自己、看待西方、重建「主體性」，又如何在學術上與西方對話？

許多人急於提出「本土理論」，然而理論知識的產生必須由更根本處著手。無論是對西方論述的回應、由現代學術的觀點詮釋傳統、檢視中西思想交流，或直接面對本土學術議題，系列叢書的目的都在以一種較「本土化」視野更為寬廣的思維，來推展本土學術可長可久的發展。

導讀

華梵大學哲學系副教授／中國哲學會秘書長　陳振崑

一、前言：勞思光教授的學術志業與學思歷程

勞思光先生一生以《中國哲學史》聞名於世，他是少有的屬於哲學專長領域的中央研究院院士。實際上勞先生的文化志業與學術成就遠遠地超過《中國哲學史》的局限。林正弘教授推崇勞思光先生是一位「對中國古籍如數家珍，而又精通西方哲學的哲人。……（勞先生）在西方傳統哲學與當代歐陸哲學方面有深厚的造詣，而對英美哲學的最近發展也充分掌握，且有獨到的見解。」[1]關子尹教授指出勞先生在治學之餘，積極宣揚自由主義精神，投身於兩岸政治社會文化的批判工作。他推崇勞先生不只具有學者的風範，更心懷國士的胸襟，堪稱公共知識份子的典範。[2]劉國英教授尊稱勞先生是「當代中國批判思想

1　參閱林正弘，〈沒有勞先生的台灣哲學界〉，收入王隆升編「勞思光教授紀念特輯」，《國文天地》月刊，第28卷第8期，二〇一三年一月，頁22。

2　參閱關子尹，〈豈只學者風範，更乃國是胸襟——痛悼勞思光教授〉，收入王隆升編「勞思光教授紀念特輯」，《國文天地》月刊，第28卷第8期，二〇一三年一月，頁18－19。

家和世界意義的哲學家」。他強調勞先生不是以弘揚國學的民族主義心態來撰寫《中國哲學史》，而是「從理論效力的高度，來分析、判別與評估中國思想家在哲學理論上的成就與貢獻」。再者，勞先生在《歷史的懲罰》中以一種動態的歷史觀進行對中國文化的考察，也就是用一種開放性思維的態度而不是獨斷論形上學的封閉方式來看待中國文化。最後，勞先生秉持康德批判哲學的精神，力主中國哲學通往世界哲學開展，努力發掘傳統中國哲學中具有普遍價值的成素，使之成為能面對當前世界文化問題的思想資源，讓中國哲學成為一種能繼續發揮功能的哲學。3 沈清松教授指出勞先生晚年之所以契合於哈伯瑪斯的文化哲學，是因為勞先生高度肯定哈伯瑪斯構思了一個足以促進人類理性健全發展的完善計畫，並把第二次的啟蒙運動擴大到能夠涵蓋人類溝通行動（communicative actions）的生活世界。勞先生珍視哈伯瑪斯哲學堅持人類理性以對抗後現代的反理性主義的勇氣，可稱之為「理性的希望」（hope of reason），並且透過理性的兩個功能：「批判」（the critical）和「建構」（the constructive），繼續從東西方文化傳統之間的互相豐富中獲益，讓中國哲學與西方哲學一起合作，以共同面對後現代主義的挑戰。沈清松教授推崇這是勞先生面對中國與世界文化危機的宏偉視野。4

勞思光先生本名榮瑋，號韋齋，思光是先生的筆名。先生本籍湖南長沙，一九二七年出生於陝西西安，一九四六年就讀北京大學哲學系，一九五二年畢業於台灣大學哲學系。一九五五年因辦報論政，不容於戒嚴政府而離台赴港，先後任教於珠海書院與香港中文大學。兩度赴美為訪問學人（哈佛大學（1969－1970）、普林斯頓大學（1975－1976））。一九八五年從香港中文大學哲學系榮休後轉任原校中國文化研究所高級研究員、逸夫書院高級導師（1986－1997）。一九八九年台灣解嚴，勞先生返台任教於清華、師大、政大與東吳等校客席。一九九四年起受聘於華梵大學東方人文思想研究所與哲學系講座教授，直至二〇一二年十月辭世為止。勞先生的學術成就頗受學者肯定，一九九六年起獲聘為中央研究院中國文哲研究所學術諮詢委員，二〇〇一年獲行政院文化獎，二〇〇一年獲教育部學術獎，且獲選為中央研究院院士，並多次主持國家講座（2002－2009）。

勞思光先生出身翰林世家：高祖父崇光公官拜兩廣總督、雲貴總督；祖父啟恂公曾任陝西鄜州知府；父親競九先生，中將軍階退伍，曾加入同盟會與參與辛亥革命。勞先生幼

3 參閱劉國英，〈當代中國的批判思想家和世界意義的哲學家〉，收入王隆升編「勞思光教授紀念特輯」，《國文天地》月刊，第28卷第8期，二〇一三年一月，頁36－39。

4 參閱沈清松（Vincent Shen）教授，在第18屆國際中國哲學會（紐約大學水牛城校區，2013.07.21－24）所發表的英文論文〈在勞思光與唐力權哲學中的跨文化性〉（‘Interculturality’ in Lao Sze-Kwang and Tong Lik-Kuen’s Philosophies）。

承家學，加以天資聰穎，七歲即擅詩能文，從此奠定了深厚的國學基礎。[5] 勞先生生長在中國傳統文化開始失效，而現代文化建設尚未就緒的迷亂時代，不得不詢問「中國的路向為何？」「中國文化向何處去？」等問題。勞先生從二十歲之前（約當勞先生入學北京大學哲學系前後）即開始關心當代中國與世界的文化危機與哲學危機問題。為文化危機與哲學危機尋求解決困境的可能途徑，便成為勞先生一生爾後約六十五年學術歲月的研究旨趣所在。晚年勞先生的學術生活更聚焦於為建立一個足以解決當代文化與哲學困局的文化哲學奠定理論基礎而戮力不懈。

勞先生自己把他個人哲學思想的發展過程劃分為早、中、晚三個時期[6]：

1. 早期：主要包括一九五八年以前所發表的著作，此時期的論著主要發表於《民主潮》，旁及《祖國周刊》、《民主評論》、《大學生活》、《自由學人》等雜誌，最後被集結為「思光少作集」七冊（1986－1987）[7]。此時期勞先生的思想的主軸主要採用「黑格爾模型」（Hegelian model）來探求中國儒學的新出路，並旁及對西方傳統與近現代哲學的融攝。

勞先生的早期思想，關心中國現實的政治情勢與歷史文化發展，探究中西哲學思想潮流，勤於著述立說並撰寫時文政論，並不局限於專業的哲學理論建構工作。勞先生憂心於西潮東漸下的苦難中國在喪權辱國與風雨飄搖中彷徨掙扎的現實處境與歷史困境，故有大量的政治社會文化評論發表，都被編輯在《少作集》的合集裡。

此時期的勞先生對於中國哲學的研究，不管是專書或論文，發表得比較少，反而對於西方哲學下了不小的工夫，舉凡康德、黑格爾、科靈烏、拉斯基、密爾、卡西勒、海葉克、齊克果、許懷惻、湯恩比、石里克、路易斯、阿德利希、魏思曼、懷德海……等等哲學家，都有所涉獵且有論文發表，並有後來《哲學問題源流論》（1956－1957）、《康德知識論要義》（1957）、《思想方法五講》（1958）、《存在主義哲學》（1959）……等重要哲學專書的出版。

這時期的勞先生對於康德哲學與黑格爾文化哲學主要採取「主體性」的思想架構，用

---

5 勞先生一生除發表一系列的哲學文化學術著作與撰寫文化政治評論文章之外，亦擅長寫作古典詩詞以寄託感時家國之懷。華梵大學中文系邀集校內外師長合組「韋齋詩會」讀書會，編纂成《勞思光韋齋詩存述解新編》一書，述解詩詞兩百五十餘首，由王隆升教授主編，台北：萬卷樓圖書公司出版，二〇一二年。

6 參閱勞思光《文化哲學講演錄》「自序」（xi），（二〇〇二年）。

7 「思光少作集」七冊：《儒學精神與世界文化路向》、《哲學與歷史》、《哲學與政治》、《知己與知彼》、《遠慮與近憂》、《西方思想淺談》、《書簡與雜記》，台北：時報文化，一九八六年至一九八七年。

來作為詮釋儒學的心性之學與道德修養論，以及評論中西文化問題的理論模型。康德的主體性是「自由意志」；黑格爾的主體性是「絕對精神」，勞先生的主體性應該是比較接近於康德的儒家孟子心學的「良知」、「本心」等自覺意識。8 勞先生在這裡採取黑格爾哲學的主要思想形式是由「主觀精神」（心）向「客觀精神」（物）開展的「外在化」（externalization）活動過程。這也就是「文化精神」客觀化落實為「文化現象」的活動過程。這個「主體性」與「外在化」的理論模型的形式使用，一直延續到勞先生中期思想期間，撰寫《中國哲學史》時，作為評判中國哲學史發展中各家各派哲學理論得失的主要判準。至於黑格爾的「絕對精神」概念、「辯證法」方法論與存有論體系，並不被勞先生所青睞。

2. 中期：作品約略包括一九五五年到一九八〇年代勞先生離台留港期間所發表的專書、論文。後經收錄、編校與重刊為「思光學術論著新編」十三冊（1998－2001）9，以及《中國哲學史》三卷四冊行世。此時期勞先生的思想主軸在於「中國傳統哲學的系統闡釋」與「西方現代及當代哲學思想的清理」。前者，最具體的成果便是《中國哲學史》在「世界哲學」的學術視野與「基源問題研究法」的哲學史方法論方面都成為中國哲學研究的新典範；後者，主要是勞先生漸漸走出黑格爾文化觀的局限，進而消化吸收西方現代哲學與當代哲學思想，從文化哲學到文化科學、從英美哲學到歐陸哲學的醞釀過程。這成為勞先生從早期向晚期思想轉變發展的過渡時期。

勞先生漸漸了解到黑格爾的「主體性」與「外在化」文化哲學的模型，如果只就一個文化的內部發展來看，則此一模型的理論效力即已足夠。但若是涉及多數的異質文化並立而交互影響的跨文化領域，則顯得不夠適用。特別像十九世紀以來的中國文化危機問題，便都是由外來異質文化的壓迫所產生，此時若只使用黑格爾模型來討論問題，便顯得局限。因此，勞先生引進帕森斯模式（Parsonian Model）來補足黑格爾模式的不足。相反於黑格爾「由內而外」，文化科學家帕森斯的「功能結構主義」以外在經驗生活世界為原出，再「由外而內」內在化（internalization）為內在的價值意識世界。如此便結合成「雙重結構的文化觀」：一方面由自覺性或文化意識為根本，從此由文化精神衍生文化生活的外化結

---

8 因此要理解勞先生的早期思想方法，《康德知識論要義》、《思想方法五講》是最重要的著作。

9 「思光學術論著新編」十三冊：《中國文化要義新編》、《存在主義哲學新編》、《思想方法五講新編》、《哲學淺說新編》、《歷史之懲罰新編》、《中國之路向新編》、《文化問題論集新編》、《大學中庸譯註新編》、《康德知識論要義新編》、《哲學問題源流錄》、《自由、民主與文化創生》、《思光人物論集》、《家國天下——思光時論文選》，香港中文大學出版社，一九九八年。

構；一方面由「社會性的實有」（social reality）為根源，由經驗世界形成文化意識的內化結構。勞先生在這裡不局限於黑格爾理論模型而走出意識哲學局限的轉變，加上爾後對於康德批判知識論的堅持，與放棄大系統哲學的企圖，讓他漸漸地與當代新儒學的哲學思維漸行漸遠。

再者，勞先生一九六九年起赴美訪問，讓他在英美哲學的學識上大有長進。他對於英美分析哲學的當代意義理論本已有所把握，後來又親自接受蒯因教授（W. V. O. Quine, 1908－2000）的有力刺激，還有與維也納學派費格爾教授（H. Feigl, 1902－1988）的談論，使勞先生對於維也納學派卡那普（R. Carnap, 1891－1970）的物理主義的立論與用心所在更為明確的理解。勞先生在美國接觸哲學界人士既多，又覺察到二次大戰後西方哲學思想之演變有越來越複雜的傾向，終於認識到分析哲學雖然能提供嚴密思考的訓練，但卻逐步失去歐美哲學的主流地位。這也就影響到勞先生開始轉為注意歐洲德語哲學的發展情況。[10]

3. 晚期：自從一九八○年代至今，已出版的專書或論集共有以下五種：《中國出路問題的新檢討》（1993）、《思辯錄——思光近作集》（1996）、《文化哲學講演錄》（2002）、《虛境與希望——論當代哲學與文化》（2003）、《危機世界與新希望世紀——再論當代哲學與文化》（2007）。此時期勞先生的思想主軸在於直接面對哲學與文化危機，全心致力於文化哲學的理論建構。其具體思想成果，依據張善穎先生〈勞思光哲學：一個綜覽〉一文之分析，可以區分為四個領域：①「中國文化路向的檢討」；②「中國哲學的特性及其未來」；③「文化危機之克服」；④「哲學危機之超越」。[11]在此僅略敘思想內涵重要關鍵所在：

勞先生以前述「雙重結構的文化觀」取代原先所持守的黑格爾模型，重新檢討中國文化的路向問題。他並提出「結構與歷程」、「創生與模擬」兩對理論區分，分析辨別得出：中國的現代化歷程應該屬於一個跨文化之間動態的模擬歷程，並不是經由文化精神層面上觀念的改造來重現一個內在的文化創生過程。[12]勞先生進而以「批判意識」與「建設意識」兩種文化意識，來重新審視中國文化轉型的發展過程。最後，勞先生表現出對於當代知識份子片斷地受到後現代文化的觀念影響，反對理性、否定規範規則、否定現代文化、混淆了前現代與後現代，等等亂象非常憂心。他對於後現代文化的知識片斷化、理論的自我矛盾（一方面宣稱「反對理論建構」，一方面又有所理論宣稱）、陷入社會秩序的虛幻化、

10 參閱勞思光，《思辯錄——思光近作集》（台北：東大圖書公司，一九九六年），〈自序〉，頁2－3。

11 編入張善穎，《勞思光哲學要義——超越中國哲學史》（*Understanding Lao Sze-Kwang: Beyond the Crisis of Culture and Philosophy*），（台北：EHG Books 微出版公司，二〇一三年），頁175－182。

12 參閱《中國文化路向問題之新檢討》，頁52－55。

價值的相對性等問題都提出批判。13

勞先生在《中國哲學史》三卷四冊完成（1981）之後，在一系列的論述與講演中所提出的重要觀念，對於中國哲學未來的研究發展具有關鍵性的啟發，例如：「在世界中的中國」（China in the world）之學術視野、「開放成素」（open elements）與「封閉成素」（close elements）的分辨、「引導性哲學」（orientative philosophy）與「認知性哲學」（cognitive philosophy）的區分等等。14 再者，勞先生努力闡發了傳統中國哲學在世界哲學視域中所具有的普遍意義和價值之精彩所在，例如：儒學的德性工夫論在「主體性」（subjectivity）與「實踐」（praxis）性質中可能的開展；以及道家哲學可向「互為主體性」（intersubjectivity）、與「主體性之解消」開放的理論可能性……等等都讓中國哲學具有現代世界哲學的理論意義。至於西方哲學方面，歐洲海德格（Martin Heidegger, 1889－1976）與高達美（Hans-Georg Gadamer, 1900－2002）的詮釋學，後期維根斯坦（Ludwig Wittgenstein, 1889－1951）的語言哲學與哈伯瑪斯（Jürgen Habermas, 1929－）的溝通行動理論等當代歐洲重要哲學理論都為勞先生所探索而融攝。特別是哈伯瑪斯哲學中的普遍語用學、交互主體性、對話倫理學、溝通理性、事實與規範的分判，以及後形上學思維（超脫實體性或主體性哲學的思維）的程序合理性成為勞先生晚期建構文化哲學理論最為重視的哲學思維。

對於以上勞先生的晚期思想，也就是完成《中國哲學史》之後，思想發展轉向的歷程，以及所開展論域的新格局，進行一番全盤性的輪廓描繪有其必要。勞先生晚期思想的進展，特別是最後幾年為文化哲學理論奠基的探討用心所在，可以從解放意識與建設意識兩個方面來加以把握：首先，從解放意識這方面來看，本書較為完整地記錄了勞先生對於後現代哲學與文化的分析與批判，便是絕無僅有的也是最好的代表作。至於從建設意識方面來看，則勞先生晚年所對於哈伯瑪斯哲學持續的消化與吸收，雖然還未能親自寫作成書，我們仍能期待從豐富的上課講演記錄中去整理出勞先生的想法與洞見所在。

二、從「希望世紀」到當代世界的「三重困局」

勞思光先生約略在《中國哲學史》完成之後，接著便著手清理二十世紀的哲學問題，要審視現代文化之下哲學思維如何演變？以及達成什麼樣的成果或遭遇到什麼樣的困難？

13　參閱《遠景與虛境——論中國現代化問題與後現代思潮》，頁215－218。

14　勞先生認為中國儒釋道哲學之企求「成聖」、「成佛」，屬於「引導性哲學」，目標在尋求「自我轉化或社會轉化」，故可以在道德哲學（心性哲學）或政治社會哲學領域發揮中國哲學思維的「開放成素」而有所貢獻於「世界哲學」的建構。

這也就是「當代哲學」（contemporary philosophy）思想的清理。

勞先生看待當代世界文化與哲學的危機，是從十九世紀被稱作「希望的世紀」（century of hope）開始的。當時歐洲的知識份子有一個共同的信念，都認為世界與文化生活永遠在進步當中。然而從十九到二十世紀所暴露的種種問題越來越複雜，原先充滿希望的世界，漸漸走向處處是「困局」（predicament）的世界。勞先生稱之為當代世界的「三重困局」（triple predicament），這是本書第一章主要的內容：

1. **第一重困局是指傳統與現代性的緊張關係**。現代性是歷史上少見的巨大變化。韋伯「解除魔咒」（disenchantment）的說法，指出現代化的社會徹底被改變，結果跟傳統的一切規範、思考方式與行為方式都不同了。傳統亞里斯多德「目的論」的世界觀漸漸改變成物理科學「機械論」的世界觀。因此傳統與現代文化之間產生了很多不相容而造成種種衝突張力的成分。

2. **第二重困局是指現代文化本身有它的不完整性，故有所謂現代文化的「病理學」（pathology）**。現代文化講求理性，但最後卻陷溺於一味追求「工具理性」。「價值理性」或「目的理性」的喪失，使得現代文化暴露出種種窘境。十九世紀三位批判現代社會的質疑大師：從宗教的角度來看，認為現代宗教墮落，這是齊克果（Søren Kierkegaard, 1813－1855）的想法，是從最窄的範圍來批判、質疑現代文化。從經濟結構來看現代社會中的種種剝削與不公平現象，是馬克思（Karl Heinrich Marx, 1818－1883）思想的重點。但是從根本上懷疑理性思維傳統的思想家，代表人物就是尼采（Friedrich Wilhelm Nietzsche, 1844－1900）。

勞先生對於現代社會進行病理學的剖析提出三個問題：①「擴張主義」（expansionism）：工業科技與資本累積伴隨著帝國主義與殖民主義擴張。②「工具理性」（instrumental rationality）：只問技術、手段、策略，不問價值、道德、目的。③「物化」（reification）：把人當成一個可以交換的貨物。

3. **第三重困境是指「對於理性的不信任」，因此可稱為反理性思潮**。由於對於現代文化的不信任而出現反現代文化的思潮，因此而有「哲學的終結」一類的說法。

反理性思惟對於理論語言與行為規範的約定，必然造成種種病態而可能引發文化危機：

a. **片段化（fragmentation）的病態**：後現代論述的理論總是依據小範圍、片段化的結論去作普遍、全體的判斷。但即便片段裡的論證是可以成立的，為什麼可以據以為普遍化的判斷？例如傅科對於權力、社會的觀點、他對於瘋人院的研究，他很輕易就把局部的研究擴大，變成為社會權力迫害、壓制過程的普遍理論。

b. **特權化（privilege）的病態**：他一方面說人類理性思維是不可相信的，但是卻又相信自己的論述是真理。這樣的發言實際上就成了一種特權。

c. **虛無化的病態**：由於不相信理性，因此指向行為的根據何在，所使用的規範語言也就沒有客觀地判準，使得社會規範沒有共同的基礎，一切社會價值虛無化，產生真正的文化危機。例如傅科對瘋人院的研究，背後很顯然是一個社會正義（social justice）的問題，可是他把我們平常建立社會正義的合理性判準丟開，否定一切主張的合理證成，也就陷入理性的虛無狀態。

三、在客觀主義與相對主義對峙下，開展後形上學思維與反省思維的新向度

勞思光先生在本書第二章起將「維也納學派」和「詮釋學」可能提供的理論貢獻及其限制，在參照柏恩斯坦（Richard J. Bernstein, 1932－）評論「客觀主義」與「相對主義」的架構下[15]加以分析，並嘗試運用哈伯瑪斯的「後形上學思維」與「反省思維的新向度」突破思想困局，以及闡釋如何由「外加結構」概念重新開展文化世界。最後在「極限」概念的指引下，針對後現代的反對「大敘述」加以解析。以下把這複雜的問題糾結分成四小節摘錄要點如下：

1. 客觀主義（objectivism）的爭議

客觀主義是最接近生活常識的。客觀主義的假定應該是常識當中本來就有的，因為我

們面對「生活世界」（life world）。在生活世界裡面我們靠著對於世界的常識在生活。用理論語言來表達，這就是所謂「日常語言」（ordinary language）。維根斯坦（Ludwig Wittgenstein, 1889－1951）晚年很強調日常語言的重要性。但到了維也納學派的時代，透過語言邏輯的精密化呈現出一套淬煉過的理論，哲學界稱為「科學主義」（scientism）。維也納學派最重要的代表人物是卡納普（Rudolf Carnap, 1891－1970）。他曾代表維也納學派發動過「統一科學運動」（united science），這客觀主義的重建形成了「物理主義」（physicalism）。維也納學派認為必須有認知意義（cognitive meaning）的話才能構成知識。要有認知意義，則要在某個形式邏輯條件下為真，或者在經驗上「能夠被測試的」（testable）。這些有認知意義的語句正是構成了我們對世界的知識。在這樣的主張下，維也納學派首先破除了神學與形上學的傳統。例如「世界是由神所創造的」一樣，不論在何種條件下都可以說它為真。例如亞里斯多德認為：「**萬物都有一個實現其本性的目的**」。這些命題都不是可以測試的，因此都不是具認知意義的知識。

到了二十世紀、二次世界大戰後，大家最關心的已經不是科學知識的問題，而是人跟

15 柏恩斯坦，《超越客觀主義與相對主義：科學、詮釋學與實踐》（Richard J. Bernstein, *Beyond Objectivism and Relativism : Science, Hermeneutics, and Praxis*, Oxford: B. Blackwell, 1983）。

人之間的關係。學術研究中有些題材不能使用「控制實驗」（controlled experiment），只能用「定場觀察」（field experiment）。譬如經濟學研究通貨膨脹，不可能去找個地方來實驗、讓它通貨膨脹之後，再測量一次。特別是對「人」的問題的研究跟對「自然物」的研究之間有一種根本的差別。而客觀主義對於精密的思考有一定的價值與貢獻，但其限制便是忽略了人的問題的特性，未能把人從自然物中區別出來。

2. 詮釋學風與相對主義

勞先生把焦點轉移到起於歐洲學界的詮釋學風（Hermeneutics trends），其影響所及推動了最近幾十年來相對主義（relativism）的思維方式。詮釋學提出了一個困擾已久的哲學課題：人與物質世界被作為研究對象是否有所不同？如果沒有不同，那我們對人的研究與了解就跟物理對象一樣。但是仔細分辨之下，特別在人文科學的研究方式中，研究者的身分不只是觀察者，同時也是參與者，也有他的理解（understanding）。其中最大的差異，就是研究者明白他所觀察的對象並不只是被觀察而已；這個對象是別的「人」，如此便牽涉到一個問題：「我」是有思維的主體，而對象是被我所知覺、解釋的；這樣我就把我的理解加在對象上面，卻沒有考慮到研究對象也會思考，因此有所謂「主體與主體」的關係，已不同於「主體與客體」的關係。自然科學可以把萬有——包括我自己——都看成對象，這是進行建立科學法則（scientific law）時唯一認知的主體，其他一切都被這個科學法則所籠罩。可是這裡就漏掉一個領域，就是「主體與主體」的關係，這裡就有所謂「互為主體性」（intersubjectivity）的關係情境形成。

勞先生指出高達美所提倡的詮釋學方法、企圖建立一種新階段的哲學來代替康德以知識為主的哲學思考。通過海德格的影響，高達美想要重新去講人類理解的問題，他的影響主要在社會科學的詮釋方面。高達美提出一條新的路徑來：當研究者面對文化生活、研究有文化的人的時候，背後已經攜帶著文化；這就是對於「理解的理解」觀念的解釋。高達美雖然把握了人不得不受到既有文化傳統的影響與決定，但是他對於人如何能夠保持自主思維的能力還發揮得不夠。對於解釋人類行為高達美雖然沒有徹底的解答，卻影響了彼得・溫奇（Peter Guy Winch, 1926－1997）這類的人類學家，他開闢出人類文化學的方向，在研究原始社會，例如非洲部落的時候，發現文化有一種自主性、一套生活方式、世界觀，以及人生態度。[16] 順著這個研究路向，高達美有了比較激進的想法：人們進入某一個文化時，就可以瞭解這個文化內部的標準。但在外面的時候，又是另一個視域。換句話說，他

16 彼得・溫奇的〈理解原始社會〉〔Peter Winch, "Understanding a Primitive Society," *American Philosophical Quarterly*, Vol.1, No.4 (Oct, 1964), pp. 307－324.〕。

對歷史文化具備雙重看法：第一重看法是每一種文化都有他的特性，人先受特殊文化的影響，很容易順著既有的文化活動。但接著的第二重看法是：視域是可以改變的，也是動態的。每個人去瞭解世界的時候，都先有一個位置（position），這個位置又提供一個視域；最重要處是人可以進入不同的視域。勞先生指出高達美在與哈伯瑪斯辯論之後，在這一點上再也無法否認哈伯瑪斯「傳統是需要被批判」的講法。他要承認人是可以改變視域的，但是他是帶著「已有的」去瞭解「新的」，就像我們之前曾舉例過：人是用母語來學習第二語言一樣。高達美還有一個「有效歷史」（effective history）的歷史觀念。所謂「有效歷史」就是以往文化活動所留下的，必須要進入當前的生活才是有效的，不能進入當前歷史的就是歷史的垃圾了。這類思想使得他強調「對人的研究不是對物的研究」，彰顯出更濃厚的人文精神。

3. 外加結構與文化世界

「文化世界」是人文科學常用的詞彙。針對文化世界的構成，勞思光先生提出一個二十世紀相當流行的概念：所謂「外加結構」（supervenient structure）。「**文化結構基本上就是加在自然世界的結構上的另一個結構。**」為何說是外加的？就是指「外於原有的物理語言世界」。勞先生指出經驗科學知識的成立條件，主要是它的理論效力；在經驗科學上接受一個原則、建立一個物理法則，目的就在於解釋我們所觀察的現象，也就是需要具備解釋效力（explanatory power）。但更重要的，是建立有解釋效力的定律時，同時要求它具備預測能力（predictive power）。所以如果要談文化哲學與文化生活，就不能夠將人單單變成物理語言的對象。文化結構內部不論有什麼稀奇古怪的內容，它本身是不能夠完全化約成物理因素的。另外建立人的文化世界還有一種建立共同秩序、規範（norms）的能力，這包含了多數主體共同認同的問題，這時候主體的活動是和另一個主體交流互動（inter-act），而不是和外在客體交流互動的。而且文化生活最根本的觀念就是要有所創造；要是無所作為就不成為文化活動。由此可知，文化活動不是自然的，也不是可以單單由自然語言生出來的，而是有人的意志成分在其中，是人造出來的，會牽涉到由人類意識活動使用符號所構成的「意義世界」；可是一經造出，就成為科學研究與分析的對象。在人文科學裡可以解釋這些，所以溫奇的文化人類學在作解釋的時候，可以把原始社會當作自然呈現的現象來解釋。但這裡有個細緻的區別：就是「人意識到自己在作什麼」和「人意識自己作出什麼」是兩種意識，所以文化科學要處理的基本問題和自然科學所要處理的問題仍有根本的不同。

若要更明白現代如何講文化哲學，則「你知道什麼？」以及「如何說？」這兩個常常爭論的問題是一組，「你成為什麼？」又是另外一組。如果人老是在說謊就會成為說謊者，然而人成為說謊者並不是因為他研究說謊。這種「你成為什麼？」就是後來哈伯瑪斯所謂「參與」與「觀察」的不同。多年前杜威學生那一輩的人曾經在會議中提了這樣的問題：「瞭解一個桌子」並不包含可以「變成一個桌子」。但是人去瞭解一個軍人或間諜，就包含自己成不成為軍人與間諜。所以廣義地「知道什麼（包含說什麼、想什麼）」和「我們成為什麼」是兩類不同的問題。就知識的角度可以講客觀主義的理論，但倘若牽涉到「成為什麼」、「採取什麼態度去看待文化次序」的問題時，就不僅僅是清理語言、建立一套表達方式所能解決的。

勞先生援引卡納普的理論來說明，最基本的是物理語言所解釋的層面，像生命科學、生物學、神經學、心理學、社會科學這些領域的語言，都是一層一層加上來的。在此我們再一次問：所謂文化生活跟自然生活最大的差別在什麼地方？如果文化生活都可以完全化約為自然生活？勞先生分析指出：在一切都化成物理語言的原則之下，由於物理語言所描寫的世界是條件限定的世界，因此物理語言內部就不可能同時接受「不被條件所決定、反而由自身決定」的情形發生。通常所謂自由意志、心靈等等的語言，從物理語言的規則來說，根本就不能談。因此若是文化結構中至少有一個牽涉到像是自由意志、責任、自主性等意義的領域。那部分對物理世界來說是個外加的結構。

勞先生最後歸結到人性的特質，指出人有一些特殊的能力是別的動物所沒有的。因為那些能力被發揮出來，所以可以創造出傳統意義下的文化。這種傳統意義下的文化不是很重視技術性的，而是重視要成為什麼，即一個自然的人如何成為文化的人。就這個創造的能力因為它不是從物理、動物性的部分出來，於是就成為外加的。正面去說，人發揮這些動物所沒有的能力就是人的特性，這就是東方人的想法。所以孟子說：「*人之所以異於禽獸者幾希，庶民去之，君子存之。*」這意思就是說：有智慧的人要保存作為人特有的能力，然後去發揮、建立文化生活與文化秩序。人應該成為一個「人」，而不是成為動物，這就是人的意義。儒家的這種態度，可以說它是特別把外加結構看成一種本質。因此，在勞先生看來，儒家講成聖成賢並不是一種客觀知識，而是一種自我境界的提升。他強調這套問題，若用一套廣義的本質主義來解釋：人成為什麼，主要是看人有什麼能力。人有一般動物的能力，順著那個方向走，就成為動物；但是人有異於動物的能力，於是發揮這個特有的能力，就可以開展出人的文化世界。

總之，勞先生指出如果我們要對於文化生活有一種正面的態度，就先得瞭解人的能力分成兩部分；基本上，卡納普主張最基層的存在是一個物理語言的世界，這也沒有錯，但我們要面對的問題是：人除了自然的能力以外，還有一種使人能夠有文化生活的能力。而能夠擁有文化生活的意思就是說它能夠建立一些規範、形式。因人類使用語言時有一組特殊的意義。那組特殊意義正是人類自覺意識的能力之特性所在。

以上勞先生略述二十世紀影響很大的物理主義（或科學主義）與詮釋學風兩個哲學思潮的複雜關係與病態〔即客觀主義之「獨斷的抑制」（Dogmatic Inhibition）和相對主義之「理性的虛幻」（Nihilization of Rationality）〕；又通過外加結構與「人」之特具的能力，對文化世界的特性做初步說明。接著勞先生再進一步對文化困局的正面希望提出一些明確的主張。

4. 反省思維之新向度

首先，勞先生提揭：「**哲學思維基本上就是一種『反省思維』**（reflective thinking）」。勞先生援引伯恩斯坦常提到一個概念：「笛卡兒的不安」（Cartesian anxiety）。之所以「不安」是因為笛卡兒不知道怎樣找到絕對真實的知識，而柏拉圖討論的也是要憑著哪一種能力去看見究竟的真理。儘管兩者的思維內涵各有不同，但有一個共同趨向是：都想尋求一種究竟真理。不論表現在笛卡兒的知識論上，或者表現在柏拉圖的形上學中，在古代或近代思想典範都可以看見一種絕對主義的傾向。"ultimate" 其中最重要的意思是「唯一的」、「不可以改動的」意思。但現在這樣的知識典範與真理目標有需要重新思考的必要。

a. 消解絕對主義傳統思維的擬議與後形上學思維之定立

譬如說「後結構主義」、德希達、傅科等這些解構思想，或李歐塔等人的「後現代」思想，雖然論點彼此相差很遠、內部也沒有統一的標準，可是在他們建構理論的過程中都有個共同特色：他們先把以往成立的哲學理論系統絕對化，透過絕對主義的方式來解釋。然後再證明對方不可信，於是一切都變成不可信的。要求絕對化也確實是歐美哲學與西方哲學很長一段時間的歷史傳統。可是從近代哲學開始演變，從以形上學作中心，轉向到康德手上以知識論作為中心，然後又有語言學的轉向，由此轉變為「後形上學思維」（post-metaphysical thinking），一層一層哲學思想的發展，它們不是都在要求古典意義的絕對性；事實上它常常要避免這樣的絕對性。現在為了消除絕對主義傳統思維所背負的重擔，勞先生倡議「非絕對主義的基礎主義」。[17]

勞先生引用哈伯瑪斯的看法：我們需要一種離開形上學功能限制的語言的「後形上學思維」。並不是說所有形上學無一例外地都該丟掉，而是說我們有一種自己對於自己的管理。人在使用語言講這世界的時候不能使用形上學語言，因為形上學語言不是在表達對世界的認識，因此拿這種語言去講客觀世界，人不能因為形上學命題所說的那些話不能證明是假，於是就把他們當成是真的，然後又加上對「絕對」（ultimate）的期待，於是就以為已經不只找到真的問題，還因為自以為找到「絕對真理」而很高興。

把這樣的意識轉到哲學思考上來講，所謂前現代思維最明顯的特色就是形上學思維；喜歡構造一種語言內部的融貫。這種語言內部的融貫不是對世界的陳述；所謂「內部」的

17 劉翠溶主編：《四分溪論學集：慶祝李遠哲先生七十壽辰》，台北：允晨文化，二〇〇六年，頁331－395。

意思就是這些陳述與其它陳述之間相容的關係。所以最根本的真理有兩個意思：一是相應說，二是融貫說；邏輯數學的推理、形式推理都是融貫的。所以哲學思維不可避免地要有所謂非形上學的、後形上學的思維與形上學思維的差別。

b. 成素分析、範式轉移、極限概念，可修改性與「大敘述」迷執之消除

勞先生認識到我們處身在一個多元異質文化的世界，面對這樣的情境我們根本上有兩種可能的態度：一個是霸主的態度，就是某個文化掌握了霸權這種想法。一般人很容易有這種態度，但它最大的壞處就是有一定的封閉性；另一種比較開明的態度就是願意容納不同的價值與文化主張。如果對異質文化採取霸權文化的態度，就會越來越封閉，如果有兩個霸權文化互相抗衡，就會有杭廷頓（Samuel Phillips Huntington）所講的文化衝突，歷史變成一次一次霸權文化爭鬥的結果。杭廷頓後來的思想已經有這種傾向，這是他順著經驗觀察達到的結論，文明衝突可以增強、可以減弱，但他沒看到解決方法，這已經是一種悲觀主義了。勞先生嘗試提出「成素分析」的思維過程。認真講「方法」就是一個過程，通過這個過程得到這樣的結果，以此而言成素分析就是一個方法論上的主張。這裡我先做一般性的說明，如果我們的「範式轉移」（paradigm shift）以成素分析為根據，不同文化之間的衝突就會大大減低。成素分析的範式不是說系統是開放還是封閉的，而是任何一個系統都

有開放或封閉的成素；人在思維使用符號上是可以接觸到普遍性的問題，並不是說人只能反映他的社會歷史因素，而是會去思索一些長期、普遍的問題，於是取得或相信一個論點，這些都不是被歷史與社會脈絡決定的，而這是他思維能力創造出來的。如此我們就可以看見一個希望的角度：人可以接觸普遍的論點與思維的共同處，這就是範式的改變，也是希望所在。因為每個具體系統都有一部分是具有普遍意義的，而其他部分則是受社會、歷史的條件所影響和限制的。這就是我們前面說的「開放成素」與「封閉成素」。

把開放與封閉成素說成更具體的觀念，就是「極限」（limit）觀念。譬如科學知識所指向的當然是完全確定的知識。但在一定的時空點上，我們經驗的、認識的都是有限的，都受時空觀點所影響。所以這裡用「極限」概念來代替「絕對性」的概念，就是不要以為我們現在就可以掌握一切實在；「極限」的意思是指往這個方向去做；它代表一個方向，但並不表示在具體的時空點上已經達到。這裡我們又可以從純粹知識論這方面來用蒯因的概念：「可修改性」，也就是說一切知識都是可以修改的。我們可以透過「可修改性」來瞭解知識；一切的知識都可以說是指向完整的「確定性」，可是「確定性」只是個極限的概念，「完整的確定性」這類的觀念都只是指著方向，但是就存有來講，它不是在經驗中間可被達到的，這就是「極限」的意義。勞先生期許哲學思維如果向這個發展，可能表現的另一個成果，就是破除對「大敘述」（grand narrative）的執著。破除「大敘述」是李歐塔（Jean－François Lyotar, 1924－1998）的概念，且被他當作是「後現代」的特色。我們就要注意兩點：一個「開放思維」的態度不是指沒有確定性。在知識進展的過程中，所訂、所得的還是有確定性的，只是它不能變成「完全的」（comprehensive）。這是因為存有的世界，即像海德格講的「存有之展開」，是無法解釋的；但存在真正呈現就是如同開花一樣地逐步展開。如果是這樣，那個展開的部分是未來的，不可能在現在就把它收進「大敘述」當中。所以要有一個「大敘述」時，一定要限定未來只能往某個方向發展，但是這一點是無法說明、證明的。人容易誤會：認為所謂「開放思維」就是一切都不確定。「開放性」要我們放棄一切預先的設定，並不是所有的理論思維所得的結果都沒有確定性，只是說它的範圍永遠沒有盡頭。

所以用「成素分析」的觀點來說，每個系統都有開放與封閉的一面，它開放的部分就是接觸普遍性的問題。哲學的思考也是在具體時空中所得的結果，因此不會是最後的結果。所以「最後的真實」就是一個「極限」的概念。倘若我們要放棄「大敘述」，哲學的工作就不是構造一個「封閉系統」，而是在嚴格思考、反省的過程中，對於自我、世界的瞭解產生確定的成果。不過這種成果是永遠可以擴張的。所以不需要費很多力氣去做一個「大敘述」的封閉系統。

筆者導讀摘錄勞先生的思想要點走筆至此，誠摯地邀請讀者，特別是對於中西哲學思想已經具有相當基礎的讀者，直接閱讀本書正文，親自領略勞先生犀利剖析的深邃思維以及現身說法的議論風采。讀者們可以進而參酌學人們研討勞先生哲學文化思想的成果[18]。

雖然本書的撰寫，因著勞先生的離世而未有結論，深信若能熟讀勞先生思想理論的相關著作，當能體會勞先生突破文化危機與哲學危機，建構文化哲學的宏圖偉志。

18 《無涯理境——勞思光先生的學問與思想》（1997）；《勞思光思想與中國哲學世界化學術研討會論文集》（2002）；《萬戶千門任卷舒——勞思光先生八十華誕祝壽論文集》（2007）；《勞思光思想與當代哲學文化學術研討會論文集》（2012）；《勞思光教授逝世周年「勞思光思想圖譜」學術研討會論文集》（2013）。

編者後記

一般情況下，「編者後記」是在一本書結尾才會出現的，然而勞先生的驟逝，使得我們不得不將「後記」挪到了「序」的位置。

這本書的誕生，起自二〇一一年勞先生、沈清松教授和我的一次聚會。當時我正在苦苦尋覓「中西對話系列叢書」的作者。由於現今華人學界對於西方論述大多止於引介，較少提出自己的觀點；但是要能突破西方框架的限制，不能沒有對於西方思想的批判性分析。勞先生對中、西哲學的造詣之深，使他成為當代極少數能夠擔起這項任務的學者。

勞先生經不起我們的慫恿，答應參加；但是因為時間體力有限，所以只能以口述方式進行。因此由二〇一一年秋天開始，勞先生便開始了每星期一個半小時的「講書時間」，由就讀台灣政治大學哲學所博士班的謝宛汝和紀金慶輪流負責錄音記錄、並整理逐字稿。每次「講書時間」結束之後的美食餐敘，成為我們珍貴的回憶。

「講書」的工作持續了一年後接近尾聲。十月中旬，我由紐西蘭回到台北，金慶告訴我，勞先生在問逐字稿進度如何了。但是他沒有等我的答覆。二十日夜裡，勞先生在家中跌倒，瀟灑地離開了人世。於是這本書稿便成為我和金慶的責任。

雖然勞先生辭世前已經看過大部分文字稿，然而畢竟當時整理的工作並未全部完成；沒有他親自回答問題，少數幾個不清楚或有疑問的地方，我們只得由錄音談話的脈絡反覆推敲他的意思，或由文獻中找答案。最後版本幸得蔡美麗教授拔刀相助，替我們校閱，終得定稿。

整理書稿過程當中，出現的一個最大問題是：全書只有結論的標題，但是沒有內文。原先我們以為這結論包含在勞先生最後交付助理的手稿當中，但卻遍尋不著。勞先生已逝，無人能替他寫下結論；但是最後的兩則標題：「消解文化傳統之衝突，指向新的文化整合」，以及「結論：勇敢承擔歷史之任務——觀念之探險」，已經清楚顯現了勞先生所看到的趨勢與意旨；這意旨正是他對於後來者的深切期盼，因為他已經交棒了。

汪琪，二〇一三年十二月五日，於台北

目次

第一章

引言——待解的難題

從年輕的時候開始，我真正關心的問題，始終是一個哲學的困局、其可能的出路，同時也是一個所謂文化危機的問題。我們對於文化的前景、功能等等的認知，都處於一個朦朧不清的階段。我個人的研究工作，就是要面對這樣一個哲學和文化的危機，清理這些基本的問題，來看看我們有什麼希望，能夠透露什麼樣「可信的」（reliable）希望；我的工作是基於這樣一個「旨趣」（interest）。多年來，我的工作常被人誤會；解釋也有很多錯誤的地方。最早我是以康德（Immanuel Kant, 1724－1804）之後「知識論轉向」（epistemological turn）所產生的、對於西方哲學發展的影響開始的。我也曾經運用「黑格爾主義」（Hegelianism）的模型，因為他是在從康德之後影響歐洲的，取的是比較「正面」（positive）主張的方式。但我認為我們要有大格局的眼光和胸襟去承擔面對文化危機的問題；中國是一個有很長遠歷史與悠久文化的國家，對於中國文化傳統的思維，不論我們贊成多少，反對多少，都需要有比較深入的了解。因此進入中年之後，我開始整理中國哲學，代表作是《中國哲學史》。因為這本書比較流行，所以很多人通過這本書來看我。

在很多場合，特別是我五十歲前後，走到任何場合，大家都介紹說我是整理中國哲學、尋求中國哲學新出路的代表人物。因此在五十歲到六十歲左右，我就聲明：中國哲學的整理是我工作的一部分，這個工作做完了；我計畫的下一步是清理二十世紀的哲學問題，也就是「當代哲學」（contemporary philosophy）思想的清理。事實上，從六十歲到現在的二十年來，我確實在從事這方面的工作，也就是現代文化之下哲學思維的演變，以及有什麼樣的成果、困難？

一、從希望世紀到三重困局

我看世界的危機、文化的危機、與哲學的危機，可以從西方史學家對於十九世紀與二十世紀的看法開始。威爾斯（H.G.Wells, 1866－1946）在《世界史綱》（*The Outline of History*）中回顧十九世紀時，[1]將十九世紀稱作「希望的世紀」（century of hope），因為當時歐洲的知識份子有一個共同的信念，都認為世界與文化生活永遠在進步當中；進步的觀念成為一種自然的觀念。文化表現在經驗科學的發展、經濟秩序的改變，或種種社會理想的宣傳，各種主張的衝突雖然很多，但都有個共同點，就是世界會越來越好。威爾斯說這句話是在二十世紀初期，由歷史的演進可以看出當時他的看法正漸漸地在應驗；因此所謂「明天會更好」這種想法在十九世紀是很普遍的，特別是學院方面。歷史演變一個很大的關鍵，是從十九世紀到二十世紀，種種問題越來越複雜，原先充滿希望的世界，漸漸走向處處是「困局」（predicament）的世界，「希望的世紀」這種信念也不再能維持。總的來說，就是走入一連串困局。這情況我稱之為「三重困局」（triple predicament），我們可以從三個面向（aspect）來了解。

第一重困局是傳統與現代性的緊張關係。其次，現代文化本身有它的不完整性，故有現代文化的「病理學」（pathology），這是現代文化的第二重困局。第三重困境是由於對於現代文化的不信任而出現反現代文化的思潮，其特性是所謂「對於理性的不信任」，因此可稱為反理性思潮。就反理性思潮最具體的理論趨向看，他們所看見的、提出來的問題就表現在《哲學之重建或終結？》（*After Philosophy: End or Transformation*）一類的論著，[2] 這是幾個當代比較有代表性的哲學家共同寫的一本書。所以我們先分析在面對世界的、文化的、以及哲學的危機時，西方面臨的是什麼樣的困局？在文化現狀中又衍生出什麼困難？這裡我

1 H. G. Wells: *The Outline of History* (Garden City : Gabden City Books, 1949).

2 Kenneth Baynes, James Bohman, and Thomas McCarthy, eds., *After Philosophy: End or Transformation?* (Cambridge, Mass.: MIT Press, c1987).

們先從學院意義下的哲學說起，再去談一般的文化問題。

如果純粹看哲學學院裡的哲學研究，我們不能不面對一個很難解的情況：[3] 從十九世紀到二十世紀，哲學理論的發展有很明顯的躍進：譬如在邏輯數學方面有符號邏輯（Symbolic logic）、數理邏輯（Mathematical logic）的建立。就思維的精確程度來講，是歷史上從來未有的進步，因為從亞里斯多德以來的哲學家都只是用語言邏輯，根本不明白形式規則（rule）的結構及其本身內層的精密性。二十世紀初期，從弗雷格（Friedrich Ludwig Gottlob Frege, 1848－1925）到羅素（Bertrand Arthur William Russell, 1872－1970）開始，所謂的符號邏輯與數理邏輯的發展是思維方式明顯的進展。[4] 另外在社會意識方面，社會學對社會行為（social action）的瞭解也有極大進步。從二十世紀初，由韋伯（Max Weber, 1864－1914）、涂爾幹（Émile Durkheim, 1858－1917），一直到三〇年代的帕森斯（Talcott Parsons, 1902－1979），研究成果也是很豐富的；他們的作品與哲學研究的問題相互呼應、印證。換句話說，純粹就學院來說，與過去相較，二十世紀有不錯的成績，從二〇、三〇、四〇、五〇年代開始，每一個世代都有很多正面的成果。不僅有形式思維上的進步，而且形式思維上的成就還回過頭來改進了我們對於哲學問題的了解；接著有意義論的出現以及分析哲學的發展。此外例如孔恩（Thomas Samuel Kuhn, 1922－1996）的研究讓我們對科學的認識也不同了。然而我們並不因為學院的成績豐富就很有信心。中葉以後，二十世紀似乎漸漸變成一個破滅的世紀；

大家原先的信念越來越不能堅持。

簡單解釋，上述情況之所以出現，是因為兩次世界大戰暴露了歐洲內在的社會病。十九世紀對歐洲人來說是「希望的世紀」，可是在歐洲文化的領域內竟然出現了幾件歐洲人自己也無法解釋的大事：其中之一就是兩次大戰之間希特勒（Adolf Hitler, 1889－1945）大屠殺的問題；另外一件是大屠殺出現以前，是史達林（Joseph Stalin, 1878－1953）與墨索里尼（Benito Amilcare Andrea Mussolini, 1883－1945）大審判的問題。大審判之荒謬以及大屠殺的殘暴，照理說不是歐洲文化與價值意識所能容忍的，然而卻發生在歐洲。前些年我在香港政府舉辦的公開講演裡，再加上毛澤東的文化大革命。文化大革命雖然發生在亞洲，但是毛澤東號稱他革命的根據是馬列主義，所以根源還是歐洲的思想。換言之，二十世紀竟然有三件大荒謬的事情。歐洲自啟蒙運動（Enlightenment）以來，特別強調平等、博愛、自由等等價值意識，歐洲人自認為他們的文化代表這些價值，也逐步在實現這些價值，所以「明

3 可參見〈論非絕對主義的基礎主義〉（New Fundamentalism without Absolutism）一文，勞思光：《論非絕對主義的基礎主義》，劉翠溶主編：《四分溪論學集》，台北市：允晨文化出版發行，二〇〇六年，頁331－395。

4 數理邏輯本身是符號邏輯的一部分，端視你偏重哪一方面。

天會更好」，一切都會進步，然而事實上卻出現了這幾個大退步的情形。除此之外，第一次大戰還是以歐洲為主，第二次重心已經轉到美國，所以就歐美文化來講，除了剛才講的兩大事件以外，另外例如國際關係、國際經濟金融所出現的問題也都在二十世紀越來越清楚。到了二十一世紀，種種文化的毛病非但沒有徹底改善，反而越來越複雜化、問題越來越多。事實上二十世紀後半部文化的走向，牽涉到我們對於現代性、現代文化的制度和觀念究竟有沒有明確的態度？很顯然，很多現象是一種策略性的、技術性問題的出現。[5]從十九世紀到二十世紀，現代性的文化表現為人的信念越來越微弱，在這種情況下，該如何看待現代文化與傳統文化之間種種的關係？

就像韋伯（Max Weber, 1864－1920）所說的，現代文化的出現使得我們有了現代世界；我們生活的方式，就從生產經濟面的改變開始。於是整個的社會的改變——所謂現代社會，是已經成立的、既予（given）的，所以今天談現代文化，不論是贊成或反對——例如採取傳統主義的立場，就像台灣很多人談文化主權——其實都是在現代世界中談這問題，而並不是脫離已經有的現代世界去談論現代文化。即便要改革現代世界，也是在這現代世界裡面改革。[6]特別站在亞洲人——包括中國人在內——看現代問題，往往把文化差異看成一種地區差異，像薩伊德（Edward W. Said）等都走上這條路。他們提出的差異確實是有的，但除了地區差異外還有歷史階段的差異。就歷史變化看，生產與思考方式進入了現代性（modernity）之後，我們就進入了現代社會。現代社會與前現代社會是時間上的關係，不是地區的關係，不能單就橫向來看西方文化與東方文化；這之間有一個歷史階段的差異。今天即便要改革現代世界，也是在現代世界裡面改革，不可能就任何意義上回到前現代。所以用最簡單的話來說中國文哲未來的路向，最重要的一點就是談「在世界裡面的中國」（China in the world），而不是說"China against this world"，讓中國與世界對立起來，這和我們的第二點相同：所謂傳統與現代之間的關係是永遠存在的，因為我們已經不是文化尚未開始的歷史階段。後面我會從詮釋學立場進一步詳細說明這個理論關係。

5　第三點會談現代文化本身出現的問題，在這裡只是暫且先點出問題的存在，就是現代性內部的問題，這是另外一類的問題。現在我們還是關注在第二點，現代性的文化。

6　這部分作者過去的講詞都提過，例如〈遠景與虛境：論中國現代化問題與後現代思潮〉（二〇〇二年）、〈論希望世紀、現代文化與新希望世紀〉（二〇〇四年）。勞思光：〈遠景與虛境：論中國現代化問題與後現代思潮〉，劉國英編：《虛境與希望：論當代哲學與文化》，香港：中文大學出版社二〇〇三年版，頁187－218；勞思光：〈論希望世紀、現代文化與新希望世紀〉，劉國英編：《危機世界與新希望世紀：再論當代哲學與文化》，香港：中文大學出版社二〇〇三年版，頁65－85。

二、傳統與現代性：第一重困局

前面提到，我們現在是從已有的文化來看未來文化的問題。要說明不能完全拋開傳統文化，最有力的一個論證就是所謂語言心理學的論證。站在語言心理學的立場觀察人類語言的學習，嬰兒要麼沒有獲得語言的能力，如果他具有獲得語言的能力，他必定先由母語開始，之後再學其他語言；他不會在學第二種語言時把第一種語言丟棄，先回到不會任何語言那個階段，再去學第二種語言。當然日後他使用的可能是後來學得的第二種語言，慢慢的原先的母語就不再使用了，但是當他必定是通過母語來學習第二種語文的。高達美（Hans-Georg Gadamar, 1900－2002）談人與傳統的關係時曾經說：即便我們不想受原先文化的影響，但事實上已經太晚了（We arrived too late）；我們已經是有文化的人。在一個有文化的社會裡，人一定先承受了已有的文化，然後才去學其它的文化。用語言的例子來講，這是一個相當明確的論證，同時也符合經驗科學研究的論證。人從不會語言到學會語言，這是母語的習得，然後通過母語學習第二語言，之後人可以不要使用母語，但不可以把已有的東西都丟掉，回到完全的空白去學其它語言。

傳統與現代性因此有著不可避免的根本問題。第一個困局是傳統與現代性這兩者之間的關係。換句話說，我們並不能夠完全丟掉傳統，那麼要如何處理傳統與現代之間的矛盾？這裡我提出兩個觀念來審度這個問題，首先是「張力」（tension）的觀念，其次是「潛力」（potentiality）的觀念。現代性是一個歷史上少見的大變化，因為現代性，生產的方式、社會的結構等等都改變了。這鉅大的社會變化就是韋伯所講的「現代世界的出現」。[7]這裡韋伯有一個重要的論點：因為現代性過程中社會要徹底改變，結果當然跟傳統的一切規範、思考方式、行為方式都是不同的，也因此與任何已有的文化產生衝突。這不僅僅是東方的問題；西方的「解咒」（disenchantment）就是解除亞里斯多德以來「目的論」的世界觀。因此現代性跟亞洲、東方的傳統世界不同，甚至與歐洲的前現代也不同；也就是現代世界和前現代社會之間有一些「不相容」（incompatible）的部分，這「不相容的成素」（incompatible element）就存在著「張力」。

就社會學而言，「張力」代表存在著兩個相反的方向、力量。我們最容易感受到現代與前現代之間的問題，多半是社會張力的問題。也就是說，原有社會所接受的、建立的、

7 從韋伯開始，這個問題才越講越明白，在這以前，大家雖然知道我們有一些現代技術的發展，但都搞不清楚這中間有一個階段轉變的問題，到韋伯才分析我們如何生活、我們如何處理「世界觀的合理化」（rationalization of the worldview）。

肯定的，在現代文化裡卻不能夠被承認、接受，因而兩者之間有一種排斥的作用，存在一種張力，傳統與現代性要如何融合也就成了一個問題。由高達美的話來講，是「視域融合」（fusion of horizon）的問題。但是若要由傳統與現代之間的衝突或困局中找到出路，就是一種創造的工作，這工作必須要發揮已有文化傳統的潛力，因此我們需要另一個觀念，這就是我在稍後要詳細說明的，關於「開放成素」與「封閉成素」的問題。在原先文化中，一項功能或許不能那麼充分的表現出來，但它是潛在傳統文化內部的，所以我稱之為「潛力」——可以發揮、可以出現，但是還沒有完全發揮，這也是我們積極尋找的一種功能。說得更具體一點，就是所謂的「開放性成素」（open element）。一個特殊的傳統與現代世界之間一定存有的張力或抗力，但是如果我們希望文化向上發展，不要只是停留在衝突、排斥的層次上，就只能訴諸（appeal to）已有文化裡面的開放性成素、發揮文化傳統的潛力。發揮潛力並不是很簡單的事情，卻是唯一可能的出路。倘若以往文化完全沒有潛力，那麼傳統在今天就完全失效了，事實上並非如此。西方的思想家在這點上存在很悲觀的看法，比方杭廷頓（Samuel Phillips Huntington, 1927－2008）講「文明之衝突」，根本上他認為像是基督教文明與回教文化、與中國儒家文化等幾個文化傳統的衝突，是無法向上融合的。而我卻認為這種衝突與隔閡是有辦法消除的。事實上，要「融合」就必須向上發展；在既有的理論平面上，彼此間是不同的，必須要找出大家共同的問題、共同的規範，以及對經驗世界共同的瞭解，從這個「層次」（level）朝向更高的層次發展才可行。杭廷頓很悲觀，他只是希望衝突可以減弱，卻無法消融這些衝突。我不像杭廷頓那樣悲觀；就我的立場來說，人類在一個文化發展的過程中，必然會接觸一些共同的問題，在接觸共同問題的地方，就潛伏著不同文化傳統會合的力量，所以我提出「潛力」與「抗力」的概念；對第一重困局來說，這兩個概念是最關鍵性的。

談到「開放性成素」與「封閉性成素」（closed element），事實上是在方法論上轉換了一個「典範」（paradigm）來思索問題。從前人將「開放系統」與「封閉系統」視為一種「典範」；但我們現在主張每個系統都有開放的成分與封閉的成分，這在方法論上完全是另一種「典範」。如果討論一個系統的時候只取其封閉的成分來看，就只會看到封閉的部分。但是一個成型的知識系統裡，一定有涉及普遍性（universal）的部分；就這部分來看，每個系統都有它發展的潛力，這種潛力就表現在一個文化所包含的開放性成素。思想體系中會有開放性成素，是因為人類面對的問題有些是特殊的，有些卻是普遍的。特殊環境與特殊歷史造就了封閉成素；但人類思想或多或少總會接觸到一些共通的問題，這就涉及開放性成素，如此便有一些潛力、一些發展的可能性。今天傳統要發揮功能就要面對現代性、在現代性世界裡面發揮它具有普遍性的那些功能。[8]

8 由此也可以解消所謂「文化主權」這類觀念；倘若成素是開放的，不論是傳統的或是說現代性文化的，在開放性的部分就沒有所謂主權的問題。

事實上就傳統與現代性的困局來說，兩者之間的衝突不是沒有理由的；傳統與現代最根本的衝突，就是共同意義的理性能力與特殊意義的工具理性這兩者之間的問題。法蘭克福學派曾經強調這個問題就是「工具理性」（instrumental rationality）的問題。「工具理性」的合理性問題是現代性價值的主要問題，也是它明顯的特色。本來「合理的」與「有用的」意思是不同的；這涉及到方法論的問題。取一種廣義的工具主義的說法，所謂「好的」就是「有用的」。不過分析這個理論立場的語言結構，就會發現一個根本的困難。傳統與現代最明顯的衝突在宗教，因為宗教本身是一種意志與習慣；它不訴諸知識，而是信念。人類有意志、認知的活動，但也有欣賞的活動，究竟我們能不能在信念上找到一種普遍性（universal），這樣一種普遍性存不存在？就算找到，恐怕也不是生活方式的普遍性。因此「否定現代性」存在兩種不同的態度。一種就是針對存在於現代性之中的某一些病態提出診斷，這是我們在第三小節要說明的，也就是關於現代性「不完整計畫」的問題。現在我們要強調的是另一部分的問題，也就是：之所以會有反現代性的立場，是因為現代性文化不能符合它原先生活的共同價值。比方回教國家所排斥的是基督教信仰，它並不是把現代性文化當做一個客觀知識問題來看待——不是就科學知識這面向來反對現代化的；科學知識的問題可以擺在一旁，畢竟回教信仰的人也可以做科學研究。但是，回教所排斥的是「基督教文化」（Christianity），所以當他將西方國家的發展看成敵對信仰的發展，這就是韋伯憂慮的問題。

前面提到韋伯思想有兩個特點：第一個特點是現代世界已經出現，因此我們必須在現代世界裡討論現代文化；而第二個特點是，他認為人類的世界觀應該越來越理性，但實際上不是如此，原因就是理性功能的退化，而理性功能退化就是因為原本的「目的理性」變成「工具理性」；就是所謂「合理的就是有用的」這類想法。透過語句分析我們知道，這類想法有個內部的「弔詭」（paradox）：如果我們透過“A is useful”來解釋“A is good”，也就是說「好的」就是「有用的」，則「有用的」（useful）並不是一個完整的概念。「有用的」（useful）究竟是指對什麼「有用」？毒藥不能吃，當然是沒有用的；但是對想要自殺的人來說，它就是有用的。所以要談「有用的」（useful），就必須針對某個目的談「對什麼是有用的」（useful for what），這才有所謂「有用」或「沒用」可說，才是一個完整的陳述。所以通常我們在說「有用」的時候，其實是一個「縮寫」；當我們把整個意思完整的表達出來，那麼“useful”一定是“A is useful for X”。如果是這樣的話，那麼“X”也不能夠無窮後退（regress）。如果有人問：「為什麼要X」呢？我必須解釋因為“X is useful for Y”，因此一旦我們想用“useful”來解釋“good”的話，就有一個無窮後退的問題，就是說一個東西「有用」的時候，永遠是「對某個目的有用」。所以你談“A is useful”，一定要談“A is useful for what”，一定要假定A對某個東西是有用的，而最終變成一定要假定有一個東西是不再是“useful”的，才能停止這個無限後退的現象。所以當人認為所謂「好的」就是「有用的」的時候，就會面臨一個理論上的困難，就是這些「有用的」東西都是為了那個最終「並非有用的」東西。所以從語言分析、邏輯分析來看，純粹「工具理性」的原則是不能成立的。

「工具理性」的原則不能成立，因為它是一種常識性的看法；而常識是從經驗來的。作為生物人有基本的需要（basic want），而這基本需要就成為他的「目的」（purpose），這是休謨（David Hume, 1711－1776）的想法。在歐洲哲學史上，最早強調工具價值與工具合理性的就是休謨。他在談道德問題的時候曾經說：「**理性為欲望服務**」（reason serves desire）。9 休謨在談社會風氣、教育文化這些問題時口氣很鬆散，並沒有緊密的理論，但立場很清楚：他不討論有沒有合理的目的，而是人有了目的之後，手段能不能與之配合。換句話說，對於"A is useful"有個理性的判斷，可是"useful for what"的"what"被化約成欲望。而欲望就是我們作為一個生物的基本需要（basic want），經濟學上所謂的「需求」。因此說一件事是「合理的」可以有兩層意義，其一是：它本身就是目的；它代表價值，也為我們意志所肯定。換言之，理性可以有一種指向自我境界、社會境界的意義。在這一層意義上可以談如何才合乎一個正義的社會、如何才能有和諧的社會等等議題，這裡關注的是有沒有一個合理的目的。用英文的"reasonable"來講，就是「有理的」、「有道理的」，這是「目的理性」；也是「理性」的第一種用法。第二層意義是，它本身不是目的，但能達到某個肯定的目的，因此就這個目的而言，它顯得有用。這是今天較流行的意義，也就是「已經有了一個目的之後，所做的事情配不配合那個目的」？於是一切「合理、不合理」，都是手段意義下的「合理、不合理」。我們之所以肯定它「合理」，是因為通過這些條件可以達到我們所肯定的目的，這就叫「工具理性」。至於這目的為什麼是好的，用休謨的說法，就轉向因為「理性是為欲望服務的」，因為人是生物、有一套需要，他把人的需要當成基本的目的，然後說符合目的的一切就是合理，這就是工具理性的觀念。

康德當年區分「道德命令」與「技術命令」，已經有韋伯的意思。比如說：「如果你要學法文，就應該用這本書。」這話裡的「應該」一詞，完全是工具理性的意思，因為這句話並沒有去評價法文「好」或「不好」，只是說「如果你要學法文，就應該用這本書」。韋伯知道這個問題，所以他談到「啟蒙運動」之後整個世界的改變——所謂的「現代文化」（Modern Culture）就是一個要求「合理化」的世界，比如「世界觀的合理化」就是韋伯提的一個口號。可是同時他也看見社會結構的演變、生產方式、生活方式的演變，結果生活在現代世界並沒有真正的目的；我們遵循的都是一些欲望的要求，而「需求」所遵循的並不是理性的路向，事實上是生物需求。在這種情況下，現代性其實是將原先人具有超越性的觀念給排除掉了；只把人當成生物來看，那就只有「工具理性」，而沒有了所

9 David Hume, *A Treatise of Human Nature* (London: Dent; New York: Everyman's Library, 1911).

謂的「目的理性」，也就沒有「道德理性」可談，因為「道德理性」是指向未來的一種改造。我們對於自我境界轉化的要求，不只是動物的層次，而是要發揮自主的能力，如此人才可以談道德問題，否則就只有「需求」的問題；人有需求，然後有判斷需要的智力，兩者加起來便解釋了人性。如果人只是生物的話，那當然問題的層次就只有這樣。所以人要追尋超越生物需要的價值，而要談這個問題，必須肯定人有追求規範性的能力——一種追尋「未來應該如何」的能力，這種能力與追求當下的滿足，兩者不是一回事。人要變成什麼樣子？社會應該變成什麼樣子？往這層次想，才會出現價值意識。[10]

延伸來說，工具理性的觀念用中國話來講，就是只有利害的觀念，沒有利害以外的觀念。就這點來看，我們不能說中國古代人對人生的價值規範沒有重要論點；中國人在很早的時候，比方儒家就說：「君子喻於義，小人喻於利。」（《論語‧里仁》）；「義利之辨」就是除了工具的效益之外，還有目的本身合不合理的問題，這是意義的問題。較早的講法不是太精確，但是很早以前孔子就已經把這兩層意義分辨出來了。

所以韋伯對現代文化最大的憂慮就是現代文化使我們只承認工具價值，而不覺得有什麼「普遍的」、「離開效用」的標準，也就是沒有涉及「對或不對」、「好與不好」的理性價值。這樣一來，不僅僅是在理論上分析意識、語言的時候會有很大困難，而且在實際生活上也使現代文化變成墮落的世界；一切都變成「策略性」的問題。用哈伯瑪斯（Jürgen Habermas, 1929－）的一組觀念，就是「溝通行為」（communicative action）與「策略行為」（strategic action）。這是哈伯瑪斯晚年建立自己的哲學體系的時候，最關鍵的一組觀念。他認為人說話有可能是一種策略行為，只為了達到某種目的、要求，因此可以欺騙、感動、說服……。但如果是為了真正瞭解對方意思或希望自己的意思也能為對方所了解，

10 這裡還涉及到我們在內心上如何有能力意識到「應該」或「不應該」的「意義」（meaning）的問題。人如何能理解「意義」牽涉到語言哲學內部細緻的問題，這不是這本書的標的，因此這裡只是交代，從嚴格的語言哲學、意識內部的分析入手，就會明白人具有追尋「普遍性」（universal）的能力，這就是所謂「超越的」能力。這在不同的哲學，人們會用不同的字眼來稱乎它，例如「道德意識」，不過道德意識又有一個往下說客觀化的過程，就是所謂社會秩序、正當秩序、合理秩序……這套觀念。中國儒家從禮說起，禮代表一種社會秩序，儒家的思想家認為，這種社會秩序代表一種合理性，然後往上推它的合理性。它從當前的社會秩序肯定起，往上一層一層推，所以禮是義的表現，而人為什麼會有義呢？人有一種共性，有一種「普遍性」（universal）的能力。這是同樣一類哲學問題，不過儒家是從禮、從秩序往上講的；康德則是從意識內部的分析開始往下講，當然他講的內容不相等，但卻是類似的問題。所以牟宗三到後來喜歡引用康德來解釋儒家，然後又批評康德，好像康德是不好的儒家，當然牟先生對儒家是很熟悉的，但他對康德不是很熟悉，所以就有問題了；怎麼可能把康德的哲學看成是一種儒家的哲學？

那麼這是「溝通行為」所在乎的問題。哈伯瑪斯特殊的貢獻在於，他看出一個很重要的問題，就是如果參與談話的兩方都沒有策略的意思，都只是想了解對方、同時希望被對方所理解，那麼就要求某種意義上的「對」（right）。因為說話的目的不是要欺騙，只是想了解，同時希望被理解，這時候雙方就要共同遵守某些「規範」（rule）。也就是說，倘若我們不是要用策略欺騙對方、支配對方，而是希望達成了解，那麼在溝通上，雙方就要指向共同的規範，如此才能達成了解。哈伯瑪斯提出四個「要求」（claims）：首先是「意義」（meaning）；其次是指向「真理」（claim for truth）；第三個要求是「正當」（claim for right）；最後是「真誠」（claim for sincere）。在這四個要求當中，「對」或「不對」有兩層意思：一是「工具性」的意思——是特殊的，針對某個需要的。但是語言的功能不只如此，也有建立共同規範的要求，而建立共同規範的關鍵就是不用策略性的行為，這時所進行的才是一種溝通行為。共同性的、公平的觀念是滿足溝通行為必要條件的最低門檻。「共同的規範」會被接受，並不是因為它是一個「有用」的工具，而是因為人要達成「自我」與「自我」之間的交通，必須有共同規範才可以有秩序可以講。秩序因此就是「主體間性的」（inter-subjectivity），就是許多自我之間的交流。

以上我們是用容易理解的話來解釋哈伯瑪斯的意思。韋伯並沒有得出這樣的結論，但哈伯瑪斯得到這樣的結論，他比韋伯樂觀；他認為社會有改變的可能，秩序有望建立。所以韋伯晚年寫法律哲學《事實性與規範》（*Fact and Norms*），[11] 因為人一定要承認一些共同的規範，否則很容易淪為暴力，是不可能共同生活的。韋伯認為一味地肯定工具理性是不可能的，不能夠用「有用的」去取代「好的」，「合理」不能等同於「有用」。因此「有用性」之外，有另一種「好」，但這種「好」在現代文化中，漸漸地被人們給遺忘了。

我藉韋伯來談傳統與現代之間的困局，這困局就是：倘若我們走入工具理性的想法，那麼所謂的「理性化」就只是利害的計算。如果這樣，那麼有關社會文化的一些難題都將無法解決，因為工具主義的觀念本身就是一個在理論上講不通的概念，我們在前面已經談過了。依照它去思考文化的問題，誠如剛才所說的，是行不通的。一個文化如果沒有共同性或普遍性，根本就不能成為一個秩序，結果就變成「勝者為王」的社會。當然這是個老問題，柏拉圖時代就非常強調這個問題：「**怎樣才是一個國家合理的秩序？**」首先柏拉圖認為不能把暴力看成標準，所謂「強權即正義」（mighty is right），有權力就是對的，這麼一來就沒有合理制度可言。換句話說，就是叢林法則了。《理想國》（*Republic*）開頭就辯論這個問題，辯論之後柏拉圖才下結論說：我們必須在強力以外來談「正當不正當」的問

11 事實上應該是「事實性與有效性」（facticity and effectivity），"*Fact and Norms*" 是英文譯本的標題，德文 "Geltung" 的觀念比英文的 "effectivity" 意思要多，不過主要的就是剛才談的意思。

題，然後才談理想國理想的制度。這是個老問題，但是現代文化出了種種毛病之後，唯一流行的、所謂「對或不對」的標準，竟然越來越接近工具理性。現在如果我們以工具理性的方式跟別人講話，對方就很容易瞭解，但如果要超越工具理性意義來講道德理性，對方就會覺得很難懂、或者很懷疑。從康德以來分析意識內容，這是一個重要的哲學論點，就是「自主性」、「主體性」與「自由」觀念的根源就是意志本身要顯現「普遍性」。然而對許多人而言，這並不是那麼容易理解，而有些人則會懷疑，認為那只是一個「習慣」（custom），因此這些問題都很複雜的攪在一起。

三、現代文化與不完整的計畫（Incomplete Project）：第二重困局

前面談到傳統、前現代與現代之間的衝突、緊張狀態，主要是一種形式的意義，因為我們並沒有講哪一種傳統與現代性的哪一個部分產生衝突與張力。第二重困局卻涉及較多的實質面。現代文化是從十八到二十世紀逐步長成的。十九世紀是一個希望的世紀，歐洲知識份子的想法是一種樂觀主義。可是當時已經有一批人對現代文化形成的價值觀、社會次序、人生觀等等並不樂觀，甚至持反對、批判的態度。這批人可以以三個人作代表，我們從這三人身上，可以看出對現代文化持懷疑立場的具體例子。其中的第一位代表人物是

從基督教傳統來質疑、批判現代社會的齊克果（Søren Kierkegaard, 1813－1855）。他代表一個方向，也就是啟蒙運動以後，教會本身與教義方式都在改變，他認為這不符合基督教真正的價值意識。他的立場有一點基督教復興的關懷，要是放在二十世紀對於現代文化的反省而言，這想法頗接近哈伯瑪斯講的「新保守主義」（Neo-Conservatism）。

十九世紀質疑、批判現代社會理論的另一位代表人物是馬克思（Karl Heinrich Marx, 1818－1883）。馬克思在不同的時期有不同的批判對象，改變到共產黨主義宣言之後就定型了；這時他對於資本主義文化提出一個全面的、革命性的要求，就是社會革命。這個要求的核心是對於經濟制度、生活方式的批判，他從這裡發展出一個「歷史唯物論」（Historical Materialism）的極端理論。當然就一個理論來說，它的缺點是非常多的。「歷史唯物論」要解釋現代社會，架構本身已經不夠了。十九世紀雖然只是現代社會文化展開的時候，卻已經有許多的批判。因為即使在現代性極盛的時代，現代文化構成現代社會的過程中，已經透露出很多讓人難以接受、不能寄予希望的事情。

第三位在十九世紀質疑、批判現代社會，更為激進（radical）的理論代表人物是尼采（Friedrich Wilhelm Nietzsche, 1844－1900）。從宗教的角度來看，認為現代宗教墮落，這是齊克果的想法，是從最窄的範圍來批判、質疑現代文化。從經濟結構來看現代社會中的種種剝削與不公平現象，是馬克思思想的重點。但是從根本上懷疑理性思維傳統的思想家，代表人物就是尼采。打開尼采的著作來看，會感到他根本沒什麼論證，只是他直接的感覺。

例如他「感覺」基督教已經完全敗壞，就說上帝已死。他對於科學不信任，就認為科學不能改善世界；他的思想並不嚴謹（rigorous），甚或根本就是直接講他自己的感受。可是值得我們注意的是，他確實也碰觸到很根本的問題。這一點，二十世紀思想界很多人都解釋不清楚。事實上在後現代思潮裡，尼采的作品被很多人引用，但他最有特色的看法卻很少有人能說明白。簡單說，尼采所強調的是：人類如果要有任何作為，第一個條件就是要有力量。換言之，不論是做好事還是做壞事，都先要有一個基本的力量，然後才能去談「做什麼」。所以《超越善與惡》（*Beyond Good and Evil*）這本著作比他主張「上帝死亡」更為重要。[12] 他的基本意思是說：要有任何作為、主張、想法，根本上的第一個條件就是要有力量，這力量與社會結構結合在一起就變成「權力」（power）的觀念。所以在他來看，基督教傳統越來越衰微，結果使得社會越來越沒有力量，也就說不上是作好作壞了。所以他一方面有「權力意志」（will to power）的說法，認為要有任何作為首先要問力量從哪裡來，從這裡推到「權力意志」的觀念。另方面，他從「權力意志」又推到「超人」（superman）的概念。他認為：既然我們希望未來要越變越好，那麼未來就必須要產生一種越來越有力量的人，也就是「超人」。這個問題以往雖然很少人說，但也不是完全沒有人想過，像萊布尼茲（Gottfried Wilhelm Leibiz, 1646－1716）解釋世界的時候，就強調「力」（force）的觀念；因為人要談世界的物理現象，根本上就是認為有物理運動；要先有運動才能講世界。當然萊布尼茲的思想方向與尼采完全不同，但這個很根本的問題他也想到了。尼采逐步地把問題放到這上面來，對他而言，好壞善惡都不是問題的根本，在根本上有力量才有作為、沒有力量就沒有作為，這是「超善惡的」（beyond good and evil）。

從上述角度去看尼采，就會明白尼采不信任理性，而他也不是嚴格思考的人。然而他碰觸到一個根本問題，然後他把感受放在不同的議題大作文章，所以尼采好像什麼都否定，但他並沒有一套論證支撐他的否定思維，他採取的是直觀的、對力量的感受，這就是他的方向。在尼采眼中，現代文化不能真正產生力量，已有的基督教文化已經死亡，未來是否有新的文化活力，就要看我們有沒有力量去創造。但新文化產生的結構，在他看來都不能夠滿足這個要求，這就是他對現代批判的基礎。今天有那麼多人批判現代性，都可視為十九世紀反現代性思潮的延續。從根源上講，當然是在現代性理論、觀念、價值意識本身來談它內部的問題，這些內部的問題表現在我們文化實際的生活方面才會引起質疑、批判。

前面我們就幾個重點來說明現代文化有哪些內在、明確的問題。哈伯瑪斯曾經講過：我們對於現代性的研究，主要是一種病理學的研究（pathological study）**13**。所以我們要講現

---

12 Friedrich Nietzsche, *Beyond Good and Evil,* Trans. Walter Kaufmann (New York: Random House, 1966).

13 例如 George Ritzer, *Modern Sociological Theory* (New York: McGraw-Hill Humanities, 2008)，作者認為哈伯瑪斯的理論可以稱之為「現代性的病理學」，因為他研究現代社會之內的種種矛盾與衝突（Ritzer, 2008: 437）。

代文化內部的問題，就要來作一個所謂病理學的觀察（pathological observation）。這部分又可以分成三點來講：第一點就是所謂「擴張主義」（expansionism）。從馬克思一直到二十世紀像凱因斯（John Maynard Keynes, 1883－1946）這些經濟學思想家，當然也加上法蘭克福學派，大家都在經濟問題上批評現代文化的問題。事實上，他們所面對的就是所謂「擴張主義」的問題。也就是說，現代經濟結構跟傳統前現代經濟不同之處，在於傳統前現代經濟是以安定為主要目的——所謂的安居樂業為主。這種農業社會的自然生產，並非追求無限的擴張。因為東方人的生產方式是以農業為主，所以中國人講治國、平天下，「安天下」就是以安定天下為主要目標。經濟自足的要求是它根本的一個想法，經濟生活的重要處就是不虞匱乏。但就工業生產來說，所謂科技對生產的改變，本身是以擴大為目標的；它一層一層往外擴大。所以，歐洲中古時代的莊園經濟並沒有影響其他地方。但等到有了科技、有了蒸氣機之後，就變成以機械為主的生產方式，而這種生產方式一經成立之後，就一直往外擴張。這正是現代文化內在的性格。正如韋伯所說，現代文化一出現，就改變了已有的世界，以往有許多的文化，並不會由於它們的出現就改變世界。但「擴張主義」是現在文化內涵的特性，這種特性本身並不一定是壞的，然而也的確帶來很多負面的影響，如果在制度上沒有精密的設計，或在文化上沒有新的意識配合，「擴張主義」就會帶來很多災禍，最後表現成像列寧（Vladimir Ilyich Lenin, 1870－1924）所批評的帝國主義、殖民主義的興起等等。所以「擴張主義」可說是資本主義文化或現代性文化一個很內層的特色。這問題很複雜，並不容易找到藥方。不過作為病理學觀察，我們必須寄希望於一種新的解決方案。關於這點我們稍後交代。

「擴張主義」之外，「科技決定生產形式」的發展還有進一步的問題；科技文化發展是一個中性事實，可是它帶來一個後果，使韋伯在建立理論的過程中感受到沒有出路的，就是法蘭克福學派所強調的——一般的「工具合理性」。「病理學」的第二點觀察，就是「工具理性」的問題。我們在前面第二節提到過。當代思想界關於這點談得很多，特別是前述法蘭克福學派的阿多諾（Theodor Ludwig Wiesengrund Adorno, 1903－1969）與霍克海默（Max Horkheimer, 1895－1973），以及韋伯。事實上，「合理性」這個概念本來牽扯到人類意志的觀念，比如我們希望能夠把話講明白，這時候我們會要求所說的話是合理的。所以康德談人類理性的時候，又將功能分成兩面：一面是認知的功能，與所謂直覺的、理解的合在一起的，這就是所謂「理論理性」（theoretical reason），也就是他在第一批判所講的，[14]理性的認知功能。另方面，理性也可以表現在意志上面，也就是理性意志，如此我們才有價值判斷，才有「應該這樣做」或「應該那樣做」這類的問題。這是康德「實踐

14 康德的三大批判分別為：《純粹理性批判》（第一批判）、《實踐理性批判》（第二批判）、《判斷力批判》（第三批判）。

理性」（practical reason）與「理論理性」的看法。因此理性有這兩種意義：一種意義涉及我們計算得精不精確的問題，比方處理一個例如燒水這樣的外界問題，燒水的過程雖然簡單，但仍有一套知識；又比方說治病，用什麼藥來殺細菌、改善機能等等。基本上，這一切表現成對事物的知識作一種計算。經過計算，我們可以得到一種決定，這些都屬於「工具理性」。至於我們希望有一個和諧的秩序、希望自己能被別人所理解等等，則是屬於「實踐理性」的問題。[15]

現代文化強調的是科技問題，則我們對科技基本的構成與特性應該有個根本的瞭解，事實上科學知識的成立，仰賴的是它的「理論效力」（theoretical power）。理論效力又分兩方面來說：首先是「解釋效力」（explanation power）。不論依照舊的說法，還是依照新的、像孔恩這些人的想法，基本上我們會接受某些科學知識，並不是因為我們真正看見真理（truth），而是在我們解釋世界的過程中，有解釋效力的論點被當成科學知識。為何解釋效力很重要？因為唯有建立有解釋效力的觀點，我們才能預測世界。理論效力的第二點是「預測效力」（prediction power），當我們能成功地解釋一個現象時，我們就順著科學的過程來測驗一個理論的效力。比方說我們根據相對論的解釋預測日蝕的光是彎的，然後我們去測驗、去觀察實際情形是不是這樣，如果發現預測是對的，愛因斯坦的解釋就是有效的。所以預測效力是我們建立科學知識的真正目的。在這意思上來講，我們計算對象的條件，做出一種解釋，然後根據解釋的內容做一組預測。預測有效，就可以建立科學知識。

所以科技文化最根本處，是要建立這樣一個預測效力，而這種預測的能力蘊含人對於世界的要求；人計算世界現象的各種條件，去配合一個目的。換句話說，人有一個目的，人就可以依靠計算的過程來計算有關的條件。換句話說，這就是「工具理性」。所以科技發展的結果，使得我們忽略了「理性」有一個境界上、指向未來的意義。如果只是在計算有效，怎麼樣算有效？在這裡「合理」的含義就完全變成工具理性。關於這一點，哈伯瑪斯的法蘭克福學派（Frankfurt School）前輩都曾經強調，現代文化一個重要的特性就是知識發揮工具理性，而越來越不講道德理性、價值理性。

很多人可能沒有注意到，韋伯的理論體系是不完整的；他到了後期是相當悲觀的。韋伯對於現代性的揭露相當準確，這是他的貢獻；可是另方面，韋伯認為啟蒙運動以來，追求自由、和平、人權的浪潮落在制度面上來說，已經變成一種新的權力結構。為防止經濟權力被少數人所掌握，資本家權力無限擴張、支配現代社會，導致多數人受到經濟壓力、形成不公，各種、各階段不同的社會主義主張都有一個共同點，就是運用政府權力

15 二十世紀以來，因為「實踐理性」帶著德國「觀念論」的色彩，很多人盡量避免使用這個詞彙。例如哈伯瑪斯在講「溝通理性」時，就極力避免康德、黑格爾的路向。這個問題，往後當我們在說「理性思維」與「反理性思維」的時候會再詳細講。

來限制資本權力；具體落實就是「福利國家」的觀念。可是韋伯看出「福利國家」的觀念裡有一個很大的危機，就是：福利國家的結果與民主政治的原則相衝突。就拿福利機構來說，本來民主制度最根本的要求，就是政府權力必須有所限制，這是洛克（John Locke, 1632－1704）說的：政府管得越少越好（the lesser, the better）；社會應有自主管理的能力，比方教育獨立、司法獨立都是要政府管得少。但是經濟制度出現問題後，轉出了「福利國家」（welfare state）這樣一個概念。因為原本經濟擴張主義是沒有限制的；那麼發展資本、經濟、生產的同時，要怎樣保持社會公平、以及多數人的安全？早期亞當斯密只講集體財富，《國富論》（*The Wealth of Nations*）並沒有處理個人在社會裡會越來越依賴掌握經濟權力的那群人。**16** 換句話說，就是貧富差異這樣的問題並沒有預先的設計。等到問題出來了，再以「福利國家」這樣的觀念來應付經濟的「壟斷」（monopoly）。

韋伯提出「管理階級」（bureaucracy）的概念，他認為現在社會有一個專業的「管理階級」（bureaucracy）；所有政策的執行都是靠這個管理階級，這同時也是民主制度運作的基本條件。沒有它民主制度根本無法運作。因為每次選舉不管選出來的是誰，他的主張與方向的實現都要通過「管理階級」來執行。所以韋伯認為，順著這個方式走，總有一天所有人都要靠領取津貼過活，社會真正的權力就會被管理階級所掌控。因此民主政治的原則是政府最好就是少管，但人們想從政府那邊取得經濟保障，越是推動福利政策，越是讓政府管得多。所以韋伯就有了「鐵籠」（iron cage）這樣的觀念：他認為如果現代文化沒有什麼大方向上的補充修改，順著二十世紀初期已有的趨勢來看，一方面在經濟上「擴張主義」使得現代社會的權力構成一個大的壓力，形成不公平的社會。在現代文化下生活本來應該比較自由，然而往深處看，人要憑藉什麼來生活與改善生活？這始終都陷入權力的問題當中；一面是資本主義掌握經濟權力的這一群人，也就是資本階級；另外就是管理階層，想用政府權力去限制資本家的特權，執行政府權力的這一群人形成了管理階層的特權，這樣一來就走向「鐵籠」。所以他在這裡也看不出真正的出路；換言之，「**走向一個現代社會的鐵籠**」是他的憂慮，不是他的解答；他只是揭露問題，而不是解決問題。說到這裡，韋伯的理論並沒有往下發展，他的宗教社會學著作——例如新教倫理與民主社會的關係等等，也沒有提出出路。事實上，從馬克思開始，許多思想家在批評資本主義文化的時候，這個問題就被人從不同的角度、不同的層面來探討，不過韋伯在評論現代文化本身的弱點與內在毛病方面，是比較準確與成熟的。也因為韋伯有這樣成績，哈伯瑪斯也吸收這個概念，因此就有「不完整計畫」這樣的說法。[17]

---

16 Adam Smith, "The Wealth of Nations", in Edwin Cannan, eds. *An Inquiry into the Nature and Causes of the Wealth of Nations* (New York: The Modern Library, c1937).

17 Jürgen Habermas, "On Modernity: incomplete project" in *The Anti-Aesthetic: Essays on Postmodern Culture*, Hal Foster, eds. (Port Townsend, Wash.: Bay Press, 1983).

韋伯得出的結論是比較悲觀的，後來杭廷頓在政治思想上也是悲觀的，但講到現代文化的缺點時，我們也得注意到有人認為這問題不嚴重，而且這些人有個非常重要的代表人物，就是帕森斯（Talcott Parsons, 1902 – 1979）。帕森斯在五○年代以後，受到許多美國年輕社會學家的質疑；他們認為帕森斯有保守主義的傾向，因為他認為啟蒙時期下來的文化沒什麼大問題。就我的見解來看，帕森斯是個很有理論技巧的人，他把很多理論難題都避開了；社會行為、制度、與文化三者構成他理論架構的一個大系統。從一個角度來講，帕森斯的社會影響是很大的。具體說，他針對「如何解釋人如何有『對與不對』、『應該與不應該』」這樣的意識，提出了「內在化」（internalization）的觀念。從演化史來看，人類面對生活世界最早的階段，原有一些神秘信仰與原始宗教，其出現本來是與外在世界或環境需求有關的，比方在某一個部落、某一處泉水是代表神的，因此不可以污染。但發展到某個階段，人開始調整自身的世界觀，把外在需要的價值內在化了。例如為什麼有些早期民族重視水，因為沒有水就不能生活。所以就歷史上來講，很多地方文化的開始都是從江河附近開始發展起來的，這是就外在環境與需要的關係來看。但是等到人類思想、意識漸漸複雜之後，就把外在價值給內在化，因此在神話解釋中他不再說「人有需要、所以有信仰」，而是說「信仰是對的」。帕森斯的手法是社會學最根本的方法論，五○年代之後，特別是美國的社會學界，不論有多少人批評、反對帕森斯，實際上，社會科學方面講價值意識——也就是解釋人如何有對不對、應該不應該這樣的意識、解釋人的社會性價值意識的時候，基本上仍都用了他的基本方法，所以就這點來講，帕森斯幾乎是「文化科學」的代表。

我們談「文化」的方式有兩種：「文化哲學」與「文化科學」。文化人類學、社會學，到政治經濟學這些講的都是文化現象，他們對於價值最根本的解釋立場，就是「內在化」的觀念；談人如何把外在規範性的東西收入意識內部。這是「文化科學」的講法，所以預先假定了經驗世界的實在性。用哲學語言來講，「經驗事實」（empirical reality）是「外在的」（external），他把外在的東西化為內在，所以叫做「內在化」（internalization）。我們面對外在世界，所以需要做某些事情、禁止做某些事情，這些本來與外在需要有關，但是人在組織他的生活規則時，就逐漸把這些外在需求收入到意識內部，變成了所謂價值意識，但這裡談的價值意識與哲學談的價值意識實際上有點差別。每個社會實際上都有一個價值意識，然後社會才得以維持，所以這個問題說到後來，就是哈伯瑪斯解釋社會秩序的時候，他所說的「教化」（education）這樣的觀念。舉例來說，我跟別人相處在這個社群裡，若沒有共同認定規範，我就不能預期他們做些什麼，這是個很實際的問題。假定我和一個人約定了星期三見面，相約的彼此都會假定倘若沒有特殊原因，這個時間點到了，我會在約定的地點等。也是因為這樣，才有辦法處理這件事，所以才照著那個時間來；這裡並沒有什麼宗教信仰或形上學基礎，而是實際生活的運作就一定存在大家認定的行為規範。要是一切事都不能預期，那就無法生活了。換言之，社會行為之所以可以進行，並不基於宗教信仰或形上學基礎；即便沒有這些，在日常實際生活的運作當中仍會存在一種「意見一致」（consensus）。如若沒有這種大家一致同意的規範存在，任何社會行為都無法進行；因此社會行為之所以可以進行，是因為我們知道某些規範的最低門檻（minimum）是人人都會遵守的。這是哈伯瑪斯在他晚年講法律哲學，在《事實與規範》這部書裡的看法。[18]

前面我跳遠了一些來審視這些問題，回到剛才的主題，帕森斯的重要性是日後在不同學派的人大家共同接受的、對價值觀念起源的看法。不受帕森斯影響的就是文化哲學這一面，就是黑格爾以來的傳統。黑格爾的範式與帕森斯恰恰相反，黑格爾講「外在化」（externalization）。他以自由意志的理性、理性的自我等等最高層次的自我作為內在真實，然後向經驗世界展開、構造經驗世界。回到較廣的社會學、哲學研究的領域來看，帕森斯的樂觀主義是個較為特殊的例子，可是他也不認為第二重困局的問題不存在，只是他認為可以比較簡單地克服。

現代性最根本的構成還有第三個因素；首先現代性有基本「擴張主義」的趨向，而科技發展之後，價值意識越發變得只剩下「工具理性」；這兩個因素之下，現代社會進入一個危機時代。這個危機時代可以用「物化」（reification）的觀念來談。「物化」的動詞“reify”源自於拉丁文，意思就是「變成物」，所以翻譯成「物化」。「物化」現象是指：在現代文化的毛病愈加暴露出來的情況之下，現代文化共同的趨向，以及所蘊含的文化病都表現在「物化」現象上。原先法蘭克福學派像阿多諾、霍克海默都談這個問題。哈伯瑪斯年輕的時候是阿多諾的助手，所以也受他們的影響。不過哈伯瑪斯是到了後來理論成熟的時候，對這個問題才有比較深入與精密的說法。這裡我不是要專門講哈伯瑪斯，而是就這個問題來談我自己的看法。

我認為物化的趨勢（trend）有幾個不同表現的層面；我們可以扣緊「物」的意義說明所謂的「物化」是「化成什麼樣的物」？扣緊這個意義來講，我們應該分成三個角度來看，第一個角度是落在文化科學本身。文化科學一開始的目的是尋求有解釋效力的假說，這些假說證立了之後成了科學定律。人可以根據科學定律作預測，彷彿也大大提高了自己統治世界的力量，因為可以作預測的地方就可以作控制。但是另方面，隨著經驗科學的發展，我們又把人當成一個自然物來研究。「物化」的第一個意義就是：自然物的意義，就是「把人當成一個自然對象」。經驗科學的發展——特別是心理學的發展，就傳統看法而言，在康德的時代還不是經驗科學意義下的科學，只是一種心靈論，也就是對意識活動的瞭解。所以康德在第一批判談到心理學的時候，還只是這個意思。可是後來到了「行為主義心理學」（Behavioral Psychology）的發展之後，心理學成為一門獨立的科學，另一方面，

18 Jürgen Habermas: *Between Facts and Norms: Contributions to a Discourse Theory of Law and Democracy*, trans. William Rehg (Cambridge, Mass.: MIT Press, c1996).

它把有關人的一切問題，化成自然對象的問題。換句話說，人「物化」的第一個意義，就是把人自身化成「自然物」（natural object）。這裡談的與我們前面談到工具理性的發展有一定的相配合關係；越是如此，我們越是把人看成一種欲望的生物，然後發展知識來配合欲望。

其次，「物化」有第二個意義，就是在生產關係與經濟生活結構上，人變成一個參與交換的單位。換句話說，是把人當成貨物（commodity），譬如「服務」（service）；當一個人在享用別人的服務時，經濟價值是多少？通過這個角度來看人，就好像資本主義社會雇用員工一樣，關心的是員工在生產過程中能發揮多少作用。基本上，人與其他的貨物一起被列入利潤計算。馬克思說的剝削現象，就是站在這個角度來講，把人當成貨物來處理。當然我們對於貨物的態度是成本減少，功用能提高，所以現在我們雇用工人，當然就有馬克思講的剝削的問題，因為資本家對員工的基本立場是不免要去剝削他。所以，「物化」第二個意義是化為商品。

最後，第三個意義的「物化」，是就著人同動物講。因為動物的基本需求，就是滿足延長生命之所需。隨著工具理性發展、而道德理性尋求較高境界的理想逐漸淡化時，我們就看到二十世紀後半葉，也就是從六〇年代到現在，有個很明顯的「放縱動物欲望」的趨勢。換句話說，人看待自己的方式，是盡量把自己當成動物來看、要盡量放縱自己動物的欲望。這是和許多傳統文化不一樣的地方。過去講到人的時候是與原始宗教追求超越的文化連結在一起的，等到現代性出現後，就把原始宗教的理想切斷了。之前提到涂爾幹的時候提到，原始宗教裡產生了規範意識，而原始宗教社會也假定有一個神權的世界。所以就像涂爾幹的瞭解一樣，現代社會逐步世俗化，而原始宗教的「根」就這樣被切斷了。切斷之後，本來應該要能夠另外建立一個理性的傳統才行，但做這種工作的人很少；一般的知識份子越來越走向第三種物化的現象，就是把動物欲望當成應該追求的東西。涂爾幹的研究已經隔了這麼多年，他所運用、說明的資料，在今天或許不是最合適的，不過涂爾幹確實碰觸到了基本問題：人的發展，究竟應該要越來越超越動物層次？還是越來越與其他動物相像？這兩個方向是不一樣的，所以當人越來越與其他動物相像的時候就有一個危機，就是除了工具理性之外，沒有所謂合理或不合理、應該或不應該的問題可談。二十世紀文化的迷惘，特別是我們看見六〇年代德希達（Jacques Derrida, 1930 – 2004）、傅科（Michel Foucault, 1926 – 1984）……這些人，所謂的後現代主義（Postmodernism）的思想，解構思想（deconstruction）的出現都代表這個傾向。

所以現代文化一方面像韋伯所說的，是一個已成的事實，就是現代世界已經產生，人就在其中；換句話說，現代性代表一個歷史的階段，我們不能不承認現代性文化是不能夠回頭的。另方面，現代文化本身有其一定的特性，從頭起它就帶著許多陰暗面，十九世紀已經有人這樣批評。到了二十世紀，特別是經過兩次大戰，歐美文化更表現出明顯的陰暗面，學界對文化的信心也越來越薄弱，所以有哈伯瑪斯所謂的「不完整的計畫」這樣的觀點。面對這個狀況，學界產生兩個態度：一是以帕森斯為例：我們承認出了很多問題，現代文化有很多毛病，但基本上這還是主流，以後我們還是得順著這個走下去，只是看怎麼走得好一點，只是如此；這是一種態度。另一種態度，是馬克思以降一直到馬列主義運動的立場，基本上是想消滅、排斥、打倒這個文化，這就變成一個社會革命的問題、而不是學院的問題。相反的為了社會革命，反而把學院的標準都給破壞了。譬如說蘇聯後來對於科學，像李森柯（T. D. Lysenko, 1898—1976）的科學理論，就反對遺傳學的肯定。這種態度本身沒有道理，現在也沒人這樣主張，可是當年蘇聯對科學的態度、以及中共對科學的態度，前半段時期都以革命的要求作為唯一的標準，於是學術的標準被丟棄，然而這牽涉的並不是學院的問題；我們現在談的是學院的問題。除了這種態度以外，又有哈伯瑪斯中年以後一直提倡的態度。哈伯瑪斯有本書叫《歷史唯物論的重建》（*Towards a Reconstruction of Historical Materialism*），**19** 儘管馬克思主義本身有很多困難，這本書的動機本是要替馬克思辯護、重新肯定馬克思的理想，所以書名叫作「重建」。有趣的是，就在這本書完成的時候，他就離開馬克思了。他很客觀地指出馬克思思想中有幾點不可辯護，這是馬克思理論中確定的缺點，所以他把這段工作做完，雖然他表示自己仍保有馬克思某種理想，但是馬克思對現代文化的解釋有很確定的缺點，他把這些缺點列出來之後，他自己就不是馬克思主義者了，他的思想就轉向了。就這點來說，有份跨時代的文件，是他一九八〇年得獎時在法蘭克福的講演詞：〈論現代性：不完整計畫〉（On Modernity: Incomplete Project），**20** 他的立場是：不是現代文化沒有衝突，而是現代文化從開始設計、經過推動的階段一直都有內在的毛病與缺點。一開始這些內在毛病與缺點並不為人所注意，到後來逐漸表現為文化現象、社會現象，然後才被人們所注意到，這態度是哈伯瑪斯在一九八〇年宣布的。就這態度來講，我們必須對現代性作一個病理學的考察，也就是說現代文化本身是有病的，問題是我們如何進一步檢討如此的想法、制度以及理論化的過程。進一步檢討等於發展現代文化、現代文明。近年來我也比較接近這個態度：我也覺得現代性從根本來說本來就有一些問題，但是批評現代性並不是要拋棄現代性回到前現代，而是要從這裡往外走，看看我們有什麼樣新的出路。哈伯瑪斯是當代哲學中少數抱持著正面理想的人，現在他已經到晚年，他的思想可以說基本上都宣布出來了。他走的這條路，是值得我們注意的。當然我們明白，一個學說有長處也有弱點，而這個學說的強弱還有待徹底研究。就我自己來講，我現在講的這些，也是我自己晚年對現代文化的看法，這中間也牽涉到許多不同的學問、不同的理論，到現

---

19 Jürgen Habermas, Towards a Reconstruction of Historical Materialism, *Theory and Society*, Vol. 2, No. 3 (Autumn, 1975), pp. 287 – 300.

20 Jürgen Habermas, "On Modernity: Incomplete Project" in *The Anti-Aesthetic: Essays on Postmodern Culture*, Hal Foster, eds. (Port Townsend, Wash.: Bay Press, 1983).

在為止，我們談的仍是引言。下面分成幾個理論問題來談。

有關「不完整計畫」，哈伯瑪斯在哲學上是有意離開康德傳統的。關於這點我們必須再回到形上學問題演變的歷程。在康德之前有很長一段時間、近代哲學尚未開始呈現之前，是古典哲學的時代。古典哲學主要講實體性形上學，基本方向上是通過實體性來講世界基礎的問題，就是所謂追尋「不受感官經驗影響的、恆久不變的一種『實在』」（reality）；從柏拉圖到亞里斯多德都是這個傳統。這個傳統一度與猶太人的希伯來教義混和在一起。中世紀神學除了奧坎（William of Ockham, 1285－1349）之外，主要原先是用柏拉圖架構來講基督教，後來就用亞里斯多德的架構來講，從多瑪斯（Thomas Aquinas, 1225－1274）以來這就是主要的方向。今天天主教學校講經院哲學，主要仍然還是多瑪斯這個架構。可是笛卡兒（René Descartes, 1596－1650）之後，理性主義、經驗主義分別興起，人們開始對實體形上學有所懷疑。他們一方面還是受這傳統影響，但又想另外造一套系統，像斯賓諾沙（Baruch Spinoza, 1632－1677）、萊布尼茲都是這樣的。這個努力事實上有其內在的困難，這是因為實體性的形上學其預設（presuppositon）有其根本的困難，而康德第一批判做的就是處理這裡面的問題。康德批判的時候，把實體性的形上學，通過「二律背反」（antinomies）這樣的觀念給解消掉。這就是第一批判的「超越辯證」（Transcendental Dialectics）那部分，對於形上學的批判，康德對於形上學的批判，就是對實體性形上學的批判。康德自己不想建立另一套形上學來代替，他認為哲學要講的應該是知識論的問題，這就是「知識論轉向」。所以我們看到康德遺留下來很多著作，內容雖有不同，但他有一個大方向，就是「知識論的轉向」；他認為人真正能夠建立正確哲學知識的，就是人對自己的瞭解，而非推測外在有什麼超越存在。所以康德的範疇理論，是把實體性換成關係範疇，例如體性範疇，他把「實體」理解成組織資料的一種方式。另外，把"reality"化成實用的「有」這個字眼的意思，就是化成十二範疇裡「質的範疇」。這些都是老話，是大家長久以來熟悉的。我現在是說，形上學觀念的演變，康德無意建立另一套新的形上學，一個明顯的證據，就是他晚年寫給費希特（Johann Gottlieb Fichte, 1762－1814）的一封公開信。費希特認為他發揮了康德，他認為康德批判形上學之後，就呈現了一個唯一的主體，所以費希特建立一個主體形上學，費希特建立了主體形上學之後，他認為他是發揮了康德，但是康德看過之後非常的不滿，就寫了一封信〈康德書信〉，在信裡他很明白的表示，形上學代表一種傲慢，而人應該講自己能講的東西；形上學並不是真正的知識。**21** 但儘管如此，他的批判工作凸顯了主體性的重要，客觀來說，之後還是去發展主體性的形上學，這是在黑格爾手上完成的。所以由「實體性的形上學」變成「主體性的形上學」，這就哲學學科內部來說，是十九世紀學院內的

21 Arnulf Zweig, trans. and ed., *Correspondence* (Cambridge, U.K.; New York: Cambridge University Press, 1999).

主流趨勢。

「主體性的形上學」到黑格爾時代成為學院主流。當然學院主流與社會主流不同；就學院主流而言，十九世紀末年到二十世紀初年才有變化。受到數理哲學的影響，數理邏輯、符號邏輯興起，使得人們對形上學有了不同的瞭解，於是有維也納學派（Vienna Circle）、意義分析與邏輯分析的興起。到了這個時候，對於形上學的態度就有一種極端的立場，以卡納普（Rudolf Carnap, 1891－1970）為代表主張「取消形上學」。哈伯瑪斯早年就處在這樣的浪潮下，他的博士論文是研究謝林（Friedrich Wilhelm Joseph Schelling, 1775－1854）的觀念論的，但他參加了法蘭克福學派，受了社會哲學以及支持社會革命、堅持資本主義批判的思想影響而改變了。我們可以這樣說，到了思想比較定型的時候，他就放棄了主體性形上學，把形上學問題變成「交互主體性」（inter-subjectivity）的問題，把形上學問題化成社會文化的問題。這時候他的哲學主張已經不是一種舊的形上學。

所以在哈伯瑪斯來說，有「形上學」與「後形上學」的差別；較早的階段，形上學是實體性的形上學，較後來的階段，形上學是主體性的形上學。吸收了分析哲學、語言哲學之後，他的立場就離開了形上學，而且要擺脫形上學的語言，把形上學接觸的問題擺在「交互主體」的向度來談。換言之，是變成一種社會哲學，而非意識內省的哲學。就這個面向來講，哈伯瑪斯把現代文化看作是「不完整計畫」，他也認為應該要重新清理這些基礎觀念，而且主張通過溝通理論的架構來重建。肯定交互主體，就有我們所謂「獨白」（monologue）與「對白」（dialogue）的差別，從康德以來哲學主要是一種「獨白」的哲學，而哈伯瑪斯的意思是，是要以許多的自我交互之間的關係來講哲學，這就是所謂「溝通理論」——意義溝通的理論。這裡呈現了另外一種理論架構、一切理論的問題都可以收在這裡談，所以他有四個要求。講到這裡，我們應該面對另一個問題：從尼采起就有懷疑理性功能的趨勢，不過尼采沒有很明確地說；其實尼采思想本身就是一個獨白。二十世紀的理論方向有點像尼采，因為他們都懷疑理性的功能；這是下一節主題。

四、反理性思潮與「哲學之終結」（End of Philosophy）：第三重困局

要談第三重困局，首先要問第三重困局是什麼？前面提到，我們面對的是現代文化所造成的現代世界，它是個既定事實；無論怎樣反對、改革、革命，我們還是得在這個世界之中去談，所以歐洲以蘇聯為代表的馬列主義運動到了亞洲，包括中共、北韓、越南等東方的馬列主義運動都有這個問題。這使我們感覺到，二次大戰後世界的趨勢雖然並非是一味樂觀的文化，但也不應該是像馬克思主義、馬列主義運動那樣否定文化。這些現象對人而言，都不是具有激勵作用的正面現象，反而存在著使人沮喪的作用：也就是出現反理性思潮。五〇年代、兩次世界大戰後不久，歐洲——尤其是法國、德國也有——思想界進入

一個奇怪的階段，我們中立的態度來描寫他，可以稱之為「反理性思潮」的階段。「反理性思潮」的外在理由當然與兩次世界大戰以來的歷史有關；一方面人們好像在保衛歐美的主流文化；但另方面就在歐美文化籠罩的社會中，又出現例如希特勒大屠殺與史達林大審判這類極端荒謬的事情。當時很多人質疑，現代文化的價值意識為何無法阻止這種極端荒謬的事。討論這問題的書很多，但我們現在把這個問題收到哲學層次來談，因此只談大方向，不多談複雜的歷史因素。就這大方向來講，反理性思潮基本上對規範的力量發生了懷疑，這個共同趨向就表現在對理性的不信任，覺得順著理性思維所得來的似乎與實際世界不符合，這是一個很大的危機。

反理性思潮是第三重困局；從另一個角度來看，這也就是所謂後現代的問題。前現代與現代文化的衝突，是第一重困局；現代性文化內在的問題，是第二重困局；後現代文化的興起，對於現代文化的質疑、破壞，就是第三重困局。《哲學的終結或重建》（*After Philosophy: End or Transformation*）一書中所出現的議題，就是反理性思潮的結果。[22] 該書所收錄的論文裡，哈伯瑪斯持比較樂觀的態度（裡頭也還有比他更樂觀的人），但是也有像德悉達這一類持比較悲觀看法的人。這類書會在二十世紀出現，是有一定文化背景的，就像是一種在迷路的情況下出現的思潮。這樣的思潮有它外在的歷史與社會背景因素，並不是幾個思想家在那裡空想一套理論。它反映了當代社會價值意識的一種迷惘，也有相當大的影響；社會先迷路，然後學人發表試圖「指路」的種種思想。

反理性思潮的病態又可以再分三點細說：就是「片段化」（fragmentation）的病態、「特權化」的病態，以及「虛無化」的病態。

1. 片段化的病態

純粹就學院的態度來講，反理性思維對於理論語言的使用是有問題的；我們必須通過語用學的檢討，才能確定為什麼有這種病態。批評反理性思潮「片段化」，是因為所謂後現代論述的理論總是在一個局部的範圍內，先作一種否定的思維，而否定的思維是為了證明什麼是可信的、什麼是不可信的；於是後現代論述針對我們傳統上所共同接受的客觀性、合理性、公平、精確性這些觀念，找一個片段的小範圍，在那範圍內極力論證理性思維的不可信。羅蒂（Richard Rorty, 1931－2007）的《哲學與自然之鏡》（*Philosophy and the Mirror of Nnature*）一書就有這個特色。[23] 他依據小範圍、片段化的結論去作普遍和全體的判

22 Kenneth Baynes, James Bohman, and Thomas McCarthy, eds., *After Philosophy: End or Transformation* (Cambridge, Mass.: MIT Press, c1987).

23 Richard Rorty, *Philosophy and the Mirror of Nature* (Princeton: Princeton University Press, c1979).

斷。但即便片段裡的論證是可以成立的，為什麼可以據以為普遍化的判斷？從德希達、傅科、羅蒂等等，都是這個趨向。因為如此，所以有了「哲學之後」（after philosophy）的想法。「片段化」的病態使得他們的理論本身變得非常扭曲。通過那樣的觀點——比方傅科對於權力、社會的觀點、他對於瘋人院的研究，他很輕易就把局部的研究擴大，變成為社會權力迫害、壓制過程的普遍理論。「片段化」一個最簡單的例子是「女性主義」（feminism）。「女性主義」取的資料是女性的社會生活與社會行為，這類研究取這樣一個「片段化」的行為研究，然後把所有問題都化入這個方面來談，這就像馬克思把一切都化入階級問題來想。這種思考方式並非使我們更精確地瞭解世界，而是突出一個觀念，再透過它來籠罩整個社會歷史，如此便形成我所謂「片段化」的病態。

2. 特權化的病態

反理性思潮的第二個病態是「特權化」。哈伯瑪斯在年輕時代就批評過這個問題；這些人想要否認理性的言談，但奇怪的是，他們又非常相信自己使用的語言。比方傅科，要不是認為自己對權力的陳述是「客觀上可信的」、可以成立的，他就不能這樣說了。他一方面說人類理性思維是不可相信的，但是卻又相信自己的論述是真理。通常我們要尋找真理，必須通過語言去確定什麼是真理；這種思維所使用的語言是所謂「理性的語言」。假定說「我有個主張」，這裡可能有兩個意思：一個意思是「我這主張本身的有效性是普遍的」；另一個意思是，「我喜歡這樣的主張」，但這是說話的人自己本身特殊的愛好；如果只是我喜歡這樣，就不是能說這是有道理的，並要求別人也應該要接受。喜歡或不喜歡是純粹個人的事情，是個人特殊的心境。這兩個意思的差別是很大的。從這裡看實際上流行的後現代想法，它站在反理性的思維立場來說話，似乎是把自己使用的語言看作是擁有一種特權地位的語言了；它發出的語言是有效的，而其他立場的語言是無效的，就連所謂的「合理性」概念在它看來都是可疑的。如果連合理性都是可疑的，那這些話又是根據什麼呢——因為既然不能根據合理性來說，就必須承認這語言有個特殊的地位，這就是所謂「特權」（privilege）。所以哈伯瑪斯質疑，這些人好像很有把握地否定了一些標準，但為什麼他會有把握？如果他認為自己的語言特別有效，而別人語言是無效的，那麼這樣的發言實際上就成了一種特權。這個問題可以分兩面來檢視，一方面是「真」與「不真」的問題，另一方面是「對」與「不對」的問題，這是就哈伯瑪斯所謂「真理要求」（claim for truth）、「正確要求」（claim for right）的條件來說的；如果理性思維推出一個認知上的判斷，這時候這句話是不是「真」，我們必須假定對於「真」有個共同的標準，這是理性思維認知的標準。倘若理性思維認知的標準不可信，那我們應該相信什麼？語言真假的判定必須有一個大家共同承認的判準。如果有人主張沒有真假，那又如何主張自己的所說是對的，並且是對所有人都是可以成立的？要求或不要求這句話對大家都有效？倘若不要求這句話對大家都是有效的，而只是自己覺得不真、不可靠，於是告訴大家：「真理都是虛幻的。」這不是對所有人成立，只是對自己成立，那就只是一個個人喜歡這樣想，談不上是一個「道理」了。所以，只要我們作一個論點，就要求有一個真的性質。當然，這裡可以有一個技術上的分化，在不同的層次上談「真」與「不真」的問題。所以後現代的思維在反理性的方式來講，特權化的毛病是非常嚴重的。換句話說他們是：一方面認為理性思維是不可靠的、是虛幻的，偏偏他們的思維是可靠的、有道理的；而另方面他們又不能說自己是合理性的，因為他們否定合理性。結果只能在技術上說明自己否認的是某一個層面、某一個意義下的合理性。但即使如此，這種說法還是得符合另一種層次、另一種意義下的合理性，因為是有了這個憑藉才能建立論述的基礎，這是自我解釋的失敗。[24]

我認為「自我解釋失敗」問題的思索，牽涉到一個從邏輯數學傳統以來的老問題，[25]我們可以分兩部分來談這種問題真正的出路。首先：人使用一種語言的時候，無論如何去組織理論語言，理論語言的功能本身一定是有限的。也就是說，有些東西是這種語言不能講，但有些東西是這個語言可以講的；因此一個語言所能涉及的範圍是有限的，這跟「視域」（horizon）的想法很類似，但這裡談的是很嚴格的意義，有具體的證據。具體代表性的理論是「戈德爾不完全定理」（Gödel's Incompleteness Theorem）。戈德爾的意思是：我們在任何一個形式系統來講，比方以「集合論」（set theory）的數學系統來說，除了最簡單的元素（elementary）層面，對這個系統而言，至少存在一個系統內成立、卻不能證明的「定理」（theorem）。戈德爾（Kurt Gödel, 1906－1978）的理論是針對希爾伯特（David Hilbert, 1862－1943）的「證明理論」（Proof Theory）談的。一個理論語言——特別是一個形式系統，在這系統內的成立命題都是可證的，這是希爾伯特的主張，希爾伯特認為，邏輯數學的問題基本上都是可證的，問題只是我們找的到或找不到而已。但是戈德爾就以「數論」（number theory）邏輯的方式建立他對這個不完全定理的證明。在邏輯數學的傳統裡，一直存在一個「悖論」（paradox），而且特別在「集合論」（set theory）裡面；一個無限的系統內就有很多悖論在其中。希爾伯特認為每一個悖論都是可以解的，這是希爾伯特樂觀的地方；而戈德爾要證明，每一個形式系統，至少存在一個命題，這個命題在這系統內是真的卻不能用系統內的方式證明。換言之，每個系統都有其根本的限制；有真命題卻不能證。

24 相關論述可參見勞思光先生的〈論非絕對主義的新基礎主義〉，劉翠溶主編：《四分溪論學集：慶祝李遠哲先生七十壽辰》，台北市：允晨文化出版發行，二〇〇六（民九五），頁331－395。編者註。

25 最近這幾年我嘗試從形式思維的方向尋求解答。在這裡我大致提一下，後面談到「後現代思維的家族相似性」時會進一步討論。

戈德爾這點發現震動了數學界，戈德爾被人說他是對希爾伯特的否定，因為希爾伯特說一切都可以證明。對此，戈德爾立刻發表一篇文章表明他並非反對希爾伯特，因為「不完整定理」本身是可以證明的：我們可以證明每個系統內有一個不能證明的命題。這完全是理性思維的問題，都是理性思維擴大對自身的批判，而這也都與後現代思維有一定的關係。但是要真正釐清這個關係，則尚待時日，這是因為戈德爾證明的方式始終是個形式系統的，而不是用來說明其他知識用的。但現在後現代思想對於語言功能、語用論的種種病態與錯誤，是關係到意義論、知識論的。要是能擴大戈德爾的發現，由那裡清理出一個頭緒來當然最好；因為戈德爾定理是能證明的。如果我們能把它展開、拿來解釋特權化語言所帶來的問題，以及如何處理這個問題，應該是個重大的工作。[26]

3. 虛無化的病態

除此之外，後現代思維所談的是真假問題；落在知識論、意義論的討論裡面，反理性思潮這種片段化、特權化的病態，都使得自己不能解釋自己。更嚴重的是個「主張」的問題；一個主張有真假對錯，倘若沒有合理性，主張什麼？為什麼會有主張？所以不相信理性的時候，這種對合理性的質疑，就會指向行為主張根據何在的問題，也就涉及規範語言的問題：一個主張要做什麼或不做什麼，這種規範語言的論述如何成立？這才是講社會文化時最核心的問題。我們談社會文化問題，去談論為什麼某個行為是對的與不對的，為什麼某個行為是對的或錯的，如果我們一步一步追問，這才會是真正嚴重的問題。麻煩之處就牽涉到：你在當前社會做什麼不做什麼？贊成什麼或反對什麼？就社會文化意義來講，由於後現代思潮反理性，結果它一切主張都好像是虛無的；而它一方面好像他堅持一些價值標準，比方傅科對瘋人院的研究，背後很顯然是一個社會正義（social justice）的問題，可是他把我們平常建立社會正義的合理性判準丟開，否定一切主張的合理證成，這樣一來，他用的是「自破的」（self-defeating）論述語言、自破的根據。此外，把自立的根據丟掉以後，還是要依照他的思想做事情，這時候就產生一個真正的文化危機，因為使用一個自破語言，在行為上就會蘊含一個自毀（self-desruction）的行為。換句話說，順著自我否定的語言去做，就會有極荒謬的行為。正因為如此，我們強調人不能依照矛盾的思想去活動，因為採取矛盾思想的後果是任何價值都不能成立，這就是虛無化的病態。而更根本的危險，不是認為我們沒找到真理，而是認為根本沒有真理。

26 在本書的第三章第二節（後現代思維的家族相似性，頁124－135），我會再回頭仔細清理這個問題。

第二章

詮釋學風之收穫及迷失

引言已經說明本書的基本旨趣，是在面對哲學思想及文化取向的困局來尋求出路。現在我要著手清理及評定現代文化下的幾個重要思潮。這裡所涉及的問題可說是千頭萬緒，必須要選定幾個重點來進行評述。我所選的即是「客觀主義」（objectivism）與「相對主義」（relativism）。這兩種思想取向在哲學史上可說存在已久，在現代世界中卻發揮了特別重大的影響。

本章所談論的問題與伯恩斯坦（Richard J. Bernstein, 1932－）的：《超越客觀主義與相對主義：科學、詮釋學與實踐》（*Beyond Objectivism and Relativism: Science, Hermeneutics, and Praxis*）[1]有著理論上的關係。但我採用的是措辭比較寬廣的標題：詮釋學的「學風」（Hermeneutics

1 Richard J. Bernstein, *Beyond Objectivism and Relativism: Science, Hermeneutics, and Praxis* (Oxford: B. Blackwell, 1983).

trends）。一般所謂的詮釋學是二十世紀中期以後興起的一個學派。但我使用「詮釋學風」一詞，是因為現在講的不是這學派的內部本身，而是它代表是一個怎樣的思維與研究方向，以及由於這種學術風氣引起的、我們今天在思想界所看到的某些問題。從這方面來看，它與二十世紀哲學思想的傾向有很特殊的關係。以下我將這個問題分成四點：第一點，就這種思想的出現及其時代歷史背景來講。客觀主義是長久以來的爭議。往後我再詳細解釋究竟何謂「客觀主義」，在此我先從歷史的角度回顧始終存在的客觀主義爭論。第二點，順著詮釋學風觀察，以詮釋學來作為代表方向的思維，並說明它跟相對主義的關係。因為這兩者顯然是代表兩個思維的方向，就像剛才所提到的，對二十世紀的思維來講，這兩個思維都引來很大的問題與困難。今天若要重新面對哲學前途的問題，就必須要對這兩個重大的思考方向有一番比較深入的瞭解與判斷。第二點將以相對主義為主進行說明。前面一、二兩點將分別講客觀主義與相對主義，然後再談由人類意識活動使用的符號所構成的「意義世界」。針對文化世界的構成，我們提出一個二十世紀相當流行的概念：也就是所謂「外加的結構」（supervenient structure）。「外加」最根本的字是動詞“supervene”，形容詞是“supervenient”，名詞就變成「外加結構」。「**文化結構基本上就是加在自然世界的結構上的另一個結構**」，這就是所謂的「外加結構」，這是第三項的標題。

就歐洲學派來講，二十世紀是一個最混亂的時代；就像結構主義思維、後現代與現代之間的衝突等等，學派甚多。細膩嚴格地來講，它有很多不同的意思，不過相同之處就是：

我們對文化世界的解釋是對著自然世界說的。文化世界不可以化成自然世界，而是要在自然世界之上加上去的，是一個外加的結構（structure）。換句話說，第三點我們要重新面對客觀主義與相對主義這兩種思潮，以及它歷來表現的正面與反面的特性。這兩個理論都有其一定的功能與不同的困難。評論這件事的時候，就要有一個共同的觀點來當作參考。這共同觀點就是我們現在說的、對於文化世界的結構的解釋；「外加結構」應該是一個比較共通的觀點。

在這幾種學風的衝擊之下，二十世紀哲學要負擔一個很沉重的責任，也就是對於以往人們對自己的，與對文化的瞭解有反省思維。這種反省思維就是要開出一種新的向度（dimension）。換句話說，以往許多觀念表面上我們好像很熟悉，但在關鍵處有很多疏忽或遺漏了根本的問題。像是客觀主義與相對主義，一方面有各自的功能，但另一方面也都忽略了一些向度，都留下很大的理論困難。所以我們不僅要提出在二十世紀思維裡廣泛影響的幾個思考方向，同時要評論有什麼新的向度，或在這麼多的傳統思想及二十世紀的思想中，揭露了什麼以往所忽略的問題？為什麼產生這麼多衝突與理論困難？我們必須要將之揭露、凸顯出來，才能在反省思維上有一個新的角度、空間與向度。這就是「新向度」（new dimension）的意思。同時這也是我們現在這本書所進行的第二部分內容。這裡我們先談詮釋學風，然後從詮釋學風背後碰觸的問題，以及這個問題尋找出路的方式來分析，最後再提出哲學思維的新向度。

一、客觀主義（objectivism）之爭議

從日常語言或者生活世界來說，客觀主義的假定應該是常識當中本來就有的，因為我們是面對「生活世界」（life world）在生活。在生活世界裡面如果不講什麼特別的學問，我們就是靠著對於世界的常識在生活。用理論語言來表達，這就是所謂「日常語言」（ordinary language）。維根斯坦（Ludwig Wittgenstein, 1889－1951）晚年很強調日常語言的重要性：各種理論建構最後要解釋、面對的就是當前的世界。因此所謂客觀主義就是最接近常識的。假定客觀思維是一套思維，那麼儘管它可以走得很遠，在底層它是跟常識世界貼在一起的。

客觀主義本來是我們日常生活根本的假定：假定這世界中有很多東西、這些東西有很多性質、彼此有某些關係。不管我想不想、看不看自己所存在的世界，「常識世界」總是這樣假定的；不可能因為我認為「明天不下雨」，明天就不下雨。我會認為外面有一個自己下雨或不下雨的世界，那是個我經驗之外的存在；倘若它應該下雨，它還是會下雨。這並非一個嚴格理論的想法，而是常識裡面認定的情況。從這方面來說，客觀主義是最接近常識的。

另一方面，客觀主義也是最禁不起理論檢查的。雖然日常生活就是順著這樣的信念進行，如果我們嚴肅分析常識假定，馬上就會遇到困難。舉例來說，從前在哲學系開知識論的課，第一堂都是批判「素樸實在論」（naive realism）。知識論多半從對常識的批判講起，其中最流行的講法之一就是：知覺的可靠性在哪裡？因為我們的常識都是透過知覺（perception）在說話。比方外面出了車禍。但你怎麼知道？因為剛才在門口看見了。既然眼見最可靠，於是根據知覺來證明自己的話為真。但人的感官知覺如何成立？以最具體的人的視覺知覺（visual perception）來說。平常我們很相信自己的視覺，所以都說「眼見為憑」。同時東西的顏色形狀都是知覺，於是就有理由說：「我看見那樣的東西存在」。但現在假定有隻昆蟲或蝴蝶也在看；但因為牠的視覺是靠多晶體，所以牠所看見的世界是跟我們完全不同的世界。換句話說，我們之所以能這樣看，是因為外界條件刺激了我們的視覺系統；倘若視覺系統有一部分變得比較像昆蟲，看出去的世界就會完全不同。所以不同的視覺神經系統會帶來不同的視覺知覺。既然兩者有所不同，那是否有真假的問題？很顯然地，我們沒有理由說人類的神經系統所傳遞的影像就比較真實，而昆蟲看見的影像就比較不真實。顯然這兩者不可能為「一者是真，而另一者是假」的關係，因為他們這都是依靠神經系統來成立的。除此之外，我們也可以假定對象的差異是另外一回事。現在我們假定對象是不變的；那麼不同的知覺系統會產生不同的知覺經驗。這就是我們對簡單「素樸實在論」最根本的批判，這一點早在古希臘也已經有人強調過了。

所以要討論初步知識論的問題，解釋知識究竟是指「對於什麼東西的知識」、它的效用又有多大時，即使根據常識我們相信一個論點，也沒有理由主張自己的知覺所呈現的就是真實的。昆蟲這個常用的例子之外還有很多其他例子，譬如我們清楚知道味覺有鹹甜的區分，但這不僅對昆蟲不能成立，跟人類比較接近的動物也不成立。狗為什麼會吃屎？顯然牠的嗅覺與人類的知覺世界有根本差異。所以知覺世界是被知覺條件決定的，而知覺條件最根本的部分就是知覺者的神經系統，也就是神經學處理的對象。所以要主張我們有某種超乎知覺的「知識」，就需要另外賦予解釋，不能全都建立在知覺上面。這種把一切知識都化成知覺來看的主張，就是廣義的「經驗主義」傳統，其實也是假定「客觀主義」的觀念。

前面說「客觀主義」是最接近常識的，也是人生活依循的假定。但因為其中大部分都牽扯到人與人之間的關係與複雜的社會文化現象，所以會有很多知覺不能解釋的情況出現，比方抽象的「理論物理學」命題便是如此。基本上二十世紀的新物理學，從「量子論」、「相對論」下來，都不是直接知覺的對象。所以雖然「客觀主義」的假定最接近常識，但嚴格檢查，就會發現所謂知覺的「可信性」其實是人自己知覺的條件：知覺並不讓我們見到真理、接觸到實在性。於是這裡就引出一個問題：從「客觀主義」的困難引出相對主義的假定。這和伯恩斯坦的看法有所不同；他這個人很特別，雖然他擅長精確地瞭解、評論別的學派，但他自己並沒有建立起一個學派。我之所以介紹這一本書，是因為他幫助打開眼界，而且正好我們現在要談的就是這兩個學派。誠如之前所說，二十世紀的哲學思想很複雜，一方面有客觀主義，它接近常識，但本身有很多理論上的困難。如果對它有所懷疑，另一面就會牽扯到相對主義。

以上介紹了客觀主義、相對主義這兩個從過去就有的思考取向，接下來則要把這些比較複雜的哲學背景淺明化，讓大家瞭解。就「原始模型」（primitive model）而言，客觀主義就是常識的假定。可是這支思想從十六、十七世紀以降，「經驗主義」興起、強調知覺的重要；知識基本上就是一種知覺，然後再進一步解釋複雜的現象。於是乎就從傳統的「經驗主義」（empiricism）進展到「邏輯經驗論」（logical empiricism），又稱「邏輯實證主義」（logical positivism）。邏輯實證主義在十九世紀末年萌芽，二十世紀正式出現，其代表的學派就是「維也納學派」（Vienna Circle），這是客觀主義的深刻化。客觀主義一開始是很簡單的，但到了維也納學派的時代，透過精密化呈現出一套「萃煉過的理論」（refined theories）。在哲學界最直接的稱呼就是「科學主義」（scientism）。

維也納學派最重要的代表人物是卡納普（Rudolf Carnap, 1891 – 1970）。卡納普從歐洲去美國教書，後半世都在美國。他代表維也納學派發動過「統一科學運動」（united science），[2] 這就是客觀主義的重建。誠如前面所說，我們固然有對「客觀主義」的信念，但這中間還有很多理論困難；卡納普就是要建立一套理論來清除這些困難。這裡要提到另外一個經常用來討論卡納普等人的字眼：「物理主義」（physicalism）。就特性來講，強調「**我們對**

世界的知識只有一種：科學知識，別的知識都是未成熟的」，就是維也納學派共有的思想。卡納普年輕時發表過一篇論文〈形上學之取消〉（Elimination of Metaphysics）。[3] 這套說法的根據是對於我們瞭解世界的知識（knowledge about the world）的活動，以及這種知識在語言上的組織形成如何的命題，然後對那些命題本身特性進行分析。

這個思潮運動在一九三〇到一九五〇年代，差不多二十年間，在西方、歐美學院當中曾經形成主流，一九五〇年代以後才又改變，現在一般用「英美哲學」或者「分析哲學」之類的名稱來稱呼這套思想。這可以說是客觀主義自身進一步地建立自己的工作，客觀主義通過解釋的思維鍛鍊，成為一種提煉過的版本（refined version），廣義地講就是科學主義。因為它最後要化成物理語言，所以又稱為「物理主義」。就學派的發展來講，這就是所謂的維也納學派，後來也包含了所謂的「英美學派」。不過若論個人與這套思想發展的因緣條件而言，我們就應該提到維根斯坦。

維根斯坦的學說有個特點：先後兩段的思想差得很遠。一種流行的講法就是：後期維根斯坦（Later Wittgenstein）跟早期維根斯坦（Early Wittgenstein）。早期維根斯坦的代表作就是《邏輯哲學簡論》（*Tractatus Logico-Philosophicus*），[4] 他早期的思想推動了維也納學派的思想。維根斯坦是奧地利人，在一次大戰時從軍成了俘虜，被釋放後定居在維也納附近，停下哲學著述的工作改去小學教書，但《邏輯哲學簡論》最後還是出版了。維也納大學的學者，包括年輕的卡納普，與年紀比較大的石里克（F. A. M. Schlick, 1882－1936），讀了這本書之後覺得維根斯坦跟他們的思想相符，於是就邀約他參加討論會，如此維根斯坦又漸漸地回到哲學圈子裡。此舉對維根斯坦個人帶來了一個大變化：儘管某些論點可能先後一致，但他對維也納學派走的路線有根本上的不認同之處。這也是學界爭論已久的議題：即維根斯坦思想的連續性（continuity）。不過我們可以很有把握地說，他想走的方向確實是前後不同的，但縱使他先後的問題有明顯斷裂，但還是同一個人。於是就出現一個很有趣的現象：維根斯坦一個人就代表了兩種思潮。早期部分講的是一種「理想語言」，這與「科學主義」，維也納學派是相符的；但後期就像前面所說的，強調日常語言。從意義的角度來看，前期是一種「圖繪說」（picture theory）。他認為每一個命題就像以畫圖的方式來瞭解這個世界，畫

---

2 卡納普作為科學主義最主要的代表，並不是一個個人就是這個學派，而是指這個學派最重要的代表方向。

3 Farhang Zabeeh, E.D. Klemke and Arthur Jacobson,ed., *Readings in semantics* (Urbana, Ill.; London: University of Illinois Press, c1974).

4 Ludwig Josef Johann Wittgenstein, *Tractatus Logico-Philosophicus*, Trans. D.F. Pears & B.F. McGuinness (London: Routledge and K. Paul; Atlantic Highlands, N.J.: Humanities Press International, 1988, c1961).

圖有畫得「像與不像」的問題，語言也是如此。這一點跟「客觀主義」的立場相當接近。但後期他認為語言的活動，意義就是語言使用的過程，也就是「意義即使用」（meaning as use）。這也就是說，如果我們要陳述維根斯坦前後期的不同固然有相當明確的標準，但他內部所牽涉的問題，學界到目前仍然有許多爭論與不同的解釋。維根斯坦後期也批評他自己早期的思想：且因為他早期的思想與維也納學派相當接近，所以也可以把這些批評過渡到對維也納學派的批評。換言之，他後來雖然反對簡單的「客觀主義」，但一開始他對於維也納學派的思想而言，是一股推動的助力。

維也納學派內部其實也有很多講法，我們就從核心的問題來簡介它的主張。首先他們提出了一個問題：即命題的意義標準（meaning criteria）之問題。平常我們以為自己所使用的語言提供一種知識。但其中有一個問題：這種語言表面上來看好像在敘述世界，事實上卻沒有這種功能。也就是說在文法上這種語言像是一個敘述世界的命題，但實際上它並不是一個有「真偽值」的命題，而是一個「冒充的命題」（pseudo-problem）。一個命題如果是敘述世界的問題，則不論真假它都有提供知識的作用；就算它提供的是假的命題，也對我們知識的進展有所幫助。但如果它是個冒充的命題就不然了。舉例來說，要測定「世界是如此」的真假，我得先找得出檢測的條件，然後對世界進行測驗，看結果是否吻合，才能證明真偽。可是有些命題，我們並不知道它究竟在什麼條件下為真、什麼條件下為假。如果是這樣，那它就是「冒充的命題」。舉例而言，假定我說「這個世界是如何構成的」，不論真假都可以代表我對世界的知識。但如果我說「這世界是由神創造的」，那在這命題之下不管世界呈現什麼模樣都可以說它是由神所創造的。就算我們發展了考古學，知道人類是從動物進化而來，基督教的牧師還是可以說這整個進化的過程都顯示了萬物與世界都是由神所創造。於是我們不僅找不到檢證條件，而且不管世界如何，都會被歸納成是神所創造的，因此這句話什麼實質內容也沒有說。一句話要有具體的內容，勢必就得排除一些條件才得以成立。總之一句話可以同時具備或不具備認知意義；倘若它有認知意義，不管是多麼奇怪的一句話，它都提供了知識。反之沒有認知意義的句子，即在認知上是「無意義的」（meaningless），它只是表達了言說者的態度或情緒。

在此劃分之下，維也納學派認為必須有認知意義的話才能構成知識。要有認知意義，則要在某個條件下為真，或者「能夠被測試的」（testable）。這些有認知意義的語句正是構成了我們對世界的知識。換句話說，在這情況下必定是設定了一個外在客觀的世界，我們逐步地認識這個世界，並不斷建構有認知意義的命題，最後這些命題總合起來就變成我們認識的世界。在這樣的主張下，維也納學派首先破除了形上學的傳統。傳統形上學有些話就像「世界是由神所創造的」一樣，不論在何種條件下都可以說它為真。就像亞里斯多德認為萬物都有一個實現其本性的目的，然而在這命題之下，究竟什麼情況才能算是沒有實現萬物的本性呢？這就很難去界定了，因為世界不管進展到哪個階段，都可以說在某種程度上實現了它的本性。雖然亞里斯多德的本意不完全如此，但對維也納學派而言，在這語言背後並不透露一種知識，而只是透露了亞里斯多德的「樂觀主義」：世界總是不斷地實現它的本性，所以文化得以進展，比方從沒有火車的時代到有火車的時代。火車的發明就是火車的本質（essence）實現了。反之，我們當然也可以舉叔本華（Arthur Schopenhauer, 1788－1860）的「悲觀主義」為例：他認為人類存在就是一種痛苦的過程等等。這些就像我們曾說過的，對維也納學派來說都不算是知識，而是表達了一種情緒與態度。

因此從意義標準來說：一句話可以有「認知意義」（cognitive meaning），或者「非認知意義」（non-cognitive meaning）。如果是後者，就不是學問的對象，因為學問代表對世界的知識。所以維也納學派不僅否定所有的形上學，同時也否定了「道德哲學」，其中一個例子就是艾耶爾（A. J. Ayer, 1910－1989）。艾耶爾是英國最早支持維也納學派的學者。道德哲學簡單來說就是所謂應該或不應該的規範，這對艾耶爾來說只是表達了人對世界的態度，而非對世界的認識。但這並不代表這些話都沒有意義，而是它們沒有認知意義，但卻有其他層面上的意義在（比方情緒上的）。艾耶爾就是以這樣的立場來批判「道德哲學」與「價值哲學」。他曾說過一句話：「所謂好，就是叫好。」（Good is bravo）[5]，意思就是說價值判斷只是一種情緒。這是一種很極端的理論，後來經過檢查後也發現它所主張的效用其實很有限，且解釋上有很多困難，但我在此只是稍微簡單地解釋一下這個思潮。

客觀主義從三〇年代、四〇年代發展下來，對於一些我們的語言知識或者理論結構有它一定的貢獻。但就其本身所代表的科學主義來講，倘若貫徹這樣的立場，也對於二十世紀的文化病沒有多大作用，因為他不是針對這個世界的文化病態所產生的，可是他代表著一個階段的思想。到了二十世紀、二次世界大戰後，大家最關心的已經不是科學知識的問題，而是人跟人之間的關係。從這一點來講，雖然「客觀主義」本身有一定的意義，但他能處理的文化問題很有限。關於「物理主義」或者「統一科學」，卡納普原先的意思很明確：他認為能夠代表知識的語言只有一種，把這標準放在不同的範圍裡面就會有準確或不準確的差別。於是他也解釋了如何從物理語言漸次構造出一些較複雜的語言，一直延伸到談論社會的人際關係等等，然而所有這些知識的性質都是一樣的。之所以有所劃分，是因為技術上的困難無法做得那麼精確。比方有些題材不能使用「控制實驗」（controlled experiment），只能用「定場觀察」（field experiment）[6]。譬如經濟學研究通貨膨脹，不可能去找個地方來實驗，讓它通貨膨脹之後，再測量一次。當然所謂「定場觀察」也有一個社會科學程序，比方在觀察時抽掉某個因素，但這與「控制實驗」還是不同。就這一點來講，對「人」的問題的研究跟對「自然物」（natural object）的研究之間有一種根本的差別。所以客觀主義對於精密的思考有一定的價值與貢獻，但是忽略了人的問題的特性，把

5 Alfred Jules Ayer, *Language, truth and logic* (New York: Dover Pub., [1952]).

6 編者註：或譯「田野試驗」。

人直接看作自然物；客觀主義的真正限制就在於此。然而修正客觀主義會不會又走入所謂的相對主義呢？這就是我在本章一開始所介紹的伯恩斯坦《超越客觀主義與相對主義》一書最主要討論的問題。

二、詮釋學風與相對主義（relativism）

詮釋學風的影響所及，推動了最近幾十年來相對主義的思維方式。事實上二十世紀前半最盛行的學風，不外乎兩種，一是客觀主義，這就是所謂科學主義、維也納學派，運用邏輯數學的成績來重新整理哲學理論。另一個學風強調條件性，比較穩當的稱呼是相對主義。我之所以選這兩個字，跟《超越客觀主義與相對主義》一書的標題多少有點關係。伯恩斯坦要避免「主觀主義」（subjectivism）這個字眼，所以當他用客觀主義時，他並不用「主觀主義」來跟它對立起來，而是使用相對主義。事實上啟蒙以後，從現代思維、現代文化開展的過程來看，沒有人再回到「權威主義」（authoritarianism），所以他選了這兩個字代表現代哲學裡的兩個主流。

1. 客觀主義

客觀主義的問題與困難就是我所稱的「視域的獨斷抑制」（Dogmatic Inhibition of Horizon），這就是一種「簡化主義」（reductionism）。我這種表達方式跟蒯因（Willard Van Orman Quine, 1908－2000）有關係。蒯因的主要工作前半截都落在數理邏輯上，講數學基礎。他比卡納普小三十歲，卡納普早年就成名，因此等到蒯因出頭的時候，卡納普已是很有代表性的維也納學派哲學家了。在卡納普而言，邏輯數學研究跟語言、意義論研究還是相互影響的，他的後進受當時風氣影響，也一邊做邏輯數學，另一邊做意義論研究。[7]當時蒯因批評維也納學派科學主義、客觀主義的有名論文就是〈經驗主義的兩個教條〉（*Two Dogmas of Empiricism*）。[8]所以我現在也使用"Dogma"的字眼。[9]維也納學派的「科學主義」

7 一個純粹的數學家通常我們不當他是哲學家，如果我們把他當哲學家，他必定不僅僅做數理邏輯，而是同時牽涉符號學、意義論的問題。

8 Maria Baghramian, ed., *Modern Philosophy of Language* (London: J.M. Dent, 1998).

9 我曾與蒯因作了一個學期的討論，最後對談的時候，我表示不能認同他的整個理論；我對他的「意義論」（Meaning theory）基本上是不贊成的。事實上這時恰巧有一批人出一本書批判他。他有本正面的著作《文字與對象》（*Word and Object*），這本批評他的論集就利用這只是對傳統哲學界、對形上學的批判；但在面對世界的態度，有一大部分跟普通人的經驗與常識立場是比較接近的。那為什麼大家用那麼大的力量去批評他？主要的問題，是他把我們視域所看見的問題壓縮起來、把許多問題都取消了，好像那是沒有知識上意義的問題，所以蒯因在批評維也納學派的時候，提出了「簡化主義」的字眼。之前我提到客觀主義的毛病是「獨斷抑制」——就是一種視域抑制：不要去談、注意某些沒有意義的議題。早期的維根斯坦，以及後來的卡納普等人發展的維也納學派宣稱形上學的取消，甚至對於人、價值意識的問題都盡量取消，這就是一種簡化主義；它令視域縮小。

2. 相對主義

二十世紀的哲學支持相對主義想法的就是詮釋學風。對於詮釋學風，我們也有一個批判性的標題：「（有意或無意的）合理性的虛無化」〔(Conscious or Unconscious) Nihilization of Rationality〕。詮釋學風原本並非是全然有意的要將「合理性」的觀念虛無化，而是理論不知不覺就走到這裡。我們在此先對詮釋學作一個提要的批評，以便下面對於道德轉到一個比較正面的討論。

我們對於詮釋學風的批評有兩個層面：首先詮釋學風之所以在哲學界，甚至整個學術界盛行至今，主要在於它對社會科學的影響，而之所以有影響又因為它有一個客觀的基礎。

摘要地說，這個客觀基礎通到哲學思想上一些長久以來客觀的問題。詮釋學風沒有提供一個最後的解決方法，卻提出一種新的說法。

詮釋學的影響基本上可以有兩個層面：學院內部與社會影響。第一部分我們又可分兩點來說，為什麼它會有影響力？第一，詮釋學通向恆久以來使知識份子困擾的哲學問題：人與物質世界的對象究竟有沒有不同？如果沒有不同，那我們對人的研究以及對人的瞭解就跟物理對象應該是一樣的，結果卻不是如此。從十九世紀末年下來已經有很多研究成績使我們明白，社會學科是以人的行為作為對象的。所以講經濟行為或者政治行為都是人自身在參與的；這跟作化學、物理，甚至生物學也不同，因為生物學還是可以化成實驗過程的檢查。我們知道兩者的不一樣。但沒有一個確定的哲學說明可以讓大家都認同，所以老問題向來沒有解決。這問題在二十世紀「客觀主義」盛行之後愈加顯得嚴重，因為客觀主義最基本的、有代表性的理論，就是卡納普的「物理主義」。「物理主義」主張理論語言最後都可以化成物理語言，所謂知識、價值意識、藝術美感都可以化成情緒。我們可以以

個標題叫做：《論說與反對》（*Words and Objections*）。這本書裡包括了當時第一流的名家，且涵蓋了邏輯、數理哲學等問題，因為蒯因有貢獻的一方面是在意義論；另一方面就是數學基礎的研究。

艾耶爾為例，說明他怎麼講邏輯語言；「科學主義」或者「客觀主義」怎樣處理美感與價值判斷、把它們化成情緒，就像我們前面提到的，艾耶爾說：「好就是叫好的（心情）」。維也納學派影響的結果，就是要把道德藝術都取消掉，認為它們都跟知識無關，只是一些情緒。那麼人對自己的瞭解與對物理對象的瞭解究竟有沒有差別？人有沒有什麼特性？在這種風氣之下人對這個問題變得越來越沒有把握。

就較晚近的理論看，約在七〇年代到八〇年代，哈伯瑪斯在《理論與實踐》（*Theory and Practice*）[10] 這本論集才對上述問題有了比較確定的說明。那個時代哈伯瑪斯的思想尚未成熟，但觀念已經有了。他是用「參與與觀察」（participation and observation），這兩個觀念說明我們在作自然科學研究的時候，基本上是立足在觀察之上，對研究者而言，實驗的過程與觀察的過程是連在一起的，而且並不要假定這以外還有什麼。我有了這些資料，通過實驗設計的方式，順著下去，針對鎖定的對象去布置實驗研究的條件，並不需要考慮研究者參不參與研究的過程。但在另一個情況，也就是人文科學的研究，研究者不只是觀察者、也是參與（participation）者的身分，也有他的理解（understanding）。其中最大的不同處，就是研究者明白他所觀察的對象並不只是被觀察而已；這個對象是別的「人」，如此便牽涉到一個問題：「我」是有思維的主體；而對象是被我所知覺、解釋的，這樣我就把我的理解加在對象上面，卻沒有考慮研究對象也會思考，因此有所謂「主體與主體」的關係、已不同於「主體與客體」的關係。自然科學可以把萬有——包括我自己——都看成對象，這是進行建立科學法則（scientific law）時唯一認知的主體，其他一切都被這個科學法則所籠罩。可是這裡就漏掉一個領域，就是「主體與主體」的關係，而只有「主體」在說「客體」。這也是一向大家對於維也納學派以及廣義「科學主義」的質疑，就是它對「主體與主體」之間的領域不講，也叫別人不要講。「互為主體性」（intersubjective）這個觀念從前是附屬在「主體性」下面，到了阿佩爾（Karl-Otto Apel, 1922－），特別是哈伯瑪斯，才把「溝通理性」往上推進，突破原先的限制。

現在就學院層面我們來批評詮釋學風。第一點就是它是通到一些很嚴重的老問題，也是基本問題：譬如人與物究竟有沒有不同？研究時需不需要有不同的態度？借用康德以來的哲學成績，我們可以劃分主體與主體、主體與對象。可是康德以前的人不會這樣劃分，但因為把人當成一般的自然物，所以還是有這樣的問題存在。除此之外還有一些命題是需要另外解讀的，就像康德講藝術問題時，為何藝術上有一種同意[11]？康德在「第三批判」——也就是《判斷力批判》——論審美批判就是在寫這個。事實上當然不只是康德，

10 Jürgen Habermas, *Theory and Practice*, trans. John Viertel (Cambridge, U.K.: Polity in association with Basil Blackwell, 1988, c1973).

11 編者註：共通感。

從「知識論的轉向」開始，[12] 康德以後一、二百年之間這個問題還是不斷地被人討論，可是也沒有肯定的答案。高達美開始的時候很有野心，他要提出詮釋學的方法、建立一種新階段的哲學來代替康德以知識為主的哲學思考、並建立一種新階段的哲學。通過海德格的影響，高達美想要重新去講人類理解的問題，實際上就是想排拒康德的理論取向，但沒有成功；他的影響力反而主要在社會科學的詮釋上面。

我們剛才說，詮釋學通到一個老問題：社會科學的特性在哪裡？這些問題看似很普通，但其實相當複雜、並不容易解決。哈伯瑪斯早年談社會科學的著作《認識與旨趣》（*Knowledge and Human Interests*）[13] 也處理過這些問題，但到了後期，他有一定的看法，對於自己早期的想法自己也覺得很不準確，一度拒絕重印那本書，但後來別人勸他，他還是印了。所以自然科學跟人文科學、社會科學是有個客觀問題存在。現在高達美要提出另一個角度，用他自己的說法——也是別人接受的說法，就是他所謂的「理解」不是對世界的瞭解（understanding of the world），而是「反思性理解」（reflective understanding），是瞭解的瞭解（understanding of understanding），也是「理解我們對世界的瞭解」。正面來講，他是要點明我們對於自然科學所有的成就並不能涵蓋（cover）人對於人的瞭解，而只是把人當作自然物來瞭解，譬如瞭解人的欲望、生理、心理，甚至以約翰華生（John Broadus Watson, 1878－1958）為代表的那種「制約理論」或心理學上的「學習理論」（learning theory）來看的話，好像都在講人的能力，但表現出來的卻是人與人猿相像的部分，而不是人與人猿不相像的部分。所以像是桑代克（Edward Lee Thorndike, 1874－1949）與庫勒（Wolfgang Köhler, 1887－1967）最有名的動物實驗就是在談學習能力的跳躍，主張動物的學習過程有種內在的「洞察力」（insight）；原先不能懂的，在某些情況下會往上跳躍，這是把人的能力與動物相似的能力拿來研究，也就是以自然科學的態度來研究人。可是人在生活世界裡分明有一套結構，這套結構根本不是動物能力可以發展出來的。這就是我們下面要正面去講的部分。

所以第一部分所涉及的是學院層面。高達美提出一條路來：當研究者面對文化生活、研究有文化的人的時候，背後已經攜帶著文化；這就是對於「理解的理解」觀念的解釋。對於人受到已有文化傳統的影響與決定高達美說得比較多，但是對於人如何能夠保持自主思維的能力就講得不夠。[14] 但對於解釋人類行為高達美雖然沒有徹底的解答，卻影響了像

---

12 康德批判柏拉圖以來的形上學、把舊形上學為核心的傳統掃開；掃開以後這就是所謂「知識論的轉向」。所以康德給費希特很有名的那封信裡就說：應該從事謙虛的知識論而不要從事傲慢的形上學。

13 Jürgen Habermas, *Knowledge and Human Interests*. Trans. Jeremy Shapiro (Boston: Beacon Press, 1971).

14 關於這一點其實有很多資料，就是他跟哈伯瑪斯的大辯論。儘管最後高達美還是堅持自己

是溫奇（Peter Guy Winch, 1926－1997）之類的人類學家，他開闢出人類文化學的方向，在研究原始社會的時候，發現文化有一種自主性、一套生活方式、世界觀，以及人生態度。當我們用我們所立的文化標準來批判的時候，會覺得那是完全荒謬的、無理性的。但在那個生活方式裡面，仍然有一套他們承認的特殊系統與內部的文化標準。所以溫奇接受的是維根斯坦後期的思想，也就是語言一方面代表我們會如何地想、如何地說；另一方面這也成為一種生活的形式。使用一種語言包含人怎麼想，如此構成一個生活世界。溫奇即是受到這樣的影響而去研究非洲的部落、進入他們的文化，之後發表了〈理解原始社會〉（Understanding a Primitive Society）。15

溫奇的〈理解原始社會〉所發表的時間是在《真理與方法》（*Truth and Method*）16 之前，我們不能說他受高達美影響，但是這個路向引起高達美一個比較激進的想法：我們進入某一個文化時，就可以瞭解這個文化內部的標準。但在外面的時候，又是另一個視域。換句話說，他對歷史文化是雙重看法：第一重是每一種文化都有他的特性，人先受特殊文化的影響，很容易順著已經有的文化活動。但這是可以改變的，也是動態的：每個人去瞭解世界的時候，都有一個位置（position），這個位置又提供一個視域；最重要處是人可以進入不同的視域。與哈伯瑪斯辯論之後，在這一點上高達美再也無法否認哈伯瑪斯的講法。他要承認人是可以改變視域的，但是他是帶著「已有的」去瞭解「新的」，就像我們之前用母語與第二語言的學習來舉例一樣。就高達美來講，他對於人文科學、社會科學與自然科學之不同是有很確定的立場：人文科學不是自然科學對象性的研究所能有的。[17] 比方他提出一個歷史觀念叫做「有效歷史」（effective history）。所謂「有效歷史」就是以往文化活動所留下的，必須要進入當前的生活才是有效的，不能進入的就是歷史的垃圾了。這類思想使得他強調「對人的研究不是對物的研究」。雖然他的論證不很完整，可是他這種傾向跟我們二十世紀的知識份子的共同意識是有契合的地方，這是第一點。

的觀點，可是他也承認哈伯瑪斯「批判理論」的講法。人想什麼、在生活中相信什麼、懷疑什麼，或者追尋什麼、擔心什麼當然和文化傳統有關：是它使人有這樣的能力。然即使人受傳統影響，也不表示就不能批判文化傳統。事實上，人的一切意識活動都可以成為批判活動的對象：在歷史的每個階段都存在自我批判的能力。

15 Peter Winch, "Understanding a Primitive Society," *American Philosophical Quarterly*, Vol.1, No.4 (Oct, 1964), pp.307－324.

16 Hans-Georg Gadamer, *Truth and method*, Trans. Joel Weinsheimer and Donald G. Marshall (London; New York: Continuum, 2004).

17 所以要是沒有任何背景就去讀《真理與方法》，就會覺得有些字他用得很怪；英文本是根據德文翻譯的，但本來德文意思就怪。

純粹就學院專業的角度來講，第二點是有關方法論的。高達美很強調我們有一些預認的東西，他拿"prejudice"來講它的希臘文的字根。這個字一般瞭解為「成見」，但他說原意是「先立的判斷」。換言之，人不是得到知覺資料才有形成判斷。如果是這樣講，那這裡就有一個方法論上的態度。我們有一些好像是形式意義的判斷的方式，然後由於已經有了文化，所以通過傳統，我們自覺或不自覺地接受一些方式去做具體判斷。這個想法引起的困難也很大。我提出兩個問題從學院專業的角度來評論詮釋學風。第一個問題是對「人」的研究態度，第二是我自己怎麼看方法論。除此之外，近幾年來我越來越感覺學院的價值長期看可以不受一時的成敗、政治的變遷影響。可是要是就一個社會承受某些影響的層面來看，一個社會有許多大家習慣接受的想法，以及很容易走的方向，這套想法通常就影響到文化興旺或衰落。

三、外加結構與文化世界

二十世紀的哲學曾經有一些很盛行的思潮，可是這些思潮本身都沒有真正地確定我們的出路。所以就產生像引言裡所說的：所謂「哲學之未來」的問題。近年來我的看法是，我們需要一個比較長期的、正面的工作，首先去解掉現代哲學語言裡面的許多內在「矛盾或詭辭」（paradox），然後才能造成一個較穩定的、有進展的哲學的生機或文化的出路[18]。換句話說，我們對於傳統不同階段的形上學之類的封閉系統都有評論了；但是所謂「說話」，就是進行一種如哈伯瑪斯所說的理性語言，也就是尋求合理性的語言。因此只要說話，我們就需要滿足一些形式上的規則，這可以從邏輯數學、也可以從文化歷史來講。現在我不是從純學院、邏輯數學的立場談，而是從文化生活的瞭解來說。

前幾年我回香港中文大學客座，開設了「文化哲學總論」的課。首先我就提出文化科學與文化哲學的劃分。人文科學與社會科學這一套很顯然與自然科學有根本的不同處，可是他們仍然屬於文化科學的一部分；這分寸是很容易搞亂的。它是科學而不是哲學的原因，在於它說的是一種中立性的（neutral）內容。

所以有代表性的社會學家和講文化科學的人一方面要立足經驗科學，另方面要用一種技術上巧妙的手法，把牽涉到文化哲學的問題收到一個語言的圈子裡面。代表人物就是帕森斯。奠定帕森斯學說的著作就是《社會行為的結構》（*The Structure of Social Action*），[19]這本

18 《四分溪論學集》裡的論文題目是「論非絕對主義的新基礎主義」。

19 Talcott Parsons, *The Structure of Social Action: A Study in Social Theory with Special Reference to a Group of Recent European Writers* (Glencoe, Ill.: Free Press, 1949).

書裡他先談社會行為的結構，之後才論制度與文化問題。可是核心問題一提出來，他就避開了文化哲學的難題。他指出：要瞭解社會行為必須要承認有個「行為者」。倘若不承認有行為者，而是用自然科學的態度來說是一連串的因果關係之後產生這些結果，就好像一個人長瘡我們不能說他不對，原因是這事情雖然發生在他身上，但這不是他的行為。所以我們對於人的行為與對於經驗的現象或情況的看法是不一樣的。其不一樣處是因為我們有一個認定：人可以成為行為者、可以有自己的行為。如果不是這樣，就不必對自由意志這類問題去作形上學的辯論。我們只能說，假設當前人類根本沒有自主的行為，那麼行為責任這一套，甚至這個詞彙便都不能用了，如此那個社會便不是我們所談的社會，因為我們所說的社會，是人的行為可以解釋的，這就是可以解釋性的問題。

我現在要提出「外加結構」這個詞語，它就是英文的"Supervenient structure"，基本的字就是"supervene"這個動詞（由外面附加上去）。「外加結構」就是所謂「外加的一套東西」的概念，於是我們就有「文化世界」的觀念。「文化世界」是我們所常用的；但「外加結構」是理論上用來解釋「文化世界」的詞彙。為何說是外加的？就是指「外於原有的物理語言世界」。十七、十八世紀開啟了科學主義出現的歷史條件。直到二十世紀之後的兩百多年中，原先屬於哲學的一些部分紛紛獨立，比如有經濟學、政治學、社會學等等。在這種情況下就有本書一開始所提到的威爾斯的說法：十九世紀是個「希望的世紀」，科學的發展使得人們深信一切都越來越進步、越來越明確。這其中有一點必須要特別注意的，就是經驗科學知識的成立條件，主要是它的理論效力；在經驗科學上接受一個原則、建立一個物理法則，目的就在於解釋我們所觀察的現象，也就是需要具備解釋效力（explanatory power）。但更重要的是，建立有解釋效力的定律時，同時要求它有預測能力（predictive power）。換言之，如果解釋性的定律是成立的，就可以從這裡推出預測（predictions）。在研究自然現象上這是無所謂的；原子彈怎麼用是一回事，去製造這顆原子彈本身僅只是自然科學原則內部的活動。如果我們要控制的不是那些原子核內的世界，而是要去解釋人的行為、建立一個有預測效力的規則，並且用這種建立科學規則的方式來應用到人身上，那麼控制人就成為研究科學知識的目標，這是很危險的。所以如果要談文化哲學與文化生活，就不能夠將人變成物理語言的對象。換句話說，我們的根本目的在解釋人的文化生活，所以提出「外加結構」。文化結構內部不論有什古怪的內容，它本身是不能夠完全化約成物理因素的；如果可以完全化約成物理因素，那它的文化、秩序的成分就完全沒有了。就像我剛才說的，帕森斯避開了這個問題；他是從行為者這樣的觀念討論起的；我們要講文化哲學，就要從整個結構來談。

我們現在先提兩個基本觀念：首先是所謂「建設意識」（constructive consciousness）；其次是所謂「解放意識」（emancipative consciousness）。人的活動跟猴子有很多部分是相同的，例如猴子也會騙人作假。自然主義的語言本身有一種範式（paradigm），依照自然主義的物理語言，什麼都可以說是自然的——難道騙人不自然嗎？所以很多現象都可以收到物理語言來解釋。經驗科學不斷在發展，而且未來還可以繼續。這裡就有一個邏輯數學上「無限性」（infinite）的基本觀念。「無限性」並非指一切都包在裡面，邏輯數學上的語言與日常語言是不同的。舉例來說，我們選一個平方數來組數列（1,4,9,16,25,36…），這和自然數列的（1,2,3,4,5,6…）同樣都是無限的，但前一個數列只包含平方數，所以一個無限的數列並不代表包含所有的數字；不包含所有的也可以是無限的。羅素說：把單數組成一個數列，再把偶數組成一個數列，兩個數列都是無限的；這和我的意思是一樣的。所以某一種活動可以無限發展下去，這意思並不是說任何活動都可以包含在裡面。

對於科學，清末民初中國老一輩的人常常沒弄清楚這些觀念，所以他們質疑科學的發展是有限的，但他們的意思是指有些事物不包括在自然科學裡面，但是一個無限的體系並不需要包含一切。十七、十八世紀開始，經驗科學的發展本身有一個方向（dimension）；在它的形式規則（formal rules）指導下，解釋與預測效力收在一起形成經驗科學進展的規則。所以基因科技發展、生物科學發展等一切的經驗科學發展可以越來越豐富、越來越細密，但這不代表一切都可以收在這裡。

用比較簡便的方法來講，我們可以通過語言的特性來表示活動的特性。基本上，人之有文化生活，是因為人有做兩種事情的能力：一是所謂「建設意識」的活動；另一個是所謂「解放意識」的活動。就「建設意識」而言，動物雖然也有建設能力（比方鳥築巢），但這不是我們講的建設。因為動物做這些事是應付需要，這是不待解釋的。鳥類、昆蟲、走獸有很多活動，但都是為了應付生存需要。人所建立的事物其中有部分跟動物是相同的。但除此之外，他還有建立共同秩序、規範（norms）的能力，這包含了多數主體共認的問題，這時候主體的活動是和另一個主體交流互動（inter-act），而不是和外在客體交流互動的。就這方面來看我們有個問題：我們要肯定人有一個怎樣的能力？人具有這個能力才會建立秩序，或有計畫地取消一些東西。我們要瞭解這個能力，首先要從活動的作用來看。文化生活最根本的觀念就是要有所創造；要是無所作為就不成為文化活動。換句話說，文化活動不是自然的，也不是自然語言生出來的，而是有人的意志成分在其中，是人造出來的；可是一經造出，就成為科學研究與分析的對象。在人文科學裡可以解釋這些，所以溫奇的文化人類學在作解釋的時候，可以把原始社會當作自然呈現的現象來解釋。但這裡有個細緻的區別：就是「人意識到自己在作什麼」和「人意識自己作出什麼」是兩種意識，所以文化科學要處理的基本問題和自然科學所要處理的問題仍有根本的不同。它要處理的是人所創造的以及所要創的。人可以創造什麼？簡單些可以只是一種想法。譬如講符號學的人認為人類的特性就是會使用符號，因此與不會使用符號的猴子不同。猴子也能製造象徵，但是牠們不會使用符號。證據就是經過這麼多年，猴子始終沒有發展猴子的數學；很自然地讓牠發展，結果和千百年前相比，猴子的認識能力並沒有進步。原因就是我們看能力的結果就知道能力存在不存在；沒有結果的原因，就是沒有創造能力之故。所以從能力或功能的觀念來看，在這裡有兩層不同的意義。

帕森斯是結構功能主義者，他用功能的觀點來看哪些能力可以拿來作什麼。所謂能力的觀念是指人或動物本來就有的特性，所以人類有一般動物沒有的能力，可是人特有能力的運行也有一定規則，就是它表現為特定的結構（structure）。這讓我想到黑格爾所說的螺旋性上升，就包含現在一般世俗講的「正、反、合」的問題。黑格爾談論人類文化的部分是他哲學最精彩之處。任何文化活動都要有所創造，而事物之所以被創造出來，就是因為它們有某種功用。這種能力是一種文化創造的能力，被創造出的則是文化成果。這些成果因為有其功能而存在、而興旺，但是它的功能必然有一定限制，所以到了某個階段，漸漸地會與世界不能相應。當生活世界的發展產生了新的問題，而某個階段的文化成果一定是有限的，因為世界逐漸展開，令某些文化成果漸漸地失去效力，那時就是文化衰落的時刻。這就是黑格爾說的：原先人們就有一套秩序、價值、信仰生活方式，大家覺得過的很好。但漸漸地有些問題不能解決，於是由正逐漸轉到反，真正完全轉到反的時候，原先的一套秩序、價值就全部崩潰了。黑格爾在這裡講了這螺旋性上升的過程，就是過這個階段，人們又醞釀新階段的秩序、價值……，這新階段的秩序與價值有效，是因為我們經歷過失效的狀況知道某些事物不管用，於是再轉過來，這就是合了。由正到反，再由反轉第二個正，將前面階段的正與反運動的經驗吸收在裡面變成合。

就這點來看，文化創造發展固然是必要的，但中間必然要有所拋棄、破除，否則失效的都堆積在那裡、無窮無盡該怎麼辦？拿都市規劃為例，每次的都更計畫一定都有一個拆除計畫；拆除之所以有意義就是因為有建設；倘若只拆除而沒建設，那必定是出問題的。韋伯談現代文化的時候說：順著這個發展走，人們就會走入「鐵籠」。所以就有人開玩笑說：如果你只是想拆除鐵籠，那麼大家就只有走向曠野。所以，解放意識或旨趣與「建設活動」（constructive activity）彼此是相反相依的。如果要繼續從事建設，就要把失效的取消，而之所以要將失效的取消正是因為要建設，否則只是取消就沒有多大意義了；人類這兩套活動彼此是相配的，而在這相配當中有哪些議題、矛盾、迷茫的問題，都值得提出來談。

前面談的客觀主義跟相對主義，是配合當代學風與這個時代思想界的問題來講的。其中的客觀主義配合統一科學語言的問題，也就是在二〇至四〇年代的這段時間內影響了現代哲學界的維也納學派思想。另外相對主義又重新被人拿出來講，特別是在詮釋學的興起以後。相對主義本身在思想史上是一直存在著的，問題是它的理論並沒有所謂標準的地位；我們很難說誰的理論可以代表相對主義。它的立場是認為人沒有辦法直接通向最後的真實；正因如此，所以不管在哪一層面上提出說明，那些說明都有相對主義的色彩，而這種立場在二十世紀就特別表現在詮釋學的傾向裡面。前兩節我們分別對這兩個思想傾向的說明，這一節我們就轉入正面的陳述：我們有這麼多思想上的困難，而客觀主義與相對主義是其中兩個重點。在近代哲學思想發展之後，事實上也並沒有人真正地去講一個絕對的主觀主義，可是反過來講客觀主義與相對主義的內部就產生出種種問題與困難。伯恩斯坦因為這樣所以使用這兩個詞彙來作為他的書名。我覺得他選的觀念不錯，所以也把這兩個重點列出來講。就像引言提到的，我們要由三重困局裡面找個出路，並非只是對某些思潮做一個評論而已，而是要有一種正面的看法與瞭解，這就牽涉到在構想中間，對於文化哲學理論想要如何講文化方向的問題。因為文化哲學本來就與文化研究（culture study）、反二十世紀的風氣有關，它的重點就是對二十世紀的批評與檢討。我們現在講的文化哲學範圍比較大，重點當然包含對現代文化的檢討，但裡面也包含傳統、長久歷史上的文化生活構成的條件與共同規範的問題。所以以下我們開始講第三點。

首先關於前面我們所講的那兩種風氣，一方面它們沒有提供我們確定的答覆，但另一方面它們也有一定的成績，揭露了很多重要的觀念。我們用「外加結構與文化世界」這個標題，意思就是說我們要透過外加結構來看文化世界，這與所謂客觀主義與相對主義的某一些思想的成績也有一定關係。我們現在先從「客觀主義」說起。

首先，我們對文化的看法先要強調「外加結構」這個觀念；這個概念是如何來的？為什麼要提出這個概念？事實上這個觀念在二十世紀已被很多人所提出，並不是我特別發明的。但他們的用法並沒有統一的意思。以我現在的用法是從反省卡納普的理論所提出來的。所以我們要稍微敘述一下客觀主義思想的淵源，回到卡納普所代表的物理主義去看。物理主義主要是落在知識論上，它的立場其實很簡單：知識根本上只有一種，也就是我們如何通過不同程度的實驗方式把經驗組織起來，然後藉此得以建立普遍的命題。命題成立的時候，就成為所謂的物理法則。當這套思想發展到第二個階段，也就是孔恩的時候，它的意思又更清楚了：所謂科學知識的檢查標準就是解釋的效力。解釋效力的重要意義又在於預測的能力。以這套方式來解釋科學知識就會出現一個很重要的論斷，也就是並非知識有很多種，而是事實上知識只有一種；問題只是知識的嚴密、精確可以做到什麼程度。當然這種精確不精確的標準就牽涉技術問題，譬如說我們對某些問題不能夠做控制實驗，所以得到的知識準確性就不夠，這就是物理主義的基本看法。

這個看法既然主要是就知識論的範圍來說，因此也就無所謂宗教、藝術的知識。因為他們認為藝術、宗教根本不是知識，而是人的一種態度與感受、一種情緒的寄託，甚至於是一種想像，或者代表心理上的希望與恐懼。這些都不能算是知識，因為知識應該是對世界的瞭解；而這些東西並非對世界的瞭解，於是就不是知識。這就是維也納學派所主張的「形上學之取消」的主要立場。所以要是專講知識論方面的問題，它的意思是很清楚的，你贊成不贊成也可以很明白。譬如我們檢討一下什麼叫做「實證」（verification）之後就會發現：當你想知道一個命題有沒有知識上的意義，就看能不能在什麼條件下證明它的真或假。倘若我們對這套說法有所懷疑時，提的問題也很簡單。如果就知識論的角度來講，客觀主義的立場與它的困難都很容易說，但問題是如果不是從知識論，而是從存有論的觀念講，困難就會出現。舉例來說，批評維也納學派的理論，特別是針對「實證」的這套理論的說法有很多種。其中柏林（Irving Berlin, 1888－1989）有一篇論文就是在評論這種「實證」的立場。柏林認為當我們對經驗世界建立一些命題的時候，我們永遠都不能說那是最後的證實。用日常的例子來說，人要想養一隻貓，就得判斷抱回來的生物是隻貓。而藉以判斷的條件就是貓的樣子、喵喵的叫聲等等。不過有一個可能是無法排除的，那就是雖然這個動物的一切條件都符合貓的條件，但在現階段無法得知牠會不會一直長大下去，最後長得像馬一樣大。假使牠最後長得跟馬一樣大，那還能不能說牠是一隻貓呢？這一點是當初抱牠回來的時候不會知道的事，因為判斷牠是貓的時候，牠還沒長大。而這個不會知道的部分就是所謂「開放紋理」（open texture）。所以當我已經證實了在我眼前的這是一隻貓的時候，我仍然可能是錯的。從這裡看，這個開放紋理的概念就是在說明如果我們說一句話的時候，想把它推到一個最後的證實。這裡面就牽涉到證實的時候，自己的能力、思想過程。整個經驗的組織當中是有一定的限制在。所以我們達到一種肯定或否定的時候，它都存在著一定的限制。我舉柏林這個說法為例，意思在點明以下這個問題：在知識論上面要提出客觀主義的困難是很容易的，像柏林的這種批評只需要使用一般的常識即可瞭解，就不需要特別複雜的邏輯解析。

「客觀主義」所真正引發的困難是在於，從存有論的角度來看，我們不只是在解釋自己如何看待知識的標準，而是就我們所知的世界本身來說，如何去說明它的架構。專就知識論的範圍講，它的意思很容易明白；若要反對、懷疑它，理由也很明白。但比較費事的，是如果要取一種存有論的觀點去講文化哲學，就不是說只專討論知識能力，而是變成：「我們怎樣看待文化生活？」「把文化生活看成什麼？」因為「看成什麼」是態度的問題，這態度當中就包含著已有文化的世界在裡面，以及我們取怎樣的態度在生活、如何存在的問題，而不是如何解釋知識才比較可靠或嚴格的問題。要更明白現代講文化哲學，則「你知道什麼」、以及「如何說」這兩個常常爭論的問題是一組，「你成為什麼」又是另外一組。如果人老是在說謊就會成為說謊者，然而人成為說謊者並不是因為他研究說謊。這種「你成為什麼」就是後來哈伯瑪斯所謂「參與」與「觀察」的不同[20]。多年前杜威學生那一輩的人曾經在會議中提了這樣的問題：「瞭解一個桌子」。並不包含可以「變成一個桌子」。但是人去瞭解一個軍人或間諜，就包含自己成不成為軍人與間諜。所以廣義地知道什麼（包含說什麼、想什麼）都使我們成為什麼是兩類不同的問題。就知識的角度講客觀主義的理論，倘若牽涉到「成為什麼」、「取什麼態度去看待文化次序」的問題，就不僅僅是清理語言、建立一套表達方式所能解決的了，這就是第三點的根本傾向。

要對文化世界有一種態度，就是所謂「外加結構」；若要加以說明，我們可以再一次訴諸「客觀主義」、「科學主義」。從卡納普的理論來講，最基本是物理語言所解釋的層面，像生命科學、生物學這種領域的語言。黑格爾也講過：我們先有力學之類的機械性過

20 詳見本書第二章，二、後現代思維的家族相似性，頁124－135。

程，然後有化學、有機化學、生命等等。有了生命的層面之後有生物學，接著又有專屬生物現象的學科，比方神經學、心理學等等。這樣一層一層上來，再往上就有社會科學。到了這個階段，我們就已經是以比較複雜的生理、心理行為的生物，也就是以人的行為、人與人彼此的關係，以及這些行為的規則等等來作為社會科學的對象。要這麼說，卡納普得假定上層不論變得多複雜，都可以落到下層、且被應用在廣義的物理語言中。換句話說，我們所知道的一些最基礎的部分就是物理語言的對象。要否認這樣的理論，表示只是技術條件不夠；等到條件夠了，就可以把任何對世界的瞭解都化為物理語言。然而很明顯地，一些對於意志、價值判斷的活動最後都得落到情緒的狀態上來談。在二十世紀後半這種很接近常識的說法也相當流行，可是這裡有個基本要解答的問題：我們能不能說，所有有關意志活動的詞語以及語言的意義本身都可以取消？因為很明顯地，以我們使用的語言，譬如數學語言來說，數學語言是形式性的語言，而且在數學語言裡可以表述什麼，同時不可以表述什麼。每一種語言都有它能說與不能說的東西，這是由這個語言的規則所限定的。換句話說，不論是原先使用的語言，還是後來用的語言，都是功能有限的語言。

明白這一點之後，我們要再提出一個問題：所謂文化生活跟自然生活最大的差別在什麼地方？如果文化生活其實是自然生活，那文化生活中所包含的特性與意義，在化成自然生活之後是否還能被保持下去？如果文化生活真的可以化成自然生活，那就表示文化生活的特色是不需要去維持的，因為它不具有文化生活自身所具有的那些成分。在一切都化成物理語言的原則之下，由於物理語言所描寫的世界是條件限定的世界，因此物理語言內部就不可能同時接受「不被條件所決定、反而由自身決定」的東西。就它的規則來講，物理語言就是這樣的語言。因此我們通常所謂自由意志、心靈等等的語言，從物理語言的規則來說，根本不能談。因為如果把這些詞語收進去，它就不是物理語言了。也就是每種語言都有其自身的規則，因此它都有它能說與不能說的，但這語言的不能說並不表示它所講的東西便是虛幻、不存在的；倘若想要證實這些語言是虛幻的東西就得要有另一種語言的規則。這些像是自由意志、責任、正義、權力、公平、選擇等觀念，是屬於一個語族（language family）。可是假設不使用這個語族的語言，那就可以說是一種純粹的物理語言，但同時也表示原先那種語族的語言就不能使用了。但是「不能說」就是指在人的生活裡可以不必牽扯這些意義嗎？當然不是。如果不能講那些意義的語言，那就不是我們的生活世界了。譬如我打了你一拳，你必然覺得我需要對此負責。如果我說用物理語言來解釋這個行為：這是由於某種條件作用在我身上，使我揍了你這一拳。但這樣的回應就是將責任的觀念丟棄了。但如此一來我們面對的就不是眼前的生活世界，而是經過抽離作用之後的世界。這就像亞當史密斯的「經濟人」的概念一樣，平常沒有哪個人是只有經濟活動的存在；但我們為了要瞭解人的經濟行為，於是把別的因素都抽掉，只觀察經濟的因素，於是發展出關於人的經濟行為的了解。但是同時你就要瞭解，你是透過這樣來了解人的經濟行為，而不是表示你就可以變成一個純粹的經濟人。所以通過卡納普的工作來看，就可以明白為什麼我們要談外加結構：因為選擇一組物理語言就表示同時放棄了另一組語族，於是就不再能使用責任、自由意志那類的語言。像這樣「無法講」的時候，我們並不是在解釋或瞭解文化世界，而是在構造一個抽象世界。

如果要瞭解人的文化生活、並且對此採取一個態度，首先我們就要承認：文化結構中至少有一個牽涉到像是自由意志、責任、自主性等意義的領域。那部分對物理世界來說是個外加的結構。如果這樣看，就會發現這與東方儒家的思想很接近：也就是人有一些特殊的能力是別的動物所沒有的。因為那些能力被發揮出來，所以可以創造出傳統意義下的文化。這種傳統意義下的文化不是很重視技術性的，而是重視要成為什麼，即一個自然的人如何成為文化的人。就這個創造的能力以及人也具有的動物能力兩者相較而言，這一套就不是從動物性裡面衍生出來的，而是外加的。但是我們要明白之所以說它是外加的，是因為物理語言不能說這些。物理語言不能說的這些東西，就表示不能回溯到自然動物的語言與能力；因為它不是從物理、動物性的部分出來，於是就成為外加的。正面去說，人發揮這些動物所沒有的能力就是人的特性，這就是東方人的想法。所以孟子說：「人之所以異於禽獸者幾希，庶民去之，君子存之。」（《孟子・離婁下》）這意思就是說：有智慧的人要保存作為人特有的能力，然後去發揮、建立文化生活與文化秩序。人應該成為一個「人」，而不是成為動物，這就是人的意義。儒家的這種態度，可以說它是特別把外加結構看成一種本質。相對來說，這個「外加」的字眼是一個比較客觀的講法，也就是指那些物理語言不能說的東西在生活世界仍然是必要的。因此儒家講成聖成賢並不是一種客觀知識，而是一種自我的境界。他強調這套問題，就用一套廣義的本質主義來解釋：人成為什麼，主要是看人有什麼能力。人有一般動物的能力，順著那個走，就成為動物；但是人有異於動物的能力，於是發揮這個特有的能力，就會成為文化意義的人。所以荀子講性惡的時候，分明不了解孟子的意思，因為荀子的「性」指的是自然的「性」的意思，也就是人與動物相同的部分。所以人生下來是個動物，受到文化陶養之後才變成人。可是他卻不說人為什麼可以受到陶養？我們養猴子養幾千幾萬年，猴子也沒有因此受到陶養，不是嗎？

總之，如果我們要對於文化生活有一種正面的態度，就先得瞭解人的能力分成兩部分；基本上，卡納普主張最基層的存在是一個物理語言的世界，這也沒有錯，但我們要面對的問題是：人除了自然的能力以外，還有一種使人能夠有文化生活的能力。而能夠擁有文化生活的意思就是說它能建立一些規範、形式。因此我們就說有一組意義構成了特殊語言的語族，這裡面就以「應該不應該」或者自由意志等觀念為中心，且這些觀念之間彼此都是可以互相解釋的。具體地表現出來就會有一些社會秩序、規範、責任等字眼；如果沒有這些，我們就很難想像生活會變成什麼樣子。所以高達美講詮釋學的時候也是在強調這個意思，於是才說：「我們到得太晚」。因為我們已經有文化了，所以不能反省到把文化也當成自然的事情。你說自然的可以化成物理語言的，但物理語言裡不可能有自主性、自由意志等意義，於是就只剩下條件決定下的意義。而這就是通常歐洲人所說的現象世界：成為一個現象一定有條件，通過條件可以解釋現象，但當中就沒有責任、自由、自主。因為這些語言不能談這些。所以通過這些分析，我們對科學主義，物理主義就有一個基本的批評：物理主義可以順著它原有的向度往前擴張。就像我上一節舉過的無限意義的例子一樣，無限不是把所有的東西包括在內。自然數與平方數的無限數列雖然在特定向度上是無限的，但兩者並不彼此包含在內。策梅洛（Ernst Zermelo, 1871－1953），曾經建立集論（Set theory）曾說數學從十九世紀以來有很多矛盾；把所謂「無限的集」放得太大，就會產生矛盾。簡言之就是它本來無限的意思就不是指「什麼都包含在內」。雖然基本上，特別在語言功能的限制來講，我們會用應該不應該的、有關應然的語言。這些意義（meaning）我們是瞭解的，也都會使用，但是反省起來我們才知道，這些語言不能化成物理語言，因為物理語言沒有這種意義。明白這個之後，再從另一面看，我們實際生活的世界已經有規範語言的意義在裡面。所以談文化世界事實上就是要包含那個語族的世界。所謂「沒有那個意義的世界」，是指文化尚未發展、人類的文化創造能力還沒表現出來的時候。誠如霍布斯（Thomas Hobbes, 1588－1679）所說，那種人與野獸差不多的時期，互相為了爭奪食物等等原因彼此廝殺，也就是所謂「叢林的法則」。可是就像高達美所說的，我們已經有了文化以後就不同了，我們是帶著已經有的文化在生活著。所以有文化後的生活雖然有種種的改變，但是已經不能回到沒有文化的情況。所以我們面對文化世界的時候，首先要先反省到文化世界是在什麼條件下成為可能。這樣子我們就要反溯到人類使用語言時有一組特殊的意義。那組特殊意義正是人類自覺意識的能力之特性所在。

如果你把這組特殊意義跟宗教感情混在一起就變成中國儒家的想法。中國人本來也有原始宗教，後來透過文化的觀念，把原始宗教信仰變成文化秩序的信仰，這就是周文化的問題。因為這樣改變了之後，中國人對宗教的態度與其他地方很不一樣。其不一樣之處在於中國人認為他對文化世界的瞭解正是他的生命目的所在，此外他並不假定有個權威的神。在這上面討論原始宗教問題的態度怎樣變化的話，譬如從社會學理論，像是涂爾幹，就認為原始宗教的觀念終究都要世俗化的；但你如果就歐洲、亞洲、印度人來講，原始宗教又變化成什麼樣子，似乎沒有一定的範式。所以涂爾幹的想法也可能只是一家之言。多數的情況是像涂爾幹講的那樣：原始宗教的神秘性很重，一步一步地被世俗化。但中國卻不是這樣：在周文化的興起之前，殷文化就是原始宗教的氣息很濃厚，但到周的時候就一切歸於「德」，「德」就是人自己的自覺活動。總之，我們現在談的是之所以如何可以有個文化世界，但有了這個文化世界之後，又有哪些是我們暫時地選出來的路，接下去再談。

以上略述二十世紀影響很大的哲學思潮，也就是物理主義（或科學主義）與詮釋學風，以及這兩個思潮內容的複雜關係與病態（即客觀主義的“Dogmatic Inhibition”和相對主義的“Nihilization of Rationality”）；我們又通過外加結構與「人」之特具的能力，對文化世界的特性做初步說明。現在再進一步對文化困局及正面希望提出一些明確的主張。

四、反省思維之新向度

本節標題「反省思維的新向度」的意思，是解釋我是在哪個方向上講「反省思維」。在別的著作裡面我曾經強調一個觀念：所謂哲學思維基本上就是一種「反省思維」（reflective thinking）。所以這裡所說的反省思維的新向度，也就是我對哲學思維走的方向與它的未來提出一種建議與主張。這部分分成四點來講，這四點都牽涉到我自己對於現代哲學與當代哲學出現的困難，所提出的一些論點。第一部分先談傳統主義與絕對主義的觀念，清理一下這個根本上哲學思維的傳統態度、看看它牽涉怎樣的問題。

不論古代還是近代思想，歐洲傳統裡都有一個共同的、沒有另外提出證據、根本上的認定。這個認定可以用「究竟性實有」（ultimate reality）來代表。要講形上學，就必定有「究竟性真理」的觀念。古代形上學一開始，譬如柏拉圖的思想裡就已經認定了這種目標，好像哲學就是顯現究竟的真理。近代的思維理路本來跟古代有很大的不同，但與這點非常相像，可以平行來比較的就是笛卡兒所代表的憂慮。伯恩斯坦常提到「笛卡兒的不安」（Cartesian anxiety）。當然這個「不安」與胡賽爾現象學或者存在主義的觀念有關，但這些問題我們不討論。我只是說這「不安」是因為笛卡兒不知道怎樣找到絕對真的知識，而柏拉圖討論的是要憑著哪一種能力去看見究竟的真理，儘管兩者趨勢各有不同，但仍然可以相比；兩種思維都想尋求一種究竟真理。不論表現在笛卡兒的知識論上，或者表現在柏拉圖的形上學中，在古代或近代思想典範都可以看見一種絕對主義的傾向。"ultimate" 其中最重要的意思是「唯一的」、「不可以改動的」意思。哲學思維所顯示的：要麼是終極的真理，要不就是幻象，邏輯上只有兩種可能性其中的一種，不可更動。這是一種傳統的思想傾向。

1. 消解絕對主義傳統思維（limited concept）的擬議

首先通過這種瞭解，傳統中間追求「究竟」（ultimate）是長久以來的共同方向，這個共同方向並沒有經過充分地正面證明，就連在說明時都有點迂迴的走法。可是這一點就是在西方哲學史上，他們基本哲學思維的取向就是想要追尋「究竟」，這就是他們共同的取向。因此我們不妨說：這即是傳統哲學思維的基本取向。說到這裡就要提一個重要的論點：所謂二十世紀的否定思維，譬如說「後結構主義」、德希達、傅科等這些解構思想，或李歐塔等人的「後現代」思想，雖然論點彼此相差很遠，內部也沒有統一的標準，可是在他們建構理論的過程中都有個共同特色：他們先把以往成立的哲學理論系統絕對化，透過絕對主義的方式來解釋。比方康德講知識、可能經驗的問題。於是他們講康德的時候，就先把康德絕對化，然後再證明一切絕對的判定都是不可相信的，就用這樣的思路來批評別人。所以廣義的後現代思想，種種取徑、講的層面都不一樣，可是「作戰的技術」是共同的：把對方絕對化，然後證明對方不可信，於是一切都變成不可信的。德希達的理論就是如此：倘若不把他所批評的思想絕對化，就不會得到他那樣的結論。

就歷史來講，要求絕對化也確實是很長一段時間歐美哲學與西方哲學的傳統。一般來看，因為確實有這樣的傳統，所以在這裡指責傳統好像也很有道理。可是從近代哲學開始演變，以形上學作中心，到康德手上又轉成知識論的轉向，然後又有語言學的轉向等種種，一層一層的哲學思想的發展，它們不是都在要求古典意義的絕對性；事實上它常常要避免這樣的絕對性。譬如維根斯坦講語用學的觀念來解釋語言的意義時，也處處表明他不是要假定最後有個絕對的肯定。所以我們要明白傳統哲學思維有一種絕對的傾向。然後我們看出對於絕對主義的假定，也就越來越不能相信一切我們的理解的進展，或是一種具體的理解。譬如高達美的立場也排斥絕對完全、絕對完整這些意義。本章前面提到「視域」的觀念本身就是排斥絕對主義的；因為在文化世紀裡面，人站在歷史的大洪流裡面就有一定的位置、一個視域；每一次去探求、思想、研究的時候，都是取了一個視域，因此人的活動事實上都取決於此。所以在近代思想裡面，像詮釋學這種的風氣是隱隱然地指向某個程度的相對主義的預認。當然高達美個人並不覺得自己是相對主義者，因此他加予補充，談到所謂個人與歷史的影響，然後談到視域可以融合。可惜高達美在邏輯數學上用力太少，所以無法把它這套說法形式化，結果使人將這套說法當作一種輕易的談論。其實這牽涉到我們對於理論、哲學思維觀念有個很重要的認識，這認識我們往後再一步一步講。

到了二十世紀中期以後——就是所謂後現代思潮或解構思潮興起以後，傳統上的絕對主義就變成一個推動哲學危機的、加強哲學困局的思路，因為我們很容易去推證：有限的語言是不能真正「絕對達成」的；每一次達成的絕對都只是對於絕對的一種瞭解，沒有方法去證明絕對本身的完整性。因此今後哲學若是想脫離前面講的困局，根本上要瞭解的重點就是放棄絕對主義。以往藉絕對主義的假定所做的論述，都需要作根本的修改。這就是小標題所說的：我們要消除絕對主義的傳統思維。我在《四分溪論學集》裡論文的標題就是「非絕對主義的基礎主義」。[21] 換句話說我們檢查、反省哲學思考時，會發現有一些基礎主義的條件不能不預立。這些條件不立的話什麼也不能說，離開絕對主義但仍是一種新的基礎主義，在那篇文章中我有比較詳細的解釋。

關於這一點，我們要離開絕對主義思維的方向，然後再處理這些問題：傳統上，人追求「究竟性」，他在使用語言、建構理論上有種錯誤，這種錯誤也正是近代所批評的：

---

21 劉翠溶主編：《四分溪論學集：慶祝李遠哲先生七十壽辰》，台北市：允晨文化出版發行，二〇〇六，頁331－395。

絕對主義的假設是無法證立的。當代思維若要找新的路向，自然不能重複過去思維的這種錯誤。這裡牽涉到我們對形上學的態度，不管古代的形上學還是近代形上學——像是笛卡兒、斯賓諾莎、萊布尼茲這些人，不管拿較遠還是較近的學說來看，形上學究竟是不是像傳統的想法，認為哲學永遠都是在講形上學？如果我們從這個地方下手：一方面考察形上學以往在做什麼？能做什麼？另一方面來思索形上學不能做什麼？從這兩面來看，近二十世紀說解析哲學或分析哲學常常忘記一個根本的劃分：就是它們基本上有兩大支或兩個階段。一是想把一切都劃歸為邏輯，這就是以維也納學派代表、維根斯坦早期的想法。另一條線基本上不把一切化成形式來思考，而是實際的人類「使用語言」來表達意義、來構成瞭解，考察這類語言的活動有些怎樣的形式與規則，這就叫做「語言分析」（linguistic analysis），轉向這裡才有歐洲人所說的「語言學的轉向」（linguistic turn），由此轉變為「後形上學思維」（post-metaphysical thinking）。

2. 後形上學思維之定立

說到第二點我們就要重新客觀地提出形上學思維，看它能做什麼、不能做什麼，和以往做了些什麼。哲學界在不同角度來談這些問題的著作不少。可是二十世紀代表性的理論來講，強調這方面其實在社會影響力上來講是比較少的。換句話說，保持形上學的功用、認為形上學問題不能完全取消的還算是少數。所以我們分成兩段來講。前面一段是批判形上學的理論主要是什麼意思，後一段是替形上學辯護的理論重點在哪裡。分這兩段來看之後，我們才說對這問題建議什麼看法。

批判形上學理論最根本的意思是說：如果我們要很嚴格地定義「知識」，我們就會發現形上學內部命題並不真正提供知識；解析命題的功能可以證明這一點，這是維也納學派重要的理論，也是卡納普的〈形上學的取消〉（The Rejection of Metaphysics）一文的內容。[22] 卡納普認為形上學應該取消，因為形上學沒有認知上的意義、就形上學內部所構造的命題來講，它真偽的條件都是不明確的。假定它提供的是對世界的知識，那麼是對還是錯就要看世界是否與之符合，這就是一般常識上都瞭解的「相應說」（theory of correspondence）。換言之，假若一個命題給我們一種知識，就表示這個命題是真的，「真的」意思就是語言所描繪的內容與其對象的內容有一種相應的關係。就對形上學的批判而言，最核心的一點是對命題的分析；什麼樣的命題能提供我們對世界的知識，什麼樣的命題在認知上有意義。如果一個命題認知上有意義，那麼它應該滿足什麼條件，這條件也是有鬆有緊的。比方卡

22 Rudolf Carnap, *Philosophy and Logical Syntax* (Bristol: Thoemmes Press, 1996.) p.9 – 38.

納普的講法跟其他人就有不同。他認為在用語詳細的考慮上，從細節上來說是有鬆緊的不同，不過根本意思其實都一樣，也就是要能證明一個命題在世界呈現什麼情況下它就是真、什麼情況下就是假。把這些條件列出來，若能與這些條件相應，這些命題就是真的。真或偽，就看滿不滿足那些條件。

倘若進一步要問：什麼樣的命題在認知上是沒有意義？哪些命題是不能給我們知識的？人在使用語言時，有一部分命題表現在文法上看起來一樣，實際上它卻不能表達認知的意義、不能提供知識，這就叫做「冒充的命題」（pseudo-proposition）。譬如說：「這世界是由一個東西或神生出來的」。這種所謂一元論或神學的想法都有形上學的性質，在神學或形上學的理論裡面可以說這種話，但它對於世界究竟在描述什麼呢？不管世界是什麼，都可以說它是神創造的，或者也可以說它是從同一個根源生出來的。這種命題只是讓說的人的感受到像是原始宗教的安慰；它沒有告訴我們世界怎樣。如果它告訴我們世界怎樣，我們就可以就世界的呈現來查核這些話對或不對、成不成立。如果僅只是表面上關於世界的問題、而事實上什麼情況真、什麼情況假都可以說它真，那種「真」就沒有意義。所謂「沒有意義」不是指那些符號不可解，而是指它不提供知識。所以批判形上學，維也納學派是最強的一支，當時在歐美大學裡是廣受討論的學說。

卡納普本來要建立一套統一的科學語言，但是一九五〇年代以後他把這個工作停了下來，就是因為內部有一些理論上的困難。但這種困難是指如何取消形上學的問題、使用的標準夠不夠、這些標準有沒有理論上的問題，而不是他根本上沒有論點。卡納普自己有很明確的論點，也就是哲學的理論語言有兩種可能的態度：一種是容納那些不給我們對於世界知識的說法，一種是去檢查形上學的語言，凡是不能提供知識的都排除。某些人也承認人類語言的運用有一部分是報告這個世界呈現什麼樣子，並提出一套解釋、預測的理論，這就構成科學語言；哲學語言也必須像這樣，這就是卡納普等人的立場——根本人只有一種知識，另外表達的不是知識。卡納普曾經說：形上學只是一種「概念詩」（conceptual poetry），它好像是在講一個概念，但作用就像詩一樣，表達態度、希望，並不是給外界一個客觀的說明。

所以回顧哲學的困難之後，對形上學的問題就應該要有很明確的立場。我的立場至少有一半意思接近哈伯瑪斯的想法。哈伯瑪斯認為形上學的問題之所以出現跟人如何使用語言有關係；因為形上學不能給我們對世界的知識，所以我們需要一種離開形上學功能限制的語言。因此他就有一個「後形上學思維」的理論。所謂後形上學思維，並不是說所有形上學無一例外地都該丟掉，而是說我們有一種自己對於自己的管理，人在使用語言去講這世界的時候不能使用形上學語言，因為形上學語言不是在表達對世界的認識，因此拿這種語言去講客觀世界，人不能因為形上學命題所說的那些話不能證明是假，於是就把他們當成是真的，然後又加上對「絕對」（ultimate）的要求，於是就以為不只找到真的問題，還因為自以為找到「絕對真理」而很高興。特別是笛卡兒之後，比方萊布尼茲之類的理性主義者的理論就是如此，這是因為我們對形上學語言功能的限度沒看清楚；如果看清楚，也不一定會是很負面（negative）的看法；我們還是可以說除了瞭解世界的語言之外，語言還有別的功能，還可以描寫別的東西，但是這裡不能夠依靠一個有自主系統的、純概念的系統，也就是不能再去仰賴形上學的系統。

類似的形上學問題，譬如像是海德格的問題確實就是如此；要成為一套形上學理論就要能組織起來，但他沒有把它組織起來所以變得非常難解。然而他的重要之處在於我們現在所講的這個後形上學思維的概念，有根本難解的問題或存有基本的意義，而很多「號稱」形上學理論的說法陳述本身確實是像我們批評的一樣，並不提供我們對世界的知識。所以我這裡要提出一個重要的觀念，就是所謂前現代與現代文化的階段的問題。

十九世紀末，大約是清朝末年鴉片戰爭到甲午戰爭這個期間，中國有個含混的想法，也就是地區的分法：我們是東方文化、他們是西方文化，當然這劃分是有的；地區當然有些特性，但把文化差異完全看成一個地區問題，就忽略了歷史階段的因素，因為社會的組成、人的信念等等都構成了文化結構的內容。現代性的出現攜帶了幾個特性，這些特性把世界的經濟結構與社會結構都變了形。韋伯說得很好：現代世界的出現就是一種現代性在歷史上呈現出來；這種現代性一呈現出來之後，我們就發覺無論是政治或經濟結構等等變成一個現代的世界。它並不保證好還是壞；要說它好壞就得拿別的標準來看它滿足什麼。可是最重要處是在於人一定要瞭解這個世界不是前現代的世界，它已經變了。所以要改革、或者像馬克思一樣發動大革命把這個結果推翻，不論所持的是什麼態度，所有行動仍然都在這個歷史情境裡面；人能有多少作法、成不成功，都被這個結構所限制。

把這樣的意識轉到哲學思考上來講，所謂前現代思維最明顯的特色就是形上學思維；喜歡構造一種語言內部的融貫。這種語言內部的融貫不是對世界的陳述；假若一個人要提一個論點來說世界，他至少要找一個定點：假設這樣講世界是可以成立的，然後哪幾個命題可以成立，然後再去推內部的關係。所謂「內部」的意思就是這些話與其他話之間相容的關係。所以最根本的真理有兩個意思：一是相應說，二是融貫說；邏輯數學的推理、形式推理都是融貫的。而如果社會結構與文化結構有階段的變化，而不只是地區性的差別，這階段性的變化向現代思維提出一套的條件，一項論述必須滿足階段性的時代條件才會發生效用，否則它就會變成是在想像另一個世界，因為實際的世界不是那樣子。所以哲學思維不可避免地要有所謂非形上學的、後形上學的思維與形上學思維的差別。

卡納普科學主義的想法是把世界盡量簡化，但我們講哲學思維不會像卡納普與早期維也納學派那樣地簡化，也不會取那麼窄的立場。事實上形上學的問題不能完全取消，不是那麼簡單；一些根本上很難解的形上學問題仍然存在，譬如海德格之謎——也就是「基本存有之謎」。但是像處理歷史文化這類的具體知識還是有確定的對象與規則，即使順著語言意義論的規則來看如何清理對世界的知識，在這裡我們還是要依賴後形上學的思維，而不能依賴形上學思維。這就引以往我所說的「離開絕對主義的基礎主義」的立場：我們可以有一種基礎主義，但這種基礎主義表示我們對於世界、對於人自己的價值意識等等這些知識活動還是有一種根本上的形式。那種形式我們到後面再來講。一般形上學命題不能告訴我們這個世界的知識沒錯，但它接觸到人的意識等等這些很根本意義的、很難擺脫的存有的觀念，但又很難說明。

總結以上的兩個部分，首先，科學語言不依賴形上學語言，其次，用以建立價值標準的規範語言也不必然依靠形上學語言；最後第三部分就是日常語言。二十世紀初期，有幾個很特別的人去做純理論的研究，其中有人走的是數學、有的是語言解析的方向，結果形成一個潮流，就是維根斯坦後期所代表的潮流。二十世紀初期的這幾個怪人中最怪的是維根斯坦。他在性格、生活態度上都非常怪異，可是他在哲學上先後都發揮了影響。現在我們要討論日常語言是否一定得與形上學有所牽連，而後期維根斯坦的思想正是以日常語言作為研究對象的。在維根斯坦早期的理論中，他講的是邏輯解析，提倡一種瞭解事實世界的語言。因此他提出了一個圖畫論（picture theory）。圖畫論認為我們的語言是為了描述這個世界，就像畫一張圖來表現一個意思。因此一句話所謂真不真就像畫出來的圖像不像的問題。但到後期維根斯坦的理論時，這些早年的看法都被他排斥了。他不談圖畫論；他談的是日常語言的形式條件。日常語言為何值得研究？它與特定的理論語言如何區別？最明顯的例子就像畫地圖。當我們畫地圖時，不論畫的是哪個區塊，都不會剛好是標準的幾何圖形，反而都是不成為幾何學的不規則圖形。幾何學的圖形當然值得研究，但好像幾何學圖形的語言就是所謂理論的語言。這種理想的理論語言講究越明白、準確越好。這好像我們由幾何學來研究圖形，不符合幾何學要求的圖形也依然是一種圖形。實際生活中使用語言表達意思，就好像我們在畫地圖的時候，多半不會畫得很整齊；同理，日常語言也不是照著很準確的邏輯分類去組織。需要討論的是，如果採用他這個想法，回頭要怎麼看形上學語言，對於日常生活來講有沒有必要性？

以日常語言來講，當前生活世界的活動是否要預認一個形上學的活動？首先日常語言所相應的就是當前的生活世界，以及如實的經驗與活動，也包含人內在的動機等等。從這裡來瞭解人類、文化就是牛津學派，也即後期維根斯坦講的問題。在我來看，維根斯坦並未能把這個問題講得夠透徹；他只是與他之前面對的客觀主義、科學主義的思潮作對比，然後指出實際生活與思考並非是系統化、抽象化的。所以解釋這個問題可以以畫地圖的例子來講。對於圖形，我們有一套系統化的幾何學知識。可是要畫地圖我們就要瞭解實際上物理的邊境。比方畫美國一個州或縣時，不會畫成一個圓形或三角形。實際勾勒的輪廓通常不是一個標準的幾何圖形。所以就變成兩回事：一是拿標準化的圖形來表達一些關係，比方圓形或三角形的關係。另一個則是沒有要配合那些圖形的標準，而是依照實際的情況來畫。所以在此就是維根斯坦後期所強調意思。如果我們要真正瞭解人類實際如何進行理解與生活，就應該以畫地圖的心情來看，而不是化成標準圖形來看。事實上那些標準的圖形是實際上可能的圖形的知識，而不是世界裡實際的瞭解。這就是所謂日常語言的基本主張。

維根斯坦後期的論述都不是很整齊、系統化的，這一部分也是如此；他看出問題來，講了一部分，但並未將它系統化。我們現在要說的是：形上學語言是實際生活裡要預認的。對於實際的生活來講，形上學語言的假定是一種必要的假定。日常語言最根本的功能和形上學的功能恰好相反，因為形上學的功能是認為有一種超出知覺的對象「純粹思維」（pure thinking）。從柏拉圖以前，赫拉克利特（Heraclitus, 535 BC－475 BC）開始，Logos 之類的概念所指的就是超出知覺的存在。他們以不同的哲學語言去談超知覺的對象，像亞里斯多德就用「本質」（essence）。但是本質作為形上學對象，不是一種知覺的性質，而是知覺背後被預認的性質。說明白一點，它是談思想中的存在。但日常世界一定是建立在知覺經驗上的，從洛克到休謨都特別強調這方面。如果離開一切可能的知覺經驗，那你對世界的認知就不可能有任何具體內容了。這個世界在傳統上稱之為現象世界。之所以如此稱呼是因為我們背後接受了一個想法：現象以外，另外還有一個形上學的「體」的概念。

要說日常語言這種哲學思想怎麼看生活世界，則這又跟維根斯坦晚期的說法有一定關係。他對於語言的解釋就是：語言本身就是一種生活的形式。換言之，使用這種語言就是如此地想、如此地表達；這些就表現在你如此地生活上面。如果把使用語言的活動看成一種生活形式，重點就會落在實際生活裡語言所表現的功能。它跟形上學所認定的：普遍的、絕對代表最後真實的觀念恰好相反。因此講日常語言的哲學所要面對的，就恰恰是離開形上學假定的問題。因為順著形上學講，所呈現的是一個抽離的思維結果。我們把思想中的一個對象——把有關感性直覺的這些成分都抽掉，就像康德（Immanuel Kant, 1724－1804）的作法，抽離之後剩下的內容，我們一方面說它是先驗的，另外一方面它所顯現的不是當前的具體世界，而是透過抽象後的世界。那個抽象活動的世界對研究、科學、世界的認識之發展有一定的意義，因為我們突出了特殊的部分，而把其他部分抽掉了。最好的例子就是經濟學，比方經濟人的假定。實際上沒有一個人只會計算經濟的收益而沒有感覺或宗教信仰等等。可是這種假定是為了使經濟行為的活動特性能凸顯出來，亞當史密斯就是從這裡著手。一個很有趣的現象是：經濟學越來越複雜，也越來越技術化。從這裡看來，亞當史密斯的說法當然是很陳舊的，但他定的方向依然是經濟學根本的方向：把人的其他成分抽象化的過程，把人的其他成分抽掉，然後構造經濟人的模型。由這個範式來解釋，只是就經濟行為的影響下，人會有什麼行為，個體、集體會有怎樣的行為，整個經濟活動的獨立性都一層一層出現。這裡我們就可以明白，科學和形上學所呈現的都是一個抽離後的世界。這些抽離後的世界可以有種種情況，但都不可能是跟生活世界相合的，因為經過抽離了。形上學那種在思想中呈現的存有，所以是一種抽離的世界圖形，問題是它把所有知覺成分抽掉了，剩下就只有思維中出現的意義，這種意義不是價值的意思，而是運用符號時所指的關係，於是成為不是事物的世界，這是傳統形上學世界。這種形上學語言所構造出來的世界一定是與生活世界不一樣的。因此就第三種意見來講，「由當前的生活世界來主張形上學語言是必要的」這種主張是不成立的，因為這兩者是完全不相符的。

最後談談後形上學思維為何會出現。形上學思維並不如傳統所主張的那樣具有必要性。比方講道德就要有道德的形上學，要發展科學，背後就有一套科學形上學，甚至於要生活，生活裡面就要承認一種形上學。這三種講法就是形上學之所以可能必要的講法，我們由此客觀地分析，用語言的解析、意義的解析來看時，就會發現那些意義不能真正地成立。所以我們就有理由說：因為既然沒有理由依靠形上學，我們就可以有後形上學的思維。

3. 成素分析與範式轉移

文化範式的問題相關的就是多數多元的文化系統；如果我們面對多元文化系統的問題，譬如系統之間是否能溝通、溝通的條件在哪裡？系統與系統之間是否能有文化綜合？很多人都喜歡說「中西文化的綜合」，好像把很多的東西擺在一起問題就解決了，但是怎樣擺在一起還是一個理論上的問題。我們身處在一個多元異質文化的世界，對於這樣的情況我們根本上有兩種可能的態度，一個是霸主的態度，就是某個文化掌握了霸權這種想法。一般人很容易有這種態度，但它最大的壞處就是有一定的封閉性，也就是有些元素會被排除，這些元素是不可以說、也不可以想的，這就成為封閉性的系統。若非如此，它的霸權特性就顯露不出來。如果不走霸權觀念，另一種比較開明的態度就是面對不同的價值與文化主張，這種「不同的價值與文化主張」也包括我們剛剛講的霸權文化。但是如果有兩個霸權文化，就會有杭廷頓所講的文化衝突。[23] 如果對異質文化採取霸權文化的態度，就會越來越封閉，最後像黑格爾講的那樣，發現已有的到一個時候就會失效，歷史變成一次一次霸權文化的爭鬥。杭廷頓後來的思想已經有這種傾向，這是他順著經驗觀察達到的結論，文明衝突可以增強，可以減弱，但他沒看到解決方法，這已經是一種悲觀主義了。這一類的問題，也可以縮小到個人上，比方我有一個信仰，你也有一個信仰，你生活在你的生活中，就會造成我們價值選擇判斷完全不一樣，這兩種人相處的情況就像杭廷頓講的那樣，總是在鬥嗎？如果不是這樣，那會有怎樣的出路？這出路基本上是落在人自覺地怎麼做，這是一個方法論上的問題：也是通過怎樣的歷程去處理文明衝突的問題。這問題分兩部分來講：一種涉及實際的內容，這我們在後面再談；我現在純粹先就方法論上來講，也即為了處理不同價值意識系統的關係，這個問題可能解答的希望，不是像杭廷頓那樣悲觀主義的絕望角度，但尋找希望也不能是我們希望怎樣就怎樣講，還是要有嚴格理論的根據，所以我提出「成素分析」的概念。

「成素」（element）與康德的第一批判有關。文化的未來處處都碰觸到根本上相互排斥

23 Samuel Phillips Huntington, *The Clash of civilizations and the Remaking of World Order* (New York: Simon& Schuster, c1996).

的觀念，要解決這些問題，就要有一個全面的看法，而我提出的就是成素分析的思維過程。認真講「方法」就是一個過程，通過這個過程得到這樣的結果，以此而言成素分析就是一個方法論上的主張。這裡我先做一般性的說明，如果我們的範式轉移（paradigm shift）以成素分析為根據，不同文化之間的衝突就會大大減低，不像「文化綜合論」那樣空說「綜合很好」，而是真正的希望所在。這就形成黑格爾所說的，「正」、「反」、「合」中更高層的綜合。自從經驗科學發展以後，研究人的行為常常有個流行的想法，就是人是被不同的條件所決定的，人受歷史與社會的影響。就行為主義的心理學來講，人還有零碎生活當中的影響，所以表現在行為主義心理學對人的描寫，「學習理論」（learning theory）是強調環境決定人能得到什麼東西。這種想法是用經驗環境來解釋人的思想、行為與信仰，這是經驗科學的看法。簡化來說，這種想法存在兩個「脈絡」（contexts），一個是歷史脈絡、另一個是社會脈絡，換句話說，一個人或一群人怎麼生活、怎麼想，都看兩個脈絡的交會點在哪裡。從這點來看，你要是接受決定論的立場，推論下去就是：人都是被決定的，如此就會成為對人類社會知識的自我否定。

事實上發生在人身上的都不是人做的，成素分析就是要對這種一直以來的看法進行反駁；成素分析的範式不是說系統是開放還是封閉的，而是任何一個系統都有開放或封閉的成素；人在思維使用符號上是可以接觸到普遍性的問題，並不是說人只能反映他的社會歷史因素，而是會去思索一些長期、普遍的問題，於是取得或相信一個論點，這些都不是被歷史與社會脈絡決定的，而這是他思維能力創造出來的。從這意義來講，每一個思想的代表，每一個理論，都有開放與封閉的部分，如此我們就可以看見一個希望的角度：人可以接觸普遍的論點與思維的共同處，這就是範式的改變、也是希望所在。從這裡往下推，我們就可以對文化史的問題，民族文化與世界文化環球文化這些問題產生新的觀點，特別是對於杭廷頓的悲觀主義，就有一種超越的可能。

4. 極限概念，可修改性（revisability）與「大敘述」（grand narrative）迷執之消除

成素分析的概念似乎很簡單，但因為這是「範式轉換」的問題，它的意義是很重要的，這使我們對哲學思想、研究的看法有很大的轉變。以下我們從三個主要的觀念來講：第一個觀念是「極限概念」，傳統上人們總認為可以直接去表達譬如真理、「實在」（reality）等觀念。傳統的哲學史總是企圖通過一套系統思維的表現來描寫「實在」；這樣的觀念認為我們可以達到一種完美（perfection）。這想法跟宗教傳統有點關係；譬如最喜歡運用中古神學來講哲學的其中一人就是萊布尼茲（Gottfried Wilhelm Leibniz, 1646－1716），萊布尼茲喜歡使用「完美」這個字眼去講他的世界觀與歷史觀。這種想法把「實在」當作不但是可以「知道」，而且是可以「完全知道」的對象。可是哲學史的演變並不是這樣的。事實上每個系統都有得有失；有些部分可能是很有意義的決定，有的部分則是明顯的

錯誤，但人們仍然朝著同樣的方向走。我現在講的卻是方向的改變，這種改變就是承認每個具體系統其中都有一部分是具有普遍意義的，而其他部分則是受社會和歷史的條件所影響、限制的。這就是我們前面說的「開放成素」與「封閉成素」。

把開放與封閉成素說成更具體的觀念，就是「極限觀念」。譬如科學知識所指向的當然是完全確定的知識。但在一定的時空點上，我們經驗的、認識的都是有限的，都受時空觀點所影響。所以這裡用「極限」概念來代替「絕對性」的概念，就是不要以為我們現在就可以掌握一切實在；「極限」（limit）的意思是指往這個方向去做；它代表一個方向，而不表示在具體的時空點上已經達到。這裡我們又可以從純粹知識論這方面來用蒯因的概念：「可修改性」，也就是說一切知識都是可以修改的。這方面蒯因是比較徹底的經驗主義者。他這種講法當然也有很多爭議，但他認為即使是純形式的邏輯數學的知識，本身還是有不同的表述，因此還是有修改的可能。不過這種修改是一種表達方式的修改，修改後的表達方式可以減低問題的複雜性、證明的困難。所以蒯因將知識的問題看成一個同心圓的過程[24]。蒯因的看法可以跟「極限」概念相配合，因為他不是在針對形上學、而是科學知識在講的。我們知道「絕對主義」的形上學會有很多不能克服的困難。歷史上很多學派名家嘗試建立一個系統，但是所有這些系統一定是有長有短、有得有失，不可能是完美的。明白這一點，我們就可以把它當作「知識」來看；建立一個系統就等於建立一套知識：一方面解釋我們認識的活動，一方面解釋世界，這就是哲學史通常所講的知識。我們可以透過「可修改性」來瞭解知識；一切的知識都可以說是指向完整的「確定性」，可是「確定性」只是個極限的概念，「完整的確定性」這類的觀念都只是指著方向，但是就存有來講，它不是在經驗中間可被達到的，這就是「極限」的意義。所以從這兩個角度來講這問題，所謂「哲學的終結」的問題漸漸就有個答案了。

我們要說明白的是，向這個方向走的時候，哲學思維所表現的另一個成果，就是破除對「大敘述」、「系統敘述」的執著。「大敘述」是李歐塔（Jean-François Lyotar, 1924－1998）的概念，且被他當作是「後現代」的特色。要對所謂「後現代」思潮作一個客觀的描寫其實很不容易。儘管後現代思潮本身模糊不清，不過反對「大敘述」還是有一定的道理；因為過去大家總是認為「最後的真理」和「真實」是可以達到、沒有極限，而是絕對的。正因為這樣，費了很多事去建立一個系統，建立以後就等人來破壞，於是這樣可以過幾千年。但是前人建立大系統總是有缺點，為什麼新建立的系統可能完美？任何系統、理論如果走的是絕對主義的方向，則所謂「絕對」的系統仍然是有限的，不會是完美的。這三個觀念都指向對哲學的改造；我們倘若去除這些觀念，哲學會得到一個最後的、完全的真

24 Willard Van Orman Quine, *Word and Object* ([Cambridge] Technology Press of the Massachusetts Institute of Technology [1960]).

理。這想法就是傳統「系統哲學」的想法。明白這一點，我們就要注意兩點：一個「開放思維」的態度不是指沒有確定性。在知識進展的過程中，所訂、所得的還是有確定性的，只是它不能變成「完全的」（comprehensive）。這是因為存有的世界，即像海德格講的「存有之展開」，是無法解釋的；但存在真正呈現就是如同開花一樣地逐步展開。如果是這樣，那個展開的部分是未來的，不可能在現在就把它收進「大敘述」當中。所以要有一個「大敘述」時，一定要限定未來只能往某個方向發展，但是這一點是無法說明、證明的。人容易誤會：認為所謂「開放思維」就是一切都不確定。「開放性」要我們放棄一切預先的設定，並不是所有的理論思維所得的結果都沒有確定性，只是說它的範圍永遠沒有盡頭。當然這種範圍又可分成內在與外在的，就像存有的展開，原先不在它的範圍裡面，接著就一部分一部分地顯露出來。

最後對於上述觀念，我再補充兩點：第一，它不要求絕對的、完整的確定性，第二，它不是說理論沒有確定性；只是因為一個理論總是可以擴張、展開，所以永遠有發展的可能。既然永遠都有發展的可能，最後的目標就是「極限」（limit）；倘若已經達到極限，就沒有發展的可能了。不僅是在二十世紀哲學的發展可以越來越清楚地看到這一點，同時這對於「哲學的終結」還是「哲學的改造」的問題，也給出了答覆：哲學本身總是在「轉變」（transformation）當中，問題是從前很多人都抗拒這種轉變，所以學派之間有很多衝突。如果我們了解每個系統都有封閉與開放的地方，著眼於開放的地方，系統間就不會嚴重互斥；相反的，如果著眼於封閉的地方，就會互斥。所以用「成素分析」的觀點來說，每個系統都有開放與封閉的一面，它開放的部分就是接觸普遍性的問題。哲學的思考也是在具體時空中所得的結果，因此不會是最後的結果。所以「最後的真實」就是一個「極限」的概念。倘若我們要放棄「大敘述」，哲學的工作就不是構造一個「封閉系統」，而是在嚴格思考、反省的過程中，對於自我、世界的瞭解產生確定的成果。不過這種成果是永遠可以擴張的。所以不需要費很多力氣去做一個「大敘述」的封閉系統，然後等待別人來證明這個系統不能籠罩一切；哲學未來不應該這樣做。這也就是離開傳統哲學的作法。這表示哲學思維並不能因為這些理論而終結——哲學不會終結但永遠可以改造。

第三章

反理性思潮之檢評與理性言談之轉向

一、後現代思潮之歷史背景

後現代思潮是個很複雜的現象，我在〈遠景與虛境：論中國現代化問題與後現代思潮〉[1]文中曾經稍微清理後現代思潮的內容。這裡我們先談談後現代是如何興起的？其出現的歷史環境是怎樣的？第二節敘述後現代的特色，三、四章討論這種思潮本來希望達成的目的及其成果，並給予總體的評論。

所謂後現代思潮「歷史背景」，基本的認定是後現代思潮的發生，與歷史發生的情況

1 勞思光：〈遠景與虛境：論中國現代化問題與後現代思潮〉，劉國英編：《虛境與希望：論當代哲學與文化》，香港：中文大學出版社二〇〇三年版，頁187－218。

有一定的關係，並非忽然產生的一種現象。一說後現代思潮，就很容易想到後現代的出現，有個根本上的傾向，就是對於現代文化的背離、離開現代性。這是廣泛的說法，雖然不能說全是錯的，但本身有諸多問題尚待斟酌。若要對後現代思潮興起的條件要有比較準確地瞭解，我們首先必須理解：現代思潮對人類社會文化的未來原先有很強的想法，這個想法落空、失望之後，才產生以否定現代文化為主的後現代文化。

我們要瞭解現代性文化，先要瞭解任何一個歷史階段中，人總是不會完全滿意當時已有的文化狀態。所以我們這種講法並不是絕對主義的假定，彷彿現代主義曾經毫無例外的得到公眾支持，事實上不是如此。但是我們可以說：十八、十九世紀——特別是十九世紀的歐洲，現代文化的承繼是我們對未來樂觀的基礎，這就是所謂的進步觀念。不管現代文化特殊的現象引起多少爭論，或好或壞不同的意見，但在十九世紀十分普遍的態度，就是科學知識與技術的進步，甚至對於人類社會制度的想法，一切都是向上的趨勢。當然這觀念部分跟生物學上達爾文主義有關；基本上認定人類歷史有一種進化的趨勢。這種知識份子對社會一般想法的敘述，其代表就是本書引言提到的英國史學家威爾斯的「希望的世紀」。可是「希望的世紀」所代表的樂觀主義想法到了二十世紀逐步衰落；一方面我們看見經驗科學、技術的發展，另一方面社會內部文化的衝突開始浮現，成為一個「迷失的世紀」。這可以從兩次大戰前後發生的大變化來解釋，現在我們就現代思潮內部較詳細的解釋，為什麼人們在十九世紀一度如此的樂觀？

如果要解釋現代文化為什麼一度形成極端的樂觀主義，比較詳細的理論是社會學家韋伯對現代性的解釋。韋伯有個觀念：「世界觀的合理化」（rationalization of the world view）。韋伯在較早的時候是相當樂觀的，但中期他發現現代文化引起的問題，才逐漸變得悲觀。後期韋伯對於現代文化非常之懷疑，並且失望。所以雖然到了二十世紀人們對於現代文化的信任與樂觀的預測都在動搖，我們將「希望世紀」的觀念與「世界觀的合理化」合起來看，仍然透露出現代文化的興起一度構成普遍的樂觀主義。

所以現代文化原先代表人類的希望，一方面反映在學術上的達爾文主義，也就是把生物學上的進化觀念轉到社會的進步上來，另方面從中古下來文化的演變，就有韋伯所謂「解咒」的觀念，也就是「世界觀的合理化」的意思，基於合理化所以放棄以往的傳統。這些都代表十九世紀這個階段，大家基本上是樂觀主義，然而樂觀主義破滅的關鍵在哪？我們可以用兩次歐洲大戰及其包含的經濟社會的矛盾、權力觀念與是非觀念來看。自古希臘文化就存在這樣的爭論：強力是不是一種公正？權力觀念與是非觀念可以在實際社會中構成衝突與變化。就兩次大戰交戰的雙方來說，都不是為了某個理想，而是誰作主的問題，換句話說，最多是霸權傳統的問題，此外並沒有正義可言。十九世紀和平的國際秩序是以權力均衡形成的，正因如此，所以沒有一個正面長期的理想來指導秩序。在歐洲漫長的歷史中，權力均衡一直都是長久以來的問題。

十九世紀固然是現代文化最旺盛的世紀，另方面對現代文化的懷疑，在十九世紀也開始出現了。本書引言的第三節，我們談到西方思想的第二重困局時提到三個否定、懷疑現代文化想法的代表人物，他們在二十世紀分別發揮不同的作用，我們可以將他們的看法視為後現代的前身。這三個人順著年齡次序：較早是齊克果。齊克果是在他身後很久，一直到了二十世紀，因為「存在主義」（existentialism）的出現才被人們注意。他在世的時候是很孤寂的；他常常去教會裡講演宗教問題，但常常他的講演都沒什麼人聽，他就說：「越是真理越沒聽眾」，「人本來就是要獨自面對上帝」。基督教的神學被齊克果化成一個人的心靈與神聖心靈直通的說法，他以此批判傳統基督教文化，因為基督教文化已經變成一種社會勢力。他認為教會壟斷利益是歐洲的墮落，因此特別主張離開教會與宗教組織腐化的秩序，重新面對基督教的價值觀。因為他正面抱持的是基督教傳統，要人直接面對上帝，所以他的講法並不很流行，在這三個思潮裡，算是影響力最小的一支。十九世紀基督教文化有很大的變化，很多人都認為他的基督教思想有點神秘主義的意味。

第二個代表人物是馬克思。馬克思的特點在於他認為現代性文化的精神體現在經濟活動的表現上，他用「資本主義」這個詞彙來形容。資本主義是經濟語言，我們瞭解經濟生活才有資本主義這個詞彙。就語言分析來看，馬克思在〈共產主義宣言〉裡，把現代文化看成一個根本上有錯誤的文化，他將這些毛病集中在經濟的語言來陳述，就是所謂的「歷史唯物論」。他首先把現代文化看成一個特殊經濟結構的文化，然後談這樣的文化結構秩序如何產生種種負面的結果，馬克思其它的觀念都是在這個基本事實上推演出來的第二序觀念。往後我們再描述理論內容時，就會發現馬克思理論上的缺陷一直貫穿到二十世紀，影響力遠大於齊克果。齊克果思想與後現代的思潮是比較接不上的。

第三個代表人物是尼采，尼采懷疑中古以來的傳統；他不止反對現代化文化如此展開，也反對基督教文化。尼采真正是十九世紀的思想家，因為他在一九〇〇年就過世了。一方面他離開希臘以來的思辯傳統，而另一面他又通到十九世紀的思潮。我們在前面提到尼采有兩點特色，使他跟西方哲學史上標準的思辯哲學有根本的不同。首先，他沒有論證、常順著感受下判斷，尼采是「直覺主義」的；他著作裡不提出論證，而是直覺感覺到一些東西，就把感覺寫出來。借用現在用的名詞，他的理論不是一種合乎標準性的論述方式，是一種「非標準的論述」（abnormal discourse）。[2] 他有一些很有名的話，問題是別人會不會解釋。舉例來說，比方「上帝已死」這樣的論斷，他是指基督教最早企圖發揮一種教化的作用、改變社會，但這種力量已經完全消失了。其次，他接觸的問題並不是無法說明的，其實是可以嚴格說明的。例如他以「超越善惡之外」去談他的核心問題——「力」的觀念。他的觀念跟萊布尼茲講世界的觀念時有點相像。萊布尼茲曾經用「力」作為世界最基本的現象。物理學開始在於牛頓的力學，有「力」的觀念然後才能說有運行與變化，假定一

2 這是羅蒂用過的詞彙，但我們用的不盡然是他原先的意思。

個人完全不能動、也沒有力，那就說不上善還是惡。換言之，他的意思是：不管為善或為惡，根本前提都是需要有力量，所以他討論力的問題就是超越善惡之外的，用制度來講就變成權力。所以當他談「力之意欲」（will to power）的時候，不是指我們不知道善惡觀念的區分；善惡觀念的區分是有的，但在他看來那是其次的。力量有自然的狀態，有社會的狀態，總之一切作為與現象的產生，都需要一種力。其實尼采講的這些話中國人已經講過了：明白這一點就知道為何尼采要講權力意志、超人。所謂「超人」就是力特別強的人，透過力才能實現種種事情。「現代性」的問題與我們講的跟傳統下來尋求真實的思維是彼此交錯的。所以要講這種問題不很容易。因為他是持這種想法，所以他對現代文化是完全否定的，原因是：希臘下來所代表的文明力量已經耗盡，基督教的文明已經過去了，當代科技為主的文化虛有其表，並不具有真正內在的力量、不足以引導世界，所以需要「超人文化」。這種想法與二十世紀，大家對現代文化的失望是相通的。

從十九世紀的歷史環境背後，有一個需要解釋、卻沒有完整解釋的問題：從希臘下來，特別是啟蒙以後，大家談人道、人權、民主政治、自由經濟時，但為什麼特別在這個傳統發源地的歐洲產生一種絕對主義與極權主義的權力崇拜？這是一個嚴重的問題，因為兩次世界大戰，歐洲人反理性的時候好像比別地方的人更不理性。以兩次大戰期間德國人崇拜權力偶像的誇張現象，把人當成神一樣，那種瘋狂與今天北韓政權的崇拜不相上下。這件事出現已經很難解釋，而更嚴重的問題是，順著這種想法可以做出種種反理性的事情，最後演變成廣大的災難。引言中我們提到兩次大戰前後都出現極荒謬的事情，例如希特勒大屠殺，以及史達林在共產國際的莫斯科大審判，當時史達林要把同樣在列寧底下推動共產主義的人當成內奸；而後來中國也發生文化大革命。這些荒謬事情的出現構成一種群眾心理上的影響。我在二十年前注意這些文獻，逐漸的越來越確定這些事件有某種影響存在，使得歐洲人對自己的信心逐漸喪失。原先歐洲人以自己的文明自處，特別重視合理性，可是二次戰後，歐洲人理性的生活態度與思考態度受到打擊，在社會上就產生對於理性的不信任（the mistrust of reason）的觀點，這是後現代紛亂思潮根本的動力，因為它開始懷疑理性的功能。

懷疑理性本身是個很大的「弔詭」（paradox），因為懷疑是必須有理性基礎的。要懷疑什麼必須先找到可以肯定的對象。但現在懷疑的是：我們能不能找到不能懷疑的東西？這也是我近年來兩篇論文講稿所提出來的觀念：就是現代哲學裡「自我解釋」（the self-explanation）的失敗。[3] 關於這個歷史背景我要補充兩點：現代文明與經濟上產生的負面影

3 這在〈遠景與虛境〉中有概要的講法。勞思光：〈遠景與虛境：論中國現代化問題與後現代思潮〉，劉國英編：《虛境與希望：論當代哲學與文化》，香港：中文大學出版社，二〇〇三年版，頁187－218。

響（比方種族問題）都有一些特殊的內容。我們剛才講的是根本的傾向，現代文明本來要假定「合理性」的觀念，可是這個內涵的成分不能配合目的，於是出現反理性的結果。於是內部文化就進入一個矛盾的階段。就東方人來講，現代文明已經構成了我們的世界，不管我們贊成多少，都已經在現代當中談，所以傳統與現代文明的問題不能不理。因此現代文明的困難之一不是與其他傳統的衝突，而是其自己內部的衝突，其中就包含著經濟制度產生的問題。當年馬克思抓到這一點，把這個問題擴大，將所有問題收在這一點。但就像哈伯瑪斯批判的，這是很不穩定的，因為經濟本身不是一個先驗層次的問題，而是經驗層次的現象，經驗現象是會演變的。如果扣著經濟活動演變來講文化特性的話，描寫就會落空了。凱因斯理論首先是應用在美國社會經濟活動上，對馬克思理論有很大的變動。對馬克思而言，景氣循環的理論說明社會的中間階級越來越消失、極化之後，無產階級也就成為被剝削的階級。景氣循環到了生產過剩的時候會改變，比方生產冰箱，因為有人買、於是大家生產冰箱。可是這個需求一定會被滿足的，過了生產與需求之間的平衡點，到了需要冰箱的人都買的時候，冰箱就賣不出去，這時候生產者就得出去賣別的東西。但是這情況必然是在最後一批冰箱賣不出去的時候才會被發現，中間那一段因為沒發現貨品會賣不出去，工廠其實是在擴大的狀態，等到賣不出去的時候工廠不得不關閉，最後失業的工人就會變多。因此，每一次景氣循環就會製造更多的失業工人，而失業的人越來越多，生活困難的人就會越來越多。當然馬克思批評資本主義的地方很有很多，這只是其中之一，不過我們現在就這一點來談。

關於這個問題，凱因斯發表了《投資、利息與就業》的著作，他主要的想法是使難題出現的時間往後推，於是有公共建設與創造消費的觀念。凱因斯這些觀念有很大的影響；他是英國人，但這些觀念並非影響到英國卻影響全世界的經濟。比方信用卡，讓我們領錢去買東西，這一套的經濟措施都源自於凱因斯的想法。以古典經濟學來看，他根本沒解決問題，只是往後推罷了。在三〇年代，羅斯福政府採用凱因斯的觀念，他的理論就盛行，而當時英國傳統學派卻反對凱因斯：你不是解決問題，而是往後推、使問題變得更嚴重。他們曾問凱因斯：「未來我們怎麼辦？」（How about our future?）凱因斯的回應是：「未來我們都不在了。」（In the future, all of us are dead.）就這點來看，現在就可以看出維持現代經濟架構本身有它內部的困難，比方雷曼兄弟的問題。台灣很多人喜歡講空泛的話，大談金融海嘯，卻沒人講出真正的道理來。內部經濟的問題不光是馬克思的問題。

所以後現代思潮最根本的特性是對現代文化的批判。由於「後現代」這個語詞被人隨便地用，所以弄得很複雜，不成一個理路；但是這個思潮有個根本的傾向。文化的信心常常是被人忽略的觀念，群眾心理就是這樣。例如人類學家溫奇去非洲觀察新石器時代的文化，那種文化的合理性可能很低，但只要參與文化的成員有共同的信心就可以維持。所以反過來講，文化發展到相當高度的時候，要是內在信心在喪失，內部結構就會動搖，發展就不樂觀。所以要談後現代必須正視這些問題。我們已經喪失了某些信心，那麼有沒有可能重建這種信心？重建之後的信心跟原先的有什麼不同？重建一定要有一些新的成分才可以，但是在此之前，需要更清楚地瞭解弊病所在。這一小節以外部歷史環境為重點，下一節我們談後現代思想內部的特性。

二、後現代思維的家族相似性

現在我們要談第三部分的第二小節，「後現代」思潮在思想史上是很罕見的例子，過去有人認為後現代簡直沒有一個確定的標準，因為它們在思想上並沒有共同的、正面的要求。但這並不是說「後現代」這個概念完全缺乏可以描述的內容。這裡我們借用維根斯坦後期所講的「家族相似性」（family resemblance）概念，因為維根斯坦要回到語言來講，而通常我們瞭解事物、對象並不是每次都有很整齊的定義，可是我們把某些事情擺在一起看成一類的時候，在範圍不同的意義上來說，就有一部分、一部分的相似，我們就根據相似性來分化事務。這樣的想法並沒有太複雜的理論意義，它只是拿比較相似的地方來劃分，當然這一層層下去，經過一個過程：例如A跟B的相似性、B跟C的相似性，假定一直推到最後X，X可能就跟A差得很遠。借用維根斯坦的概念，假定要嚴格定義後現代思潮、後現代理論、後現代的價值、文化意識，又希望有很明確的定義，就會遭遇很大的困難。

最早的時候，「後現代」代表一種建築風格，「後現代」這個字原先只有湯恩比（Arnold Joseph Toynbee, 1897－1975）的文化史研究在用，但本來的意思跟今天的意思完全不同。原先它指的是現代文化正在衰落之際，因此原先現代文化所表現來的生命力到了某個階段便發現處處出毛病，這時候就有一個消極的、反面的意義上的「後—現代」。六〇年代以前，除了像湯恩比這樣的文化史學者愛用這個字之外，「後現代」並非是一個流行的字眼。但六〇年代之後，尤其接近一九八〇年，「後現代」就開始流行。最早提出來的是藝術上、建築學的意義，而到了後來這個字就運用在對於形上學的態度、想法上，或者對文化中心原則的反對，例如「去中心化」種種差得很遠的主張都稱為後現代。於是我們發現後現代理論沒有什麼真正的內容，不過這個字畢竟還有起碼的含意，我們可以用家族相似性來說明這個含意。如果這樣來說我們可以列出幾點來談論後現代共同、或相似的特色：

第一，**他們都是對於現代性的一種反對與批評，亦即「反現代性」**。至於他們反的是什麼不一定，因為現代性也有很多層面，所以所有反現代性理論可能彼此差得很遠，但都是對現代性不滿的表現。

第二，**主張他們所作的選擇可以治療現代文化的病**。這和第一點有些區分，第一點沒那麼積極，僅是宣稱為現代性文化有病，第二點則更積極的宣稱他們能治病。說到這種「治療功能」，就通到第三點。

第三，他們自己也有具體、正面的主張；這些具體、正面的主張就是「反理性」與「反系統化」。「反理性」是在理論上問題最大的一個觀念，因為對理性的不信任，所以不訴求一套完整的理論過程。他們也不是主張理性不能做什麼，而只是說理性是「不可靠」的。從「反理性」的這一點可以相通地講「反系統化」；我們可以李歐塔的主張作為代表。他認為所有學術中的大系統都是一個「大敘述」（grand narrative），而他認為在歷史上，有一個大家走了很久的錯誤方向，就是人們總想弄一個解釋的大系統，於是每次大論述提出來後，就好像擺在那裡等人家來反對。每次大論述一定有不成功的地方，於是費很大氣力去建構一個大系統，但是建構了以後就準備丟掉。

第三點碰觸到一個很客觀的問題，接下來我們會更細緻的處理這裡透露出來，對知識論分析哲學、意義論的懷疑態度。在第三點來講，他們並非有很準確意義的態度，可是第三個問題是可以由客觀意義來說明的；那裡有個真問題是後現代主義論者沒有掌握清楚的，我們可以藉此把它講清楚。不過在此之前我們先講完後現代的四點特性。

第四，後現代最使人難以同情的，就是他們極力否定歷史知識的客觀性。這個論點和常識的想法其實是很相近的；常識的想法也認定人們談歷史的方式常常只談合乎論者利益、感興趣的部分，其他部分則被忽略。當然，常識可以這樣，因為它並不要求貫徹這個原則，而只是點明有這樣的情況，所以通常我們也不覺得太嚴重。可是，現在後現代學者對於歷史知識的態度卻是要貫徹這樣的原則，認為所有歷史知識都是出於為某種利益服務，都有利益的選擇在後面。譬如他們常覺得歐洲的白人對白人利益有長久性的想法，很長的時間白人在談文化問題、文化史的時候都選擇有利於提倡白人文化的部分來講，所以對美國社會中，黑人、少數印地安人等的想法都是被忽略、被丟開的。但是後現代要求貫徹這些看法時就麻煩了；它要將背後的偏見套到每個歷史著作、套到解釋歷史的言論上去。解釋歷史我們當然是憑藉著歷史的知識，要是根本沒有客觀的知識，則所有的歷史解釋都是為某個利益服務，那根本就沒有客觀歷史可言。如果所有歷史知識都是在不自覺過程中有所選擇的，那麼歷史知識永遠就無法表達客觀性，那就等於說史學成了一套策略。

第一點，我們可以看成歷史階段性的問題。現代文化正面的功能發揮到一個程度，負面的傾向逐漸透露出來、負面因素逐漸發生作用，所以人們對現代性不滿意，這一點不難解釋；我們可以就傳統上與文化的解釋來說，譬如黑格爾對歷史文化的模型。以他的《哲學大全》來看，正、反、合就是一個螺旋發展的過程；就這過程而言歷史本身是有階段的。文化的承繼發展到一個階段，正面功能都開展了，逐漸的世界裡就會出現原先文化成績無法解決的新問題、新困難。人類的文化發展永遠有新問題、新困難，這時就要去面對原先系統無法籠罩的新問題、新困難，文化也由此走入另一個階段；由正到反，也就是我所謂「失效」的觀點。東西的效用到某個階段失效了，失效的原因並不是其本身缺了什麼；事實上任何文化都是有所缺的，新問題一出現，舊的成績就顯出是缺了解決問題的這一塊。因此黑格爾也可以解釋現代性文化的這種現象，甚至任何文化都可以如此解釋：任何文化都一定有一些功能，不然它就不能成立；但它還是有限的，因為世界的問題是無窮展開的。舊的成績無法解決新問題時，歷史就走入另一個階段，每一種文化都是如此。黑格爾對於文化發展的普遍觀點擺在那裡，根據它看現代文化的問題，現代文化會顯現一些自身無能為力的地方，就這一點來說，後現代文化對現代性的負面看法並不難了解；黑格爾的模型也可以推出這一點判斷。所以第一點是比較容易了解的。

就第二點「治療性」的問題來講，後現代自己的眉目是不清楚的。就黑格爾的模型來說，能不能找到治療的方式、克服新問題並不是說否定舊文化就可以辦到的；舊文化對新問題失效了，要能處理新問題才是一種創造。在正、反、合的過程中，要達到「合」的階段必須要有一個正面的條件出現，並不是說你對舊文化失望放棄就代表找到正面的因素。治療的觀念好像只要放棄原先有的思想方式、價值意識與制度作法，就自然地會出現治療的新因素，這觀點是有問題的。它存在兩個問題：一是覺得原先文化無效，另一個問題是去發現什麼有效？在每個階段上，這兩個問題是分開的。所以我們順著治療的意義，進一步做一點解釋，以治療做例子，去解釋文化的現象。比方瘧疾，奎寧的發現是從植物提煉出來的。人類發明奎寧是因為瘧疾原蟲的存在，因為有瘧疾的現象，所以去找藥，所以最後就找到藥了。於是常識上我們就這樣講：好像因為有瘧疾的現象於是就去發明奎寧，但在這種概括當中有個差距（gap）。人類受瘧疾原蟲的侵襲、產生瘧疾的現象只決定我們去找特效藥，但不決定我們找不找得到特效藥。這個「找到」就是文化成績的問題，就是我們的努力有一個正面的累積；前面是講怎麼發生的，後面在講怎麼找到的。這給我們一個啟示，後現代的講法，就是把這兩個階段連在一起，在後現代講現代性需要被治療的這件事，就存在解釋上的"gap"。再用另一個比喻來說，譬如我們需要治療血癌，但始終沒有保證找得到特效藥，因為這牽涉到社會結構、社會組織、社會資源分配的問題。癌症的特效藥其實到現在還是沒成功，還是需要手術，所以不是說所有癌症都有特效藥。這種時候解決問題不僅僅是醫生、研究生理、病理的人的努力，還有整個社會支不支持這種研究，這些都是很複雜的問題。雖然所有後現代思想有這樣的相似性，他們相信從後現代思潮可以找到有治療功能的答案，但這並不能說明有這個需要，就能滿足這個需要。所以在第二點上，我們可以看見後現代思潮的弱點，因為他們太樂觀了，他們總認為人類只要拋棄舊的東西，就會很自然地得到新的東西，好像只要拋棄舊的典範，新的文化典範就會自然的發生，但始終沒有人、也無法證明這一點。這是一種非理性的樂觀主義。這是第二點問題。

第三點牽涉一個客觀問題，我們可以從不同的角度來談這個客觀問題；要是用比較嚴格的理論，以純形式的邏輯思維來講，那我們就會看見一個線索，循著這個線索可以看見一個問題。[4] 這是二十世紀數理哲學上的大事。不完全公理說的是：每個形式系統至少都存在一個命題，對這個系統而言是真的，卻無法證明，這就是可證性的問題。應當如何瞭解這個「不可證」，就是一個很關鍵的問題。這項定理牽涉到邏輯數學研究過程上，與希爾柏格的「證明理論」（Proof Theory）的衝突。希爾柏格的口號是「我們終究會知道」（we shall know），它的精神是：沒有不可證的真命題，每個能成立的命題最終都是可以證明的。如果有某個數學命題找不到證明的話，只是表示我們尚未找到證明的方式。

當戈德爾最初建立理論時，一般邏輯數學界人都認定這是戈德爾對希爾柏格的挑戰，[5]但戈德爾聲明他講的是人類理性思維的複雜性，而不是根本上否定理性思維，因為這個理論本身是可以用數學邏輯的方式去證明的。他想主張的是：在有限的系統中必然有不能證明的命題，而這本身是可以證明的。如果這種可證性沒有被完全否定，那麼在一定的秩序、級序（order）上面，所謂「人類思維、理性思維有什麼限制」是一個問題，而根本上「是否可以放棄理性思維」是另外一回事。戈德爾極力表示：不完全理論既然是可證的，那麼基本上還是理性思維的一種表現，只不過理性在某些條件下有一定的限制存在，而證明這理性限制的存在，依然是進一步展現理性思維內部的力量，而非否認理性思維的力量。戈德爾要將他的定理普遍化，因為不完全公理是對著形式系統——就我們形式思考的建構——來講，而不是對著世界內容的描寫講的，但他覺得這定理不僅只在邏輯數學上可以成立，而且還可以展開、籠罩我們對世界的瞭解。這裡「對於世界的了解」指的是所謂科學一類的、涉及內容的知識，而不僅只是關於形式的知識。戈德爾本人相信這是可能的，但他並沒有完成這項工作。

後現代理論認為每個大系統都是註定要失敗的。雖然講後現代理論的人不見得清楚，可實際上這部分是可以透過戈德爾的理論找到根據的，因為要是戈德爾理論是可以展開成為一個解釋世界的、廣義形上學的理論，那麼任何人要想建立無所不包的大系統、並希望大系統裡的每個基本命題都是可以證明的話，這個目標在原理上就是不可能的，就像戈德爾所證的那樣。但有些跟著後現代思維走的人可能對「理性限制」的問題有些誤會，認為理性是不可以相信的、於是對理性產生誤解，這就好像要提出懷疑理性能力的主張，但提出這主張顯然會遇到一個根本的問題，就是提出主張的根據是什麼；如果不是依據理性的能力，那又是基於什麼能力？這就是我近幾年來提到的所謂「自我解釋的失敗」。講哲學問題的時候，必須知道有些字眼是常識的字眼，比方講哲學問題時說「洞見」（insight）是一種特殊的見解，實際上這種話是禁不起追究的；要追究這些「洞見」如何得來，我們必須先肯定一種能力，否則無法說明。

4 這個線索就是我們在本書引言第四節西方思想第三重困局中，討論「特權化的病態」時所提到的戈德爾「不完全公理」。

5 從一九〇〇年世界數學大會之後，到一九二〇至一九三〇前後，希爾柏格發表的大部分論文，都會指明自己是回頭清理數理邏輯界的二十三個基本問題。這段時間數學界大半論文也都和希爾柏格提出的二十三個基本問題有關。因此在二十世紀初，希爾柏格在數學界的地位是相當權威的。

我們可以回到哈伯瑪斯批評後現代的說法，看看他如何看待哲學曾經一度所謂「揮別哲學」（farewell to philosophy）的思潮。二十世紀討論哲學是否要終結的人裡面包含很多後現代的思想家。哈伯瑪斯對這種立論有個很妙的說法：這些人要犧牲很多基本觀念，就是我們平常建立理論的概念，例如「普遍性」、「客觀性」、「理論效度」等等。這些人好像對這些觀念全都不信任，好像作出很大的犧牲，可是很奇怪的是，一切都不可信，但他們對自己的見解特別相信。這是哈伯瑪斯在《道德意識與溝通行動》（*Moral Consciousness and Communicative Action*）裡講的，**6** 這確實是很嚴重的問題。

談到後現代思潮的相似性問題，我上面所說的四點應該是他們主要的相似性所在。不論是較早的德希達或較晚的李歐塔，八〇、九〇年代以後的論述大體上沒有離開這範圍。我用這四點來描寫他們內部的相似性，這四點理論上穩固的程度是不一樣的，跟常識衝突最大的就是第四點，因為要是認為經過的事情都沒有客觀性，比方談民國初年的歷史，包含我曾在當中生活的歷史，如果我們要說這一切都沒有客觀的意義的話，那麼我昨天是不是跟一個姓王的人見面都不確定了。要是說在某範圍內，尤其是解釋歷史時有一種主觀性、或者偏見存在，沒有人會反對，但如果說所有發生的事情都不能客觀的了解、都是可疑的話，那就連自己的存在都不能肯定了。後現代的歷史學在我看來是缺點最嚴重的部分。

史學談的世界不是形上學的世界，也不是形式邏輯數學的世界，而是「當前的世界」，所以史學論斷訴諸的是日常語言的論斷方式。譬如一個碑上面記載唐太宗是唐高祖收養的兒子，就有唐太宗到底是不是姓李這樣的問題，於是我們就有很多證據來考證、推斷。這中間許多根據、推論方式的依據都是日常語言，沒有特殊的學問：為什麼懷疑李世民不是李淵的兒子？不過就是因為碑上的記載，如此而已；也沒有根據什麼科學上的事實，科學上的根據不過就是這個石碑的存在，比方石碑年代的化驗結果。所以史學不外乎實物與記載，而史料的可信性是以日常語言使用的標準來看的，比方史料上有個歷史人物的日記，史學研究者就假定這就是寫日記的人的意思；這本身無需科學根據，只是基於我們對於一般人生活的理解。因此第一點，史學使用的語言是日常生活的語言。第二點，因為使用日常語言，所以史學對於日常態度認定的「基本事實」（basic facts）不能不順著常識來講。比方說看見一個人從門前走過去，這是個很通常的知覺經驗，從知識論的方式來講這個經驗，會有很多話可以說，但史學研究不會這樣。

從史料到史學的知識、著作來講，其第一層的要求就是滿足常識的要求；可是史學知識不只這些基本事實，第二層就是所謂歷史的解釋，就是對史料之間的關係（例如因果關係），進行一種對對象的「描述分析」（descriptive analysis）。這種分析並不是邏輯數學或語

6 Jürgen Habermas, *Moral Consciousness and Communicative Action*, trans. Christian Lenhardt and Shierry Weber Nicholsen (Cambridge, Mass.: MIT Press, c1990).

言哲學上的意義分析，它和科學陳述的分析不一樣；史學研究的解釋是建立在描述分析上的，其特性是它把「個別對象」（individual object）當成描述的對象。舉例來說，二十世紀中期大約在五〇、六〇年代前後，法國有新史學的發展，也就是年鑑學派。他們是社會科學年鑑，研究社會史的學風。他們發現過去關於法國大革命的歷史研究有很多不準確之處，所以要詳細的檢討，這當中就興起了一個辯論：研究法國大革命的目的究竟為何？以社會科學作為範式來解釋歷史，是否意味要以相當社會科學的知識為標的。這樣的說法出現了問題，也就是說研究法國大革命是為了研究一切大革命的規律，因為科學是以發現普遍法則為目標，因此如果是上述的那個意思，那就不是研究法國大革命，而是研究大革命。然而史學研究不是研究一般大革命的規律；史學的精神是要去發現法國大革命與其他大革命的不同之處。從這個辯論就看到「描述分析」的意思，這種分析是要去描寫一個個體有哪些特性，而不是找一個普遍的法則，尋找普遍法則那是一般社會科學的研究。一般社會科學可以對大革命作一般的研究，例如大革命的條件。但是史學的研究是要去發現法國大革命與其他大革命不同之處，從這個意義來看，歷史解釋用的固然是常識語言，但史學研究就要藉「描述分析」去了解事件許許多多層面的性質，也牽涉到我們根據、並運用適宜的知識——比方化學的知識——幫我們鑑定實物的年代，檢查文本、文獻的年代。可是這些都不提供歷史知識、而是科學知識；拿科學知識作根據，研究者可以對於歷史對象有較準確的了解，也因此對許多制度的興起、崩潰、改變有一個大範圍的瞭解，這個大範圍的知識就是所謂的「歷史圖像」（historical image）。所以我們先有「歷史事實」，再有「歷史解釋」（historical explanation），最後有「歷史圖形」。

史學一般爭論特別複雜的部分是「歷史解釋」。「歷史解釋」雖然是第二層，但常常牽扯到許多客觀知識，借助這些知識，研究者可以得到很多成果。譬如說中國發現甲骨文到現在已經有一百多年。這百多年的研究儘管對甲骨文在某些解釋上有不同的意見，但不會有人懷疑龜甲是哪個時代的，因為這些是可以化驗的，所以基本事實不違背科學判斷就行了。但「歷史解釋」這一層就牽涉到跟人事有關的瞭解了，譬如我們要談某個朝代在某個時間衰落了，假設衰落的原因在於財政、經濟、生產上的種種問題，這背後就牽涉經濟學的知識，我們會借社會學、經濟學的理論來談，所以「歷史解釋」這一層是最複雜的。

第二層「歷史解釋」牽涉歷史的因果性；第三層「歷史圖像」，多半是指將一種「觀念」（idea）投射到歷史上面去，譬如說「史觀」（historical view）就是指我們拿什麼來解釋歷史。如果客觀上這樣去瞭解史學建構，就會瞭解後現代論者不是在就史學來講，而是就社會心理、傾向來講。譬如他們認為：每一種史學著作都是選擇一些史料來寫成著作，而要或不要某些史料是因為某些利益的要求。但利益要求是一種心理狀態，是我們作史學研究時多方面的因素；我們不否認這些因素影響自己的興趣，但它們並不是史學本身的標準，也並不代表史學就只是這樣的一套論述。史學是跟當前世界是連在一起的，如果所有的歷史存在都沒有客觀性，那就是說眼前世界本身是虛幻的。

三、後現代思想之理論重點

後現代思想頭緒萬端，方向不很明白、也不是擁有共同取向的單一學派。縱然如此，它們還是有一種家族相似性。要是專就批評來講，去看這「家族相似性」就可以知道這些思維的共同之處。可是現在我們要在不同的領域裡，看它們提出什麼有代表性的理論。我分成四個部分來講。認真地從哲學來敘述後現代思維，很容易看見它直接落在政治生活的態度上面。也就是它的政治理念幾乎是它的哲學理論的自然結果。我們把這個特性凸顯出來，本節第一部分是「從哲學到政治」，先談它基本的哲學觀點，然後看這觀點如何落在政治上發生一定的影響。這裡是個很值得注意的現象；倘若不落在政治上的主張，它的哲學就會很空洞。後現代不是直接地像傳統哲學（譬如古希臘哲學）那種純粹智性的興趣，它與實際上要做什麼是緊密相連的，這是第一部分，其中特別有代表性的人是李歐塔。

李歐塔的《後現代的狀況》（*The Postmodern Condition*）7 這本書全面地答覆了這些基本問題。雖然比李歐塔早的其他人——比方德希達等——也都可以歸入後現代，可是李歐塔可以代表他所面對的基本哲學問題，還有那些哲學問題所牽扯到的人生社會當中實踐的問題。既然是個哲學思想，當然它對於人類所關心的一些共同問題一定要有所反應。這裡最容易引起困難的是：他如何處理宗教的問題？因為從一個角度來看，宗教的基本假定跟後現代的基本假定是互相排斥的。但從另外一面看它們似乎又有傾向宗教的精神狀態。人們談後現代的宗教思想，經常會強調一點：後現代談宗教，語法上就要使用多數。這裡面有個很嚴重的問題：它為什麼這樣說？它假定什麼？假定之後這樣說，會引起怎樣的後果？引起哪些理論或實踐的困難？誠如已經說過的，後現代思想的家族相似性就表現在它對於現代文化的懷疑、否定。而現代文化最核心的表現就是科技文化的表現。礙於主題的範圍，我在此講的並非科技技術本身的問題，而是從科技文明這個角度來切入。

我們在前面提過，歷史學家湯恩比在一九四〇年左右，是以反面的意思去使用「後現代」[8]一詞的：新的出路還沒找到，但現有的現代文化秩序本身越來越衰弱、越來越沒有力量。湯恩比將這個階段稱為後現代，這個想法跟我們所談的後現代的思想距離得很遠。回到哲學文化的理論上，後現代這個字一開始被用在二十世紀六〇年代的後現代建築，它所關心的是這樣的藝術對於人生的實際生活有什麼影響，延伸到某些理論根據思想上影響

---

7 Jean-François Lyotard, *The Postmodern Condition: A Report on Knowledge*, Trans. Geoff Bennington and Brian Massumi (Minneapolis: University of Minnesota Press, c1984).

8 Arnold Joseph Toynbee, *A Study of History* (New York Oxford University Press, 1974).

了哲學，從這裡又引導出它對人生的態度與人生趣味的評價。所以就理論的影響程度來講，前面的那三個部分是比較重要的，但是就發生的過程來講，所謂後現代是一種藝術態度，落實之後變成一種人生態度。後現代思想談到藝術問題時，抱持著一種改變傳統的態度，也就是排斥傳統的藝術。法國圖書館的設計與法國本來流行的「盡量利用空間」的想法相反，它反而要盡量留下一些空間，好讓人有種舒展的感覺。這種設計後來成為一種人生的態度。這種人生態度影響力當然不如前面講的那幾點，可也是一種很親切的內容。後現代並不只是攻擊別人，它也有追尋的趣味境界的問題存在，這也是接下來要講的。藉由這四點我希望把重要觀念間的相互關係——哪些是前後相承的、哪些是異軍突起的，給一個起碼的說明。雖然我們講一個觀念時不只牽涉一個人，但本節重點還是在李歐塔身上，因為李歐塔的理論比較全面。

1. 從哲學到政治——以李歐塔為主要代表

「從哲學到政治」可以分為四個重點來談：懷疑論（scepticism）傳統與「歧異」（difference）觀念、對大敘述之否定、「後結構主義」（poststructuralism）與解構（deconstruction）思想，以及反權威主義（anti-authoritarianism）——引向後現代政治思想。

a. 懷疑論傳統與「歧異」觀念

後現代主要出現在歐洲，所以它一方面在歐洲大陸上影響了德國、法國，另一方面也在英美地區等地流行。東方對它本來是比較生疏的，因此產生一種誤會——尤其在亞洲，就是：我們講現代性的時候，通常是針對前現代在講，比方某些制度、思考的方式，以及對於世界的假定這些角度，所謂傳統的前現代，前現代與現代有明顯的不同。最明白地闡述這兩者不同的就是韋伯。韋伯圍繞著「世界觀的合理化」的觀念來講，就好像笛卡兒開始的近代哲學，最重要的是我們要能說出合理性在哪裡；在思想上如此，在制度上也如此。若去分析西方歷史上價值意識、規範意識的產生，這個分析的過程也會和知識建立的過程有相似之處。譬如前現代以血緣社會、家庭為主，它從血緣社會講起，有些東西是無理可說的；我們不能真正解釋它的合理性在哪裡，於是就有了一套不能作合理解釋的生活規範。我們可以很平心地把這問題當成一個歷史階段的問題來看，就像黑格爾所說的：契約社會興起以前，先有血統、血緣為根本的社會，它不僅僅形成民間的組織（比方家庭），同時也反映在政治上面，於是就有世襲君主的政治。東方、西方交互影響得很晚，但是兩邊都肯定血統的問題，因此有沒有合理性就成了劃分前現代與現代的標準。而我們對後現代的誤會就來自於此，因為大家理解現代性，都把它看作是使前現代的世界觀愈加合理化的一種進展，於是誤會後現代又比現代「更現代一點」。其實大大不然；後現代之所以有這樣的稱呼，是來自它的家族相似性。因為後現代是從批判、反對現代文化開始的，所以才用這個名字。其實後現代對某些哲學問題、文化問題的看法，根本跟另一個傳統，也就是懷疑主義的傳統是離不開的。

在蘇格拉底時代或者更早，在希臘、尤其是雅典就有一種普遍懷疑的風氣，這種懷疑落在社會規範上，類似「社會生活為什麼要守某些規矩」這種問題就出現了。希臘辯士（sophist）通常抱持兩層態度：第一層是承認我們需要說明為何需要生活規範；第二層他又主張自己有能力解釋，因此要收學生、教人如何生活，而且還要收學費，變成一種職業。因此像普羅塔格拉斯（Protagoras）這類人，他們已經代表了某種程度的懷疑主義：因為表示規範本身不是很明白，所以需要一種解釋、說法，而且教導人這種知識還是很重要的。所以柏拉圖要談一個很重要的問題，他就特別要敘述普羅塔格拉斯。

歐洲在很早以前就已經出現懷疑論的問題。懷疑論後來有一部分變成一種完全的否定主義。高爾吉亞（Gorgias, 487 BC－376 BC）就是辯士當中採取完全否定主義立場的代表；他老是勸人自殺，認為什麼東西都不值得追求，而且追求最後都是無意義的。否定主義事實上是一種極端的懷疑主義，如果把懷疑主義推到對面去，就是對於否定論的堅持。所以這種思潮事實上是哲學史上的老傳統，而後現代所承繼的就是這個懷疑論的傳統。從這裡切入問題，我們就會看見談後現代理論時要注意一點：懷疑論並不是一定要提出一個積極的論點。所謂懷疑論基本上是挑戰、質疑已有的理論，也就是我們認為絕對可信的不見得是可信的。至於「不信這個的話，要信什麼」的問題，就不是懷疑論要答覆的。墨子曾經說：「既以非之，何以易之。」（《墨子・兼愛》）也就是你既然反對一個理論，那你要用什麼來取代它？這就是東方所謂實踐主義的主張。可是從古代就開始流行的懷疑主義不是要滿足這個條件；它所做的只是提出懷疑，這意思就是說你認為確定的、有真實性的看法都是沒有確定性的。有一個觀念是敘述後現代思想的人常用的：「不穩定性」。譬如說德希達發表解構理論的時間比李歐塔早一點，他的理論系統裡大部分牽涉的問題都是「意義的不穩定性」，以及「語言表達意義時的語言不穩定性」等等這些問題。總之，就一個個理論來看，後現代實在的內容基本上就是一種懷疑主義。也因為這個原因，像李歐塔這些有相當代表性的人物，對社會的主張——比方像是我們應該做哪些事情——這些方面理論都很弱，因此很多人嘲笑這種理論。但是我們可以說僅僅有懷疑論是不足以推動文化發展的；但如果說採取懷疑論立場的人不提出正面主張，因此就不成為一個立場，這就是不對的了。因為懷疑論本身就是一個立場，不一定要變成一個極端的否定主義。這是我們說的第一點。

懷疑論最根本的觀念就是歧異性。在此之前雖然有過很多懷疑論的論述，但對於「要不要承認有普遍性」這個問題，彼此意見不是很整齊。一般來說對意義的普遍性、共同性總是要保留的。但不同世代的後現代思想有個共同點，也就是在它進入哲學理論範圍時，相關著作共同的傾向就是要否定共同性及普遍性、強調特殊性與殊異性。從這裡可以看見一些古怪的現象，譬如德希達經常用語言作說明符號與意義間的不穩定關係，甚至一個字也可以引出另一個意思，簡單來說他採取的都是懷疑論的論證，也就是要我們相信那些確定的東西其實是不可信的；所以要是真的去跟從他的想法就會很失望。

換句話說，後現代哲學所講的是懷疑論的傳統，這傳統首先就是強調歧異，否定共同性、普遍性，由這裡就可以推出比較重要的觀念。李歐塔常常以「大敘述」的觀念來解釋他所談的內容都是過度簡化的；真正的問題比他已經寫出來、說出來複雜得多。每種學問都想建立一個大系統，把這個系統概括範圍內的一切都收進來。就哲學來講，希臘人最重要的就是系統哲學，影響了中古哲學幾百年。也因為這個原因，很多歐洲有名的哲學家每每把這種作法看成一件自然的事情：傳統哲學就是系統哲學，然後他就去評論系統哲學。但其實不然。拿東方的思想來看就不是如此，這一點等我們談異質文化時再說。所以順著否定任何普遍性這個方向來看，不僅是較早的德希達，還有較晚的李歐塔，這個主題都成為他們哲學的共同命題，也就是共同性與普遍性是個虛幻的假定；建構一個大的系統來做一種大敘述一定失敗，因為任何一個大敘述建立起來之後，都是在那裡等候反對的。這種話每每有不同層面的意義，在接近常識的意義上，也可以說有這麼回事。倘若我現在建立一個系統，然後主張這個系統代表一種究竟、最後的真理，那麼實際上不管我怎樣想、怎樣寫，到一個時候一定會被別人證明我對某個問題在我的系統是不能容納的。

如果要取一種嚴格的意義，也就是邏輯數學上的意義，這種說法最具代表性的就是我們在引言以及本章前一節提過的戈德爾的不完全公理。一般建立數學系統的時候，要證明一個系統內部的一致性，就是它要能涵蓋所有能證明的命題，所謂的「完全性」。希爾柏格認為凡是在邏輯數學內能夠成立的命題都是可以證明的，但戈德爾卻說：每一個數論系統構成、定型以後，至少會有一個命題不能在這個系統內被證明。也就是邏輯數學上來講，任何一個成立的系統它本身永遠都是不完全的；永遠都有一個命題是屬於它的系統，卻不能在它的系統中證明。我覺得戈德爾的意思跟我自己的想法比較接近，因此我也覺得這應該是可行的。

b. 對大敘述之否定

從上述角度來看，我們也可以說反對大敘述也有它哲學上的根據。這種說法乍看似乎是我對李歐塔的立場表示情感上的同情，但這只是一種就事論事的態度。反對大敘述確實與批評前現代有一定的關係，前現代的思想確實對於自身的反省性是不夠的。所以蘇格拉底才會說：要瞭解你自己。人瞭解自己活動的限度本來是一個需要努力與智慧的、艱難的工作。所以李歐塔特別強調反對大敘述。所以他特別對西方傳統、亞里斯多德留下來的那個目的論的世界觀，或者馬克思所講的那些階級衝突的問題、從黑格爾哲學裡變出來的世界觀都是一種大敘述。

依照李歐塔來講，這是根本的錯誤。對於這個根本的錯誤我們應該怎麼做呢？這是我們談後現代哲學時所必須面對的問題。李歐塔為了解答這個問題，就提出所謂「小敘述」的觀念。他主張我們不要大敘述，但我們的生活還是需要一個大敘述，換言之我們對於事情還是需要有個解釋。如果完全不了解這些就不能生活了。於是李歐塔提出一個像是遊戲的理論，主張我們不要希望一個無所不包的大系統。可是在生活的實踐上，處處都有一種小的敘述（little narrative）。他提出的這個論點是要解決問題，但進一步分析卻為引出更多的問題，對於這一點我們到最後第四部分再予以評論。所以提出大敘述這個觀念之後，顯然我們不能再希望有個大家所共同遵守的秩序。因為如果有，它必然是個大敘述，可是依照李歐塔所言，凡是大敘述都是不可信的。如果凡是這樣都不可相信，然而我們又假定這個說法是可以成立的。雖然戈德爾沒有做出來，我卻想到要是用另一個「悖論」（paradox）來談，我們就可以表明所謂每個大系統必定有它不能解釋的一點，這個可以用一個嚴格的表達方式說出來。

我們知道在數學上有很多「悖論」，數學家李察（Jules Richard, 1862－1956）提過兩個「悖論」，其中一個「悖論」可以轉換成戈德爾所講的問題。這個轉換可以分成兩個方式講，一是用技術的方式列出證明來，但沒有人去做；另一個方式是用日常語言來解釋它的意思。假定有好幾排序列，裡面只有兩個可能：零或者一，就像現在電腦使用的語言。這種序列是一種雙重的無限性，意思就是說這些序列當中的項數不限制其擺放的位置。既然它有雙重無限性，那麼凡是用零與一所組成的任何序列應該都在這個表上才對。現在李察就提出一個「悖論」：假設把這些序列擺出來，再提出一個稱為「反對角線之悖論」的概念。就是說，不論零與一是怎麼放的，第一行就有第一項，第二行有第二項，如此無窮地擺下來，就會有一個無窮的序列。這個序列跟別的序列的關係是：每一行的每一項都跟下一行相反。比方第一項是個零，第二項就放一個一。下面一行的第二行的第二項、第三行的第三項都照這種方式擺放數字。這樣一來，代表反對角線的序列不在表裡面。這個表是無窮的，而這個反對角線的序列也是無窮的。如果我們選這個表當中的一個數列出來，必定跟這個反對角線的數列不同，這兩個序列總有一項會相反。可是把序列的第一項跟第二項對調，那麼原先不相符的序列就會出現相符的，但是又會多出現一個不一樣的數列。

「李察悖論」（Richard's Paradox）的這種反對角線數列表明了如此的布置之下，只要我們有一個確定的擺放方式，就馬上會出現一個不能包括的序列。可是因為每擺一次都不一樣，所以任何一個大敘述本身都不可能包括所有的東西，因為它是一定的語言序列的組織，這也是希爾柏格的「證明理論」所承認的。不過戈德爾證明並不是建立一個理論時就可以解釋一切，因為只它是定型的理論就一定有一個不可解釋的東西。如果是從這個角度來看，不管我們對這些後現代思想的人抱持著多少的懷疑，但是李歐塔反對大敘述的想法在純粹理論上來看，卻有成立的可能。

李歐塔反對大敘述的想法有成立的可能，但真正的問題不在於理論上有沒有這樣的問題，而在乎根據這個去否定任何普遍性的規範。如果採取這樣的立場，那問題就變成解釋規範語言的問題。所謂規範語言就是指那些談論有些事情是對的、有些事情是不對的那種語言。因為理論語言基本上是一種形式語言，那裡面成立的並不能完全轉移到規範語言上來。

在所謂後現代思想那個時代同時推波助瀾的風氣，是從結構主義到後結構主義的轉向。第一項（C.）就是敘述所謂後現代思想與後結構主義的關係。因為後結構主義是針對結構主義而來，結構主義本身就有把傳統已經有的思維方式加以普遍化、一般化的趨勢。所以它們反對大敘述的背後有很多理論的因素，前面我們講的是形式的、邏輯數學上的一種，但是落在哲學文化上也有類似的問題；我們就要通過結構主義與後結構主義的觀點來說明。

c. 簡說「後結構主義」（poststructuralism）與解構思想（deconstructuralism）

在二十世紀，從六〇到七〇年代，出現了一些有代表性的解構思想家，雖然李歐塔具有代表性，可是我們講後現代思想的理論時，似乎不該忽略其他人，因此以下就對這個部分的學說要點作一些描寫。這裡就牽涉到另一個觀念，也就是「結構主義」的觀念。在語言學的理論裡面，有所謂索緒爾（Ferdinand de Saussure, 1857－1913）的結構主義（structuralism）理論，他對於每一種文化都假定基本上是以一個語言結構為基礎的。他這個想法我們無暇詳細批評，但可以解釋幾句。首先我認為索緒爾的作法應該是屬於文化人類學的角度，也就是由瞭解人類如何從事文化活動的角度切入。在此他並沒有一個規範的論斷，也不牽涉文化應該如何的問題。各種文化基本上在形成的結構背後都有一套規則。這個規則就是人要表達意義或瞭解意義的規則，具體一點說就是使用語言、符號的規則。因此他就從語言的規則來建構一個理論的價值，意思是說一方面我們面對一個對象，比方部落的神話算是一種資料，研究這神話就可以發現它內部的實用語言、表達意義的語言架構，或者一種內在的文法。另方面，我們對於很多不同的對象都作這種解析。進展到某個時候，我們就會發現這些對象呈現出不同的語言規則，但是他們又有一個共同的模型。所以講索緒爾的，或研究語言學的人可以取他理論的某一部分。但如果把索緒爾的理論擺在二十世紀文化思想的研究來看，索緒爾就是很多不同研究路線的其中一個，也就是一度很流行的結構主義。每個文化活動、文化系統、文學、神話等等裡面都會呈現它如何安排意義，索緒爾的意思是要提供一個瞭解的途徑，不是下一個判斷。所以我們也可以在不同的立場使用索緒爾的理論。

結構主義理論在一九六〇年前後一度非常盛行。可是它變化很快，到了七〇年代，歐洲思想界最強烈的傾向就是先走向後結構主義，基本上不再接受結構主義的原則，我們等會再解釋那個原則。六〇年代至七〇年代的變化，就是大部分的爭論基本上都落在結構主義究竟有多少可以接受的成分、應不應該放棄結構主義？結構主義是否有根本的錯誤等等。在這討論中間出現了幾個我們現在很熟悉、也常聽見的人物：德希達（Jacques Derrida, 1930－2004）、傅科（Michel Foucault, 1926－1984），以及德勒茲（Gilles Louis René Deleuze, 1925－1995）。要是以對後現代哲學的代表性來講，這些人都不如李歐塔。因為李歐塔有比較全面的理論，所以上一小節以李歐塔作代表，作一種鳥瞰的描繪。但現在我們要進一步說明這些現在常被引用、拿去代表後現代哲學的人，事實上一開始他們表現出來的立場都是一種後結構主義的理論家。現在我們分別從結構主義與後結構主義的爭論來看這三個人的思想。

首先從德希達說起，他的《論文字學》（*Of Grammatology*）一書[9]至今沒有比較好的翻譯名字，這本書是以語言規則、語言的意義為討論題材的。事實上他指向的重要問題不是語文本身，不過倘若是以結構主義與後結構主義的爭論作為中心來論德希達，那麼這些翻譯的問題可以先避開。思想上他最重視的就是殊異性（differance）。他認為我們的語言與意義的結構本身是不穩定的（instable）。換句話說，語言的意義隨時跟著人變化，這當中就有一種不可測的成分在。他所舉的例子我並不覺得很有說服力，但他還是指出一些問題，同時這也是對結構主義很明顯的挑戰。因為索緒爾提出的結構主義最大的問題就是太整齊了，好像從每一個文化當中都有一個確定不動的規則存在。我並不是認為文化沒有長久有效的規則，但是也不能像索緒爾講的那麼確定。他確定的程度是說，每一個文化活動的對象——這也許是一個思想、制度、或神話——它背後都有一套規則是根本不動的。換句話說，一切文化生活本身沒有成長變化的可能，因為成長變化要麼越來越強、或者越來越弱，這些在文化現象上就像黑格爾說的，或者有效或者無效。當它在某些情況下變得無效時，自然就會衰落，也就是「正」、「反」、「合」的觀念。這些觀念可惜後來都被誤會了、被拿來亂用，就說不出道理了。索緒爾的想法當中更大的問題是，許多不同的文化對象當中可以發現一種共同的文法。如果每一個活動本身內在有一套不動的規則，那麼我們把這些不同的規則擺在一起，它又有一個更高的共同性，而且它是更穩固不動的規則。這是個很整齊地組織起來的一套理論，但用後來的話去批評，這種「整齊」就使人感覺到它徹底成為一個封閉系統。要是順著索緒爾的結論來看，這個世界的一切事情都是可以被預測的。

談到這裡，我認為在這個問題背後還有社會科學、自然科學、行為科學之間異同上的

9 Jacques Derrida: *Of Grammatology*, trans. Gayatri Chakravorty Spivak (Baltimore: Johns Hopkins University Press, 1976).

問題；「一切都可預測」這句話是唯有自然科學才可以講的，因為自然科學只研究序列、決定性的條件，至少它把這個看成一個目的，也就是：要達到這個目標就要這樣做。可是以一個人的行為、人的文化意識為對象時，這種過分整齊、簡化的圖像顯然不是反映我們的生活世界。由此來看這兩者間的內部關係，德希達認為一切都在變化之中，就連我們掌握它的瞬間也是在變化的，因此所有的掌握都是一種殊異性、特殊性的，不能有普遍性，因此德希達對於索緒爾的認定基本上是不能接受的。

德希達特別強調殊異性並懷疑普遍性，認為凡是這種認定都是不可信的，到一個時候都會失效。同時他又肯定「不可化約的」（incommensurable），這就影響了他的政治思想。「不可化約性」是數學上的概念，譬如說三十分之十化約後就變成三分之一。就這個概念來談文化特性，假使不假定不同文化有共同的基礎，那麼它們彼此在一定程度上應該是不能化約的。這種「不可化約性」在很多理論裡面出現，譬如講科學哲學的孔恩就曾經強調過這個概念。所以德希達從頭起不承認結構主義所假定的那個整齊的秩序，他認為這與文化創造相關，譬如文學、藝術的演變和發展等等。但是德希達的看法也有現實上的問題：如此我們要如何解釋實際的社會？如果捨棄普遍、共同的規則，那要從哪一個角度去解釋？如果不同文化的系統本身都是不可化約的，那就很難比較這裡面當中有哪一個是較好或標準的，所以其他的應該去追隨它；因為這些根本都是屬於不同類的，所以要求它滿足的共同條件也相對地不存在。在這種情況下，每個文化自己的規則就只對自己內部有效。

於是我們的實際文化生活就是許多不可化約的、一串一串的文化現象。如此一來就有個問題：在這社會與文化生活有了衝突時，只能訴諸權威主義來解決。於是否定普遍的時候就有種不可化約的觀念，把不同的文化看成各自獨立的。這些不同文化的人在現代社會裡是共同生活著的，因此歧異就一定會產生衝突了，要解決這些衝突就必須訴諸權威主義。

上述想法影響了反權威主義的政治觀；不僅是德希達，和他時間差不多的傅科、德勒茲等人的思想都是先在理論上否定共同性、普遍性，強調差異、強調變化，好像我們必要放棄很多正面的標準。但是放棄這些原則之後怎麼生活？我們平常不管在哪種程度上都假定了一種普遍的規範，如此才能瞭解我對別人做什麼，我能預期對方有什麼反應；否則就不得了了，要訴諸於什麼才能使我們同在一個社會裡生活？很顯然就只有一種強力，因為沒有共同規範了，如果要一個人服從、接受另一個人，那就是主奴的關係。更進一步表現在政治上，就是權威主義了。後現代論者批評現代文化不能給我們共同的標準，可是就像韋伯所說的，所謂啟蒙運動無關乎最後的成功或失敗，但是精神上都傾向於要求一種世界觀的合理化。從這裡來看，後現代批評現代文化，結果顯現出來好像後現代文化處理的世界走向，跟啟蒙運動的想法正好是相反的。於是在哲學上反對否定普遍性、反對共同規範落到政治上來談，就會把已有的政治秩序解釋成一種暴力的秩序。這就是反權威主義的政治觀。德希達是如此，他先後的人物又是如何呢？以下我們就從第二順位的傅科談起。

談傅科也需要從歧異的觀念開始，也就是社會裡人們彼此的利害不同，於是組成不同的群體。因為這種不同所以社會逐漸變化，把一些人排擠在正常的人之外，這就叫做「邊際化」(marginalization)。這種集體邊際化所指的不是個人，而是一群人到某個時候在社會裡被邊際化。在這種邊際化當中，大家所接受的規範就跟他們被要求的規範完全不一樣。傅科著作主要分成兩部分，一部分講監獄、神經病院。這時他所強調的是本來沒有共同的規範，但現在我們必須勉強地要求有這樣的共同規範，並要求人人都遵守這種規範。當人們不能遵守的時候，就將他邊際化，然後我們再費很多力氣去管理這些邊際化的人，於是就有醫院、神經病院等等設施出現。這部分的著作在我看來不能算是哲學，而是一種傳科的社會觀察。但另一方面，他著有《性史》(*The History of Sexuality*)**10**，如果就佛洛伊德(Sigmund Freud, 1856－1939)、榮格(Karl Gustav Jung, 1875－1961)一路下來的心理分析的方向來看，傅科的研究並不是一種科學。心理學的立場應該就是經驗科學的立場、應該滿足經驗科學的條件。但傅科在寫《性史》的時候，重視的是歷史演變的問題。他分析的根據並不是實驗室裡經驗科學的數據。比方傅科引用歐洲歷史，認為在古羅馬、古希臘時代有很多同性戀。可是這只是個現象、不能用來證明同性戀應該被贊成或不應該被贊成。同時有很長一段時間歐洲人認為同性戀是一種病，那麼回到前面講的邊際化，我們也可以說有一種精神病就是同性戀。他從數百年歷史當中只選出一段資料，其數量跟沒有選的資料只是很小的一部分，他卻拿這些來說現代文化裡面對於同性戀的態度。因此他的《性史》不僅不像哲學著作、也不像心理學著作，反而比較傾向於社會學的描寫。如果要認真、客觀地評論傅科的研究，他最根本的觀念似乎有所混淆；人類行為本身有一部分可以歸屬於自然的條件，人基本上以動物性的部分來說是自然的屬性。人的行為之所以構成文化世界，是因為他一步一步地離開自然限制的方向。傅科所講的「性」這個觀念當然可以牽涉到動物的觀念，因為那本來就是有機體的事情。但如果要從這當中推出一些社會現象，那麼如何結合這兩個很不一樣的領域就是他應該做的。

回到對他的介紹來說，傅科也強調殊異性，也強調邊際化的問題。傅科的這種看法影響比較大的是在於批評現代文化的那些規範是不可相信的。他認為現代文化有一些規範，然後這些規範強加在別人身上，這就是他所謂「權力」（power）的問題，即社會賦予規範賦予權力。如果這樣想，權力的運用其實就牽涉到政治領域，傅科的政治立場其實跟德希達一樣，還是反權威主義。在理論上大家看成後結構主義的這些理論，這兩位名人對於文化秩序、對於應該怎樣使我們能在社會次序中生活這種基本問題的答覆，都只透露一個態度：反權威主義。換言之，由他們的角度來看，現代文化的結果跟傳統文化相似之處都是威權主義。

10 Michel Foucault: *The History of Sexuality*, trans. Robert Hurley (New York: Pantheon Books, c1978).

後結構主義的最後一位代表人物是德勒茲。他的中心觀念「欲望」（desire）在歐洲傳統上其實一直存在，譬如說霍布斯就認為人是本來像野獸一樣，只是因為經歷長久的時間之後，覺得這樣生活不安全，才建立社會契約。霍布斯講的後半是一回事，但他基本上把人看成是受欲望支配的動物。另外我們提過，休姆有句名言：「**理性是為欲望服務的。**」在此所謂「理性」的意義和東方所用的「理性」很不一樣，所指的是工具理性。就是我們藉瞭解事物的關係，利用條件來滿足欲望。所以把欲望當成人的行為的基本的、一貫不變的方向。這樣看，在歐洲或者東方從古至今不管講得寬或窄，向來都有這樣的思想，因為人在基礎上是動物的。雖然德勒茲根本沒有一套正面的主張，但他在這一點上好像可以跟傳科互相呼應。他也認為社會壓制了人的自然欲望，然後從這裡產生出心理上種種不同的反應。以此方式來看行為世界，是採取一種反壓迫、反權威主義的立場。

很有趣的是，上述這幾位都有較早期的後現代思想，特別是德希達的學說在從六〇轉七〇年代時開始盛行，哈伯瑪斯也到一九八〇年才出來，李歐塔則是在一九七九年才發表他的《後現代處境》。[11]

我們一方面補充一點有關後現代某些人的思想，另一方面從這裡來點題——從後現代思想到後現代政治的關連，因為他們的哲學真正落實的軌道都是反權威主張：人類一切的苦難、困難都是從權威主義而來的，過分地把希望寄託在權威身上，創造力與進步的力量就越來越弱了。作為後現代思想的樞紐，反權威主義從比較抽象、學院性的思想，變成一種社會性的主張。近年來歐洲與美國反秩序的情緒越來越強，譬如從前是沒有佔領華爾街這種事情的。華爾街怎樣的壞是一回事，問題是用什麼樣的方式去對待它；有些方式可能是我們所不願意看見的。一般生活也是如此；我們要反對很多事情，譬如一個大樓裡面如果有人偷東西，是否就應該把他抓起來打成殘廢、甚至打死？從前大陸上很多這種事情。我們反對偷竊，可是如果發現小偷，應該訴諸公權力送到警察局去。這種差異也就是文明與具體文化的不同：一件事情不對，我們可以用哪些方法對付做了不對事情的人、但不可以用哪些方式對待他，這個問題有兩套要守的規範：一種規範是實質內容的，一種是形式的。歷史很悠久的傳統未必很文明。我小時候也喜歡讀當時的流行小說，譬如《包公案》與《施公案》等等，覺得看裡面的人物打起來、殺起來很熱鬧很有趣。然而我經常有個疑問：施公、包公為什麼都用很殘忍的刑罰來對付還沒定罪的人？他們這樣做不奇怪，因為處事比他們殘酷的人多得多，可是為什麼沒有人覺得不對？一方面中國傳統好像很講究人道、仁慈，可是為什麼另一方面卻又如此？後來我發現很多事情都有這樣的情況。熊十力先生在他的語錄當中曾有一段說：中國從漢代下來，整體而言，所有的開國皇帝要麼就

---

11 Jean-François Lyotard: *The Postmodern Condition: A Report on Knowledge*, trans. Geoff Bennington and Brian Massumi (Minneapolis: University of Minnesota Press, c1984).

是土匪出身、要麼就是叛徒出身——先當官之後反叛。因此人畢竟得做了很不對的事情才能作皇帝，可是他一旦成為皇帝，我們又要求他成為聖人。熊十力事實上是個很傳統的人，但他也看出來傳統當中有些矛盾，所以他就說這種明顯的問題還是不能迴避。事實上不光是中國如此；這不是某個國家的特性，而是好像有相當文化成績的民族可能在某些層面上很不文明。所以文明與野蠻不是道德是非的問題，而是另一種層面的問題。就算一件事情是道德上的錯誤，但是處理方法上還有文明不文明的分別。

d. 反權威主義——引向後現代政治思想

前面提到，後現代立場受法國哲學的影響很多，比方傅科、德希達與德勒茲等人的理論背後，各自有一些比較複雜的主張，但落實到實際生活世界裡，就是所謂反權威主義。我把這反權威主義表現在政治主張上所引起的反應與問題，看作後現代思想對生活世界的影響，所以重點擺在後現代主義對於政治上主張的影響。首先要再強調，德希達或其他人的基本哲學論點都是所謂的歧異性，這與傳統的普遍性對立的。可是現在真正的問題是：他們批評普遍性的時候，是先把普遍性當作一種絕對的對象來看。因為不論是亞里斯多德以來的舊式形上學，或近代像是史賓諾莎、萊布尼茲等人都還有這種傾向，也就是他們使用不同的詞彙去要求、試圖達到「絕對」。

後現代思潮在哲學範圍裡基本上是屬於懷疑論的立場，所懷疑的一定是指向絕對的真理。這裡有一個理論上的裂縫：就是我們使用「實在」、「正義」等詞彙時，並不真正要求它全部呈現。在理論思維過程裡面講普遍性、真理這類詞彙，我在功能上將它劃分為一種「極限的觀念」，而不是具體的目標。假定我們要清理房子，於是「把它洗乾淨」就是一個具體的內容與目標。又例如在我們的認知活動中建構科學知識，一方面假定科學知識總是可以修改的、進步的，另方面並不是沒有預認一個真理的概念，不然理論為什麼要改？就因為我們還是希望它能更準確、更有理論效力——雖然我們知道不能具體地達到完滿，也知道在任何一個階段上達到的成果應該都是可修改的，這就是前面提到過的，蒯因所謂的「可修改性的」。我近年來對這個問題體會得比較多，回頭看才明白這些後現代思想，特別是牽涉到基本的哲學文化觀念時，是把對方先絕對化，然後去證明這絕對化不能達到，再說那些理論是沒有意思的。實際上傳統形上學確實有這個問題，這就是哈伯瑪斯所說的：形上學的思維與後形上學的思維。但以二十世紀的哲學發展來講，我們已經明白理論與知識永遠都是可修改的；這並不是說沒有真假，而是某些論點是可以一步步成立的，而可以成立的論點永遠都是可以補充的。所謂否定傳統與解構等概念真正可以解消的，都是帶有絕對性的系統。但是如果你能夠否定具有絕對性的概念，因此就反對、否定極限的概念，就會引起很大的困難。

根據上述分析，後現代哲學思想的內部語言就是將對方絕對化，然後推證對方的絕對化不成立、證明那些觀念可以揚棄。問題是那些觀念究竟要不要保留是我們實際生活上如何想、如何講的問題，而不是坐在研究室裡辯論的。因此我們要轉到它對實際社會生活有哪些主張與論點，這就是所謂從哲學的領域轉到政治的領域，因為政治領域是落實的地方，就是人們實際上怎樣生活、接受哪些秩序、為何接受這些秩序等等的問題。

首先從歧異的觀念來推，它直接的理論後果就是多元主義，因為倘若一切都不可能不變，所謂普遍性就是虛幻的，根本的肯定、根本的意思就是贊成和接受多元論的。不過如果接受多元論，所謂真實的概念本身就發生一種變化。這裡可以舉一例說明：談到科學哲學時，費耶阿本（Paul Feyerabend, 1924－1994）有一句名言：「一切都可行」（everything goes），因為他不贊成傳統的科學方法論，認為科學方法只要能夠解決問題，什麼都可以、沒有什麼限制。這種說法推出一個意思：任何一種論述都無所謂合法不合法；在一定的脈絡當中能不能達到我們的目的才是重點。費耶阿本也是屬於廣義的新馬克思主義的學者，他們對於科學知識的解釋不是很具代表性，所以他這種講法本來不需要認真。可是我們可以借用他的想法。如果借用後現代的思想方向肯定差異、否定普遍，如此一來任何自成一說的論述本身好像都有同樣的地位，這是相當極端的多元主義（pluralism）。有了這種多元主義之後，要是光坐在研究室裡進行理論的辯論，或分析觀念意義，就不覺得當中的問題。但要是落在生活的實踐上，馬上就會有很嚴重的問題。第一個問題就是：假定任何論述都可以成立，那還能不能說實際生活世界裡面需要有所堅持呢？後現代多元主義的人也跟普通人一樣否定某些作法，譬如大屠殺；但這樣就不能解釋他們何以如此。如果在天安門事變之後去法國跟德希達談，他就會說他確實也反對屠殺學生這些事情。問題是如果採用多元的講法，則一切都是可以的，那麼鄧小平的觀念也未必是不對的；他說這是個動亂，而我們要平定這個動亂，那這怎麼又會是個正義的問題？所以第一個問題就是：最根本處來說，要談所謂現代文化、現代性，我們認為現代性肯定了某些觀念，其中至少有一部分到現在還是應該被肯定的，譬如普遍的自由、平等待遇等等。這就是哈伯瑪斯的講法：現代性可以是不完全的，但並沒有根本上的錯誤；因為我們承認一些共同同意的觀念，所以才有一種正義的判斷，也就是認為有些事情違背了公認的一種規則。但依照後現代的政治思想，什麼都可以、沒有什麼不合法，則任何想法都可以變成實用主義的問題。如果這樣，只要是有效的事情都可以做，沒有什麼對不對的問題，這就不是正義了。這很有趣；中國最近幾十年來共產黨政治的演變，正好配上這個看法：要論我做的對不對、符不符合公平正義，中國不是越做越強了嗎？所以這裡很顯然有一種基本上混亂的問題。

倘若再追問一次，後現代的這些代表人物怎麼會走向這樣的路？我們就要回想開始的時候曾講過的，就學院的立場來講，這套觀念的重點最後還是落在對普遍性的否定上面。當李歐塔很明白地反對大敘述的時候，他反對的理由是每個大系統是不可能得到最後真理的。這些系統都是一種暫時的建立，等待時候轉變，然後被另外一個系統破除掉。於是建立大敘述是勞而無功的。他不僅在哲學上反對傳統形上學的系統，而且在政治主張、系統、與思想上都反對大敘述。別人都問他：我們該做什麼？他提出一個很有趣的回答：小敘述。他反對大敘述，於是贊成小敘述，意思是說我們在實際生活裡並不是要找到一個絕對的真理來做根據，我們生活的方式就是處理著一個接一個短期間單獨的問題。這說法好像也有道理；誰也不敢說自己掌握了最後的真理，因此我們都在已經知道的範圍去做決定。可是要是順著這個認真地往下推的話，這裡至少有兩個重要的問題：「一切都可以」的這種想法落在實際生活，就會使大家沒有共同標準可以講了。這個時候到底是什麼東西決定了哪一個主張可以實現呢？這就是一個政治實力的問題。因為理論上我們無法要求不同立場的人接受自己的說法，如果要施行一種政治主張，便一定要藉由政治實力來執行。假使不由政治實力支持，又如何抗拒某些歧異的作法？譬如魯西迪（Salman Rushdie, 1947－）寫了《魔鬼詩篇》（*The Satanic Verses*）去談伊斯蘭教的歷史人物，教主認為這個人該判死刑，於是下令追殺他。某篇談後現代的一篇文章就引這個例子來問：我們對此應該持什麼態度？要是說一切都可以，那就不能期望去說服教主改變主意，剩下的就只關乎於有沒有實力去保護這個作家。以現代性來講，他因為寫了小說就被人追殺，這是侵犯人權的行為，但究竟我們要保護他、還是不要保護他？倘若承繼現代性的人被後現代說服了，主張我們現在應該要贊成、保護歧異，就會發生一個嚴重的問題。換句話說，有些人本來要肯定人權之類的價值，一旦贊成了歧異，要對這些違背人權、把作家判死刑的宗教勢力採取什麼態度？要麼不僅容忍這些事情，甚至讚許這些事情；如果不採取這樣的立場，又從何去主張歧異？因此批評德希達理論的人常常會說：「太歧異了」（too different）；從世界上的各種基本教義來看，如果不同的宗教都可以往那個方向走，則後現代政治主張還可以發生什麼功用？這是第一個問題。如果讚許歧異，認為保護歧異最重要，那就要明白歧異到一個程度，連基本人權都不能維持。

第二點要擺到歷史社會裡面來講，後現代思潮的興起是為了批判現代思潮，所以最早只是個藝術的問題，然後逐漸擴大到一切事物。基本上它有一種革命性的要求，就是把已經成立的秩序推翻。可是仔細觀察這種思潮，實際上的演變有個驚人的後果：假定順著後現代思潮的方向來進行政治活動，就會變成一種妥協，因為沒有一套標準可以決定我們要取消，還是要贊成。所以重點就擺到「被壓迫者」的觀念上去。今天講後現代解構思想的人最喜歡強調白種人、資本主義，甚至女性主義等等文化議題，也就是把整個社會看成一種勢力去支配、壓抑別人。李歐塔有一句口號說：「讓被壓制的聲音被人聽見。」換句話說，別人聽不到他們的聲音，而他要解放他們。他用這種活動來表現政治活動正面的意義。可是他已經把我們任何共同規範的可能都先否定了。仔細地看，這裡有兩類不同的問題被混在一起：「解放被壓制的人」與「長期文化朝哪個方向發展」是兩個很不同的問題。即使可以解放那些長期被壓制的人們，也不是很自然地就產生出文化的長期發展方向。所以補償某些人、免除他們的苦難是一回事，但不是說被免除苦難的人就可以創造好文化。好像從前我談中國之路向時所說的：倘若有個車禍，車上的人受了重傷，另外一面駕駛確實是不合法的。我們此時有兩件不可相互替代的事情要做：一、我們要替傷者療傷，希望他能恢復健康。另一面我們要懲罰司機，開車傷人。但你不能以為懲罰司機，傷患就會好起來，這是兩回事。如果說「因為有人傷害別人，所以這社會需要設懲罰機制」，則這就不是「一切都可以」，其實就是承認「傷害人是不對的」。姑且我們退一步：可以同意這一點，可是在同意這一點之後，仍然無法讓文化有更好的發展，因為發展本身需要一種動力，而動力不在於給什麼人補償。因此作為理論語言來講，後現代思想有很多未解的問題。不過落在社會實踐上之後，它很快成為一種批判與反抗現代文化的理論。這種問題本來就存在，因為現代文化出現之後要改變世界，所以我講傳統文化跟現代性的問題時，我很強調兩個觀念：兩者之間有一種張力或者潛力。

以上我們談到後現代思想基本的哲學觀念、以及落到政治上成為什麼主張，這些主張又產生了哪些問題。下一部分就要談宗教問題，因為如今宗教不僅僅是神學的問題，同時也是政治問題，是構成世界衝突的問題之一。用後現代的話來說，表現在宗教歧異上的差別真的很大，而且不能溝通，譬如伊斯蘭教與基督教就不能溝通。宗教衝突已經成為現代文化發展這麼久以後一個世界性的問題，那麼後現代思想究竟如何看宗教這個觀念？後現代思想在宗教方面表現出什麼影響與特色？

2. 宗教與世界觀

現在很多人有這個論調：宗教活動在現代文化最興盛的十九、二十世紀與它在二十一世紀的情況很不相同。這話有一定的道理；現代文化下發展出來的宗教觀念、宗教意識在「後現代」環境裡的演變可以分成三點來談；經過「現代性」，進入「後現代世界」之後，歷來宗教的信念似乎都漸漸地不見了。

第一，**人可以越來越好、越進步**。宗教觀念是一種基本的假定、並沒有論證；譬如基督教談創世，到一個時候將會有一個總結的歸屬，至於那個歸屬什麼時候會發生則是另一回事。誠如前面說的，這是一種「極限」的觀念；它強調人本身可以做得更好。用威爾斯的話來說，就是「希望的世紀」。因為基督教跟現代性有密切的關係，所以我們就以此來作代表：基督教最根本的信念是人可以越來越好、越進步。

第二，**第二個觀念理性能力**。歐洲的神學傳統相信理性能力，認為通過理性越能瞭解神性與人神的關係。中古世紀，一開始在奧古斯丁時的教父神學還不是這樣的。當時基督教剛傳進歐洲，奧古斯丁代表教父早期的神學，他是以「信」為主的，也就是以神義為假定。但是到十六、十七世紀以後，西羅馬帝國衰亡，基督教傳教的人在文化廢墟上進行教化，影響當時侵入歐洲的蠻族，於是希臘的智性思維又重新呈現了。所以中古神學是兩個部分：一部分是希伯來的信仰，是「權威主義」式的，以抑制為主。可是他解釋希伯來信仰的時候，所運用的思維又是承繼希臘的方式。所以現在我們談中古神學的時候，一般哲學史都分兩階段來講，一個階段是從奧古斯丁的後學下來，開始運用柏拉圖的傳統來解決神學的基本問題，這樣越加複雜。另外一系的希臘傳統——也就是亞里斯多德傳統日漸興盛。到了十一、十二世紀，聖多瑪斯的神學更偏重理性的觀念、經驗理解的觀念、與知識的條件；邏輯也是在他手上發展的。亞里斯多德一開始建立的傳統邏輯內容還是很簡單的，等到聖多瑪斯之後才更複雜。所以聖多瑪斯是希望運用理性加強、說明信仰，並解釋「三位一體」。如此「神秘主義」的成分雖仍存在，但對於教義的解釋會更有把握。所以在神學傳統來講，這兩個部分都表示歐洲人（在此是指後來的蠻族，而非原先的歐洲人）在接受基督教之後，對理性有一種樂觀的態度。當然中古世紀的問題沒這麼簡單，很多年前我清理中古哲學時，提出除了一般區別的柏拉圖與亞里斯多德傳統之外，還應該加上奧坎（William of Ockham, 1288－1348）的傳統。奧坎所代表的是當時歐洲蠻族逐漸進化的階段，這階段相當注重實用，所以有所謂「奧坎的剃刀」出現。這種思想恰恰是日後英國「經驗主義」的先驅，所以後來有洛克、柏克萊、休姆等人。但不管是哪一個傳統都有傾向於理性的特性。

第三，系統化問題。從某個神的觀念開始，宗教就要建立一個系統，把所有的東西都用這個概念來解釋。這樣做恰是李歐塔所批評的「大敘述」。在哲學上固然有很多「大敘述」，但是倘若將它過渡到神學上更是如此。神學在發展成熟時，一定會變成一種「系統神學」，把一切問題都收在一個系統下解釋。這就是第三個傳統宗教神學的特色。可是第三個特色也已經消失了。二十世紀後半葉，「解構思想」、「後現代思想」的出現直接影響到宗教的基礎。由"religio"的字根來看，本來的意思是：「約束」（binding），把東西綁在一起。因此宗教原本就是要成為「有約束力」的，這也跟歷史是完全符合的，因為最早的規範語言都跟宗教混在一起。所以約束性、規範語言的出現，是我們描寫文化時很重要的觀念。以文化人類學而言，一般都是以規範語言的形成來看在什麼階段出現一種特殊文化在文化活動別的方面來看。二十世紀沒這麼顯著，宗教方面卻特別有一種內部分解的意味。另方面，由社會的功能來講，它也沒有表現團結與合作，反而由基本教義派所引起的衝突越來越強烈。所以這個問題恐怕要擺在第二部分來解決；有一定的預期情況下才能對複雜的宗教問題找出路。

後現代思想的最複雜之處，在於宗教的態度。在二十一世紀這種有後現代情境的時代來說，宗教本來的面目已經有了非常大的變化。前面我們提到「後現代思潮」對「歧異性」的強調，以及對「普遍性」、「理性地位」的否定等等共同特色。在這種共同趨勢之下，宗教本來的意義漸漸地已經不見了。前面我們也提到"religio"這個字根有「約束」的意思。可是在後現代思想來看，宗教的最根本的態度已經與過去的意義不相合了。我們現在談後現代世界裡的宗教，首先有兩個最基本的態度：一是「多元主義」，第二就是相對主義，特別是「道德的相對主義」；這兩點是我們可以繼續談下一步的基礎。

多元主義表現在很多後現代談宗教的說法：講宗教問題要用多數"religions"，而不是使用單一的宗教為唯一「真」的宗教；談宗教，就是多數的宗教。前面說到，後現代表現在政治上的主張或趨勢不論多麼五花八門，其實只有一個立場，就是反權威主義。在此我們很容易起疑：反對權威主義究竟贊成什麼？後現代理論雖然各種說法都有，但這一點始終都是空的。

反權威主義自然的後果就是多元主義；因為既然否定權威，那麼所謂標準、秩序，所要求的普遍性都不予以承認。如果不承認這些，就必然得預認宗教的多元性。以下我先解釋兩個基本觀念：多元性，其次是在道德、知識意義兩個不同的路向上，相對主義的問題。所謂「道德的相對主義」意思，就是說道德價值順著多元性的想法，也把道德價值的選擇看成是有多元可能的。如果這樣看，顯然就有一個在現在的文化現象很嚴重的問題：在道德相對主義下，宗教——特別是它的基本教義派來說——彼此間沒有溝通的可能；既然大家沒有共同信仰、那就各說各話。如果這是很柔性的作法，那麼情況可能還沒那麼顯著。但每個宗教都有基本教義派，而且最近幾十年來，基本教義派在世界各地都發生很大的影響力。所以如果有這麼多不同宗教的基本教義派，它們在世界上種種行為就構成世界的危險與困難。在這樣的世界，道德相對主義不僅不能解決問題，反而會使問題越來越嚴重。伊斯蘭教主下令追殺魯西迪就是個淺顯的例子。我們要是認為某些事情是不可以做的，那這個想法就包含一種普遍性的要求：我不可以做，大家也都不可以做；這是「約束力」

的問題。但要講約束力、行為規範與秩序等觀念，同時又取一個道德相對主義的立場，這就是一個內在矛盾的問題。在後現代思想內部來講，道德相對主義也是一個自然的後果。

在宗教信仰來講，基本教義派的存在在後現代思想正是一個無法否定的情況。它與「多元性」及「相對性」的假定合起來看，我們就可以接觸到關於後現代思想對宗教思想的具體問題。這些問題我們挑幾個重要的去講；前面兩個是最基本的觀念。最近二、三十年有很多後現代思想的著作談宗教，但它們談的內容背後都受這兩個觀念支配。就像道德的相對主義，認為對或不對只有一個相對的標準。如果進一步就每一個宗教的基本教義的立場來說，它們一定把自己選的「視景」（perspective）當成是唯一的。宗教衝突所造成的這種「無共同性」的情況有一個很明顯的危機：大家所關心的是特殊的視景，也就是在那個視景下面我們承認或不承認什麼，而不是我們通常講知識的「真理」的觀念；真理必須是共同的。如果對每一件事情有不同的真理，那它的意義也已經消失了。所以基本上講宗教問題時，所謂的相對主義根本上是一個道德相對主義。但是道德相對主義推展之後，就會產生認知的或知識上的相對主義，相對主義就會擴大。

後現代思想的影響可以分兩個層面來說：一個是當作思想史上的一個階段來看學院的影響，另外一個層面是影響較大的、一般的社會文化生活，這可以有很具體的論點。就學院講，後現代思潮否認基督教神學的地位。可是這裡有個明顯的事實：它雖然否認基督教神學的優越地位，但當前神學研究還是很明顯的以基督教為主流。前面提到李歐塔反對「大敘述」，轉到宗教研究上他當然也反對系統神學。這種想法落在宗教研究上——尤其是學院的宗教研究，後現代思想在這方面所產生的成果是很少的。既然「要把宗教看成什麼問題」都沒有很嚴整的敘述，我們就不能直接答覆「後現代思想裡有怎樣的宗教理論」這個問題。

再進一步來看，相對主義越推越廣，原先是「道德的相對主義」，然後是「認知的相對主義」與「知識的相對主義」，面對這樣一個很錯綜複雜的觀念，我們就從根本上清理一下。現在談後現代思想，要牽扯的問題有三條路線，第一當然是「後現代」與「現代」之間的問題：就因為要質疑、批評、反對「現代性文化」，才出現「後現代思潮」，所以我們把「現代性」與「後現代性」擺在一起來看它們基本的衝突為何。這裡就有一套問題：這些講後現代思想的人如何瞭解現代性？對於現代文化的評論是否有意義？在什麼程度上有意義？這類問題就是現代哲學的文件裡經常提到的。譬如我們在前面提到，哈伯瑪斯在一九八〇年的講演將「現代性」解釋為「不完整計畫」。12 換句話說，他承認現代性內部有一部分缺點，同時他也承認現代性有貢獻，所以不能輕易地抹煞。第二條線是前現代性與現代性。後現代主義者把前現代性跟現代性看得差不多，其實這當中差很多。表現在現代哲學理論裡，前現代性到現代性之間的界線特別顯著的就是笛卡兒以後到康德、黑格爾的思想。就他們和希臘哲學的分別來看，就是前現代與現代性的差異。如果就前現代性與現代性來看，我們也可以找到有代表性的概念。譬如以形上學來講，前現代的形上學可以稱為「實體形上學」，它講實體（substance），是從亞里斯多德發展出來的。現代性則是以「主體性」（subjectivity）來代替「實體性」（substantiality）。所以倘若取前現代與現代來比較，形上學就是瞭解獨立存在的「實在」（reality），這種「實在」可以說是一種「對象性」、「客體性」的，恰好跟「主體性」對照。以近代哲學而言，笛卡兒仍有這個傾向，一直到萊布尼茲都無法擺脫那種「實體性的形上學假定」，直到康德才正式地被扭轉。可是客觀地就哲學史來講，如果拿「實體性」與「主體性」來分別前現代與現代，再走深一步就會顯得很奇怪：在現代性以後又出現後現代思想，後現代思想竟然又變得跟前現代很相近了。

三條線索當中，第一（現代與後現代的關係）與第二條線索（前現代與現代的關係）的差異在學院裡面；社會的變化上是很明白的。哲學上主體性的觀念落在現實生活裡就是「自主」。這種自主表現在政治上，就有民主政治的產生；表現在經濟上，就出現自由市場的理論。至於第三條線，是上一段提到的「後現代性與前現代性的關係」，這一點就非常矛盾。因為後現代理論在某些層面上跟前現代理論竟然有很多重疊之處。第一，不信任理性。

12 Jürgen Habermas, "On Modernity: Incomplete Project" in *The Anti-Aesthetic: Essays on Postmodern Culture*, Hal Foster, eds. (Port Townsend, Wash.: Bay Press, 1983).

在前現代的思想裡，至少在宗教這部分來說，傳統宗教內部一定保留著不能完全受理性決定的部分。在此我們要先說明，如果要談文化問題，有幾種代表性的傳統見解與理論模型。黑格爾在《哲學大全》13最後講精神領域，然後講到主觀精神、客觀精神，然後絕對精神。他放置藝術、宗教、哲學的次序的方式，是表示藝術活動一定牽涉物質的媒介，譬如聲音、顏色等等，因此不能充足地精神化。因為藝術有這種限制，所以它不能代表精神的充足實現。然後宗教裡面總保留著非理性的成分，所以宗教不能等於純粹理性的表現。純粹理性的表現就是哲學。因此現在的文化思想要面對一個問題：究竟後現代在哪些論點上、或在什麼程度上與現代衝突對立，卻反而更接近前現代？後現代思想否認了理性最後決定的能力以及否定理性的絕對權力。然而為什麼我們感覺到後現代思想與前現代思想有相似之處？

後現代思維對於「大系統」的懷疑也有值得玩味的地方。從笛卡兒下來，所謂現代哲學始終就是要建立一個大系統。可是另外一面，傳統宗教並不相信純理性的系統可以代替宗教。儘管那麼多哲學家在建立大系統，但就神學、宗教立場講，這是不完全的，因為最後還是要仰仗神恩。因此「不信任理性」這一點又是前現代與後現代的宗教理論相像之處。第二點則是來自後現代對大系統的反對。「大系統」本來盛行於現代哲學裡，可是從笛卡兒到康德、黑格爾這麼長一段時間的神學，前現代宗教的理論也不是認為人建構一個大系統就可以解釋一切的。這一點或許也可以說有一種「神秘主義」的假定。在這種情況之下，至少就宗教理論來講，後現代並沒有建立一個理論來代替前現代神學，基督教依然順著傳統繼續存在。再者，後現代不僅沒有反對它，有一部分還贊成它。之所以如此，更具體地來說，是因為它跟前現代都反對現代哲學理性化的過程，兩者間的複雜關係都是對理性不信賴的問題所轉出的。舉例來說，學院裡講神學，至今沒有一個「後現代宗教理論」的代表。在別的方面，譬如在否定理性、否定大系統、否定價值普遍性這些方面都可以看見，後現代所講的這些觀念都不是全新的，而是在「懷疑論」的傳統裡面自古以來就有的；變成後現代這個觀念是把我們社會歷史的需要加進來之後的結果。因為這三條線有一種交互關係，所以今天我們瞭解後現代思想就會比較費事。

最後我再補充幾句關於後現代思想對宗教理論的看法。西方後現代談宗教的還有另一批人。他們強調宗教最主要的不是去解釋「人格神」或者「神人關係」，而是實際上如何生活。作這種主張的人雖然不是很多，但七〇年代以後也出現很多這種書，它們強調宗教活動並不屬於另外一個世界。他們強調宗教不像傳統那樣的看法，比方宗教要講的不是「身體」，而是「靈」、是另一個世界（other world）；所謂身體處的世界與靈魂處的世

---

13 G. W. F. Hegel, *Encyclopedia of the Philosophical Sciences in Outline, and Critical Writings*, Ernst Behler ed., (New York: Continuum, 1990).

界是不同的。很早時期，人相信神的時候就有這個想法；不論基督教、印度教、佛教都有。但是後現代的宗教理論，關注的是人的實際行為，其中特別明顯的就是禮儀的問題；換言之，宗教並不是另一個世界的行為，因此強調實踐的觀念。14

研究一種文化傳統或制度，可以分成兩個不同層面來看，一個層面是把它當成呈現出來的文化現象、一種事實來描寫，使用的也是描寫的語言。如果要說有什麼價值和意義、對於人類的未來有怎樣的影響，則是把人當成一種自覺的努力；人如果這樣相信、這樣努力、這樣做就會生出這樣的結果。這種講法跟上述「描述性」的層面不一樣，因為描述性的層面沒有對錯，只看是否有關係。所以對於宗教的看法，歐洲的傳統通過啟蒙一直延續到現在。受到基督教文化影響的人使用語言的時候，是把道德與道德詞語混在一起的。要是跟年紀大約五、六十歲以上的西方人接觸時就會發現，他們講宗教的字眼時經常帶有道德意義。要是對他們提出一個觀念：道德不是一定要假定宗教，也不一定要假定一個信仰對象（神）時，多半他們是聽不懂的，因為他們習慣上都是把兩者混在一起的，這是基督教的特色。因此我們講到後現代如何看待宗教的問題，事實上有一部分跟它對道德採取什麼態度是連在一起的。

3. 科技文化之認識與評判

這部分我們集中講後現代思想對於科技、特別是對科學知識究竟是採取怎樣的態度？在今天的思想界這引起很嚴重的問題。以下我分成三點來講：首先是涉及方法論的問題，第二點才說後現代思想對科學的態度，第三點則是「這種態度引起怎樣的後果？」這是很嚴重的問題，特別是二十世紀以來對思想界的影響，正面批評這些問題的人不很多；哈伯瑪斯可以作為代表，當然科學界也有很多反應，也就是說後現代思想以這種方式談科學，科學界究竟能不能接受？

現在先談根本的問題，就後現代談科學基本上不是拿科學特性作為討論的對象，而是把科技文明的出現、把科學應用在生活上這一類事情當成文化現象來講。他們談的時候並沒有注意到這當中有很大的理論上的問題，包括方法論上、以及理論語言劃分的問題，這個問題我稱為「發生過程」（genetic process）以及「內含品質」（intrinsic properties）的劃分。

後現代思想有很大一套論述資料談科學，但他們面對的問題不是科學知識本身，而是把科學當文化現象講，這是對「發生過程」的描寫。用藝術活動作為例子：畫家畫一幅畫可能是為了取悅他的上司這樣的心靈過程，也可能他有個很使人敬佩的意向（intention），

14 編者註：相關閱讀書籍可參見 Pierre Bourdieu, *Outline of a Theory of Practice* (Cambridge [U.K.]; New York: Cambridge University Press, 1977).

比方是為了慈善活動募款或救國之類。這些成分都是屬於「發生過程」的問題，但是對於畫而言，另外有一組問題是不能畫分在過程問題裡面的，就是「內涵品質」的問題。不管這幅畫作畫的動機是高尚還是世俗的，這畫本身有沒有藝術價值是另一個問題。要說畫作藝術價值的高低，不是看它在怎樣條件下畫出這幅畫的。用「發生過程」來看人的行為，會成為很大一個領域；包括條件決定、心理因素、社會影響都是指這個過程。另外用知識的例子來講，假設有個數學家、邏輯家為了想升等才去證明一個命題，他可能還是個很不通情理、跟人很難相處的人，但是他的定理證得好不好是另一回事。這兩個例子都是比較簡單的例子，其實很多對於社會歷史的解釋，這在某些圈子裡面已經成為一種風氣，很多學人從頭起就專看發生過程、看一個人在什麼教育過程和傳統背景下去做某件事，覺得這才是有經驗根據的。至於這件事在「內涵品質」上來講是否應該阻止則是另一回事；但他們不去談，彷彿那些問題不存在。

從「經驗科學」獨立以來，上述想法就很有影響力。我想講的卻是：問題的性質不同，就決定研究所得的結論其效用在什麼地方。發生過程可以觀察，任何一個複雜事件都具有發生過程，不是研究這些有什麼錯誤，而是某些問題不會在這樣的研究浮現；接下來我們談到第三點就會很清楚。這種風氣使得科學有些虛幻化，比方馬克思思想、或者近年來後現代思潮中的女性主義都有這些問題；它們雖然說得很多，但是根本出發點就是將內涵品質的問題抽掉，替換成發生過程。這裡作了簡易說明之後，我要提出一個判斷：亦即「後現代」談科學知識並不是順著科學內部建構的，也不是就著「內部證成」——也就是如何可信、如何成立的問題來談，而只是把科學知識的成立看成一種文化現象、一種發生過程中的條件。

第二點，後現代思想基本上怎樣談科學技術。這裡又牽涉到一些流行詞語。二十世紀後半，對於「文化」（culture）有所謂「文化研究」（culture study）的領域，好像已經成為學科。文化研究基本上是在一個假設下進行的：就是把「內涵品質」化掉。文化研究這個詞彙的流行代表一種思想的出現，這種思想把整個文化活動都看成一組「條件發生的過程」。倘若這樣想，就會看見一組條件決定一種文化。文化本身可以是很複雜的，但基本上都可以看作是一組一組條件所決定的。這有一些代表性的說法，其中之一就是：科學實際上是作為社會化的權力存在的。換句話說，社群生活裡一群人對其他人的社會影響力中，科學參與了社會的交互關係，提高了某些人的影響力，在這意義上講，科學成為社會化的權力。所謂後現代思想裡的科學理論與著作，都是落在科技與整個文化生活的關係來談科技如何影響、改變文化生活的。這裡有幾個理論問題要解釋一下。首先，單獨面對科學知識來講，我們應該看出來科學知識預設（presuppose）自然的存在；它必須預設一個世界存在，包括在那個世界中的事物有什麼關係、有什麼規律等假定，特別是科學發展最開始是在自然科學、有個「自然」的觀念，而後現代極力強調人為的條件：人處在什麼條件下、人如何去做；使文化觀念與自然觀念形成張力。如果我們承認不管怎樣複雜的變化，就像培根講的：我們要做的研究就是強迫自然把它的秘密吐露出來。也就是說：自然有其內部的性質與規律，這就是我們所要找出來的，則順著自然科學的語言，根本上與後現代思想方向上有不能接頭的地方。

就上述意思來看，自然科學內部有它最根本的假定：我們面對一個自然世界，它有一定的性質、關係，我們知道的可能不完全、但可以不斷修改；我們所做的就是面對這個世界。「敘述」跟「自然」因此是兩個領域，因為「敘述」是如何去想、如何去說明及解釋，是如何使用語言符號去表達的問題。從二十世紀六〇年代前後，這就是德希達等人所做的工作。他們極力表明，所謂的「敘述」就是「建構一套系統性語言」，其結果無所謂「完成」，而是一次、一次這樣做。這意思不是指已有一個世界，然後去理解這個世界，而是我們有一些經驗，然後用這些經驗去組織一個又一個的圖像，就如歷史研究常常要構造一個歷史圖像。

就後現代思想對於現代性與啟蒙傳統的批評來看，其理論立場的重點就是擺在敘述——也就是人自己做出來的一套東西上；若說效果，則都是不能達到的，很多後現代著作背後都是想說這樣的話。於是我們就不能不懷疑科學與形上學是不同的：我們不是用一套科學語言表達科學知識、說這套知識就代表絕對的真理、絕對的真實，這是傳統形上學的講法、而不是科學的想法、也不是科學講知識可信性時所採取的態度，科學語言內部是有一套規則（rule）的。

孔恩之後，科學哲學所表現的，是科學語言有它自己的語言解釋效力與預測效力，因此科學語言並不假定有個最後真理。一種敘述在什麼程度上可接受或不可接受，都可以從它建構敘述的基本要求、目的來下手，並非無法判斷它值不值得接受。後現代理論對自然的確定性採取的卻是懷疑的態度；談到自然，他們就認為是人構造、瞭解的自然。這裡有個根本問題：不管我們怎樣瞭解這世界以及世界裡的人，若是說人都在給自己構造一些圖像、再通過這些圖像來看世界，意思好像都是說人在自己騙自己，那這意思是不是說：你說的這種情況才是真相？提出一個論點時，你有沒有主張什麼？是不是主張你正在告訴我某些真實的東西？是不是這個意思？就是說我們平常相信的東西其實都是虛幻的、都是不可靠的，一下子說你在告訴我某些真實的東西，一下子又說你只是喜歡這樣說，如果說你只是喜歡這樣說，這跟真相無關。如果這樣的話，究竟成不成一種理論、成不成一種研究？說到這裡，我就覺得「要求」（claim）這個字眼是思索這個問題的關鍵，"claim"這個字眼是學者翻譯哈伯瑪斯時用的詞語。哈伯瑪斯認為人說話的時候不外乎四種"claim"，我現在說的是偏重於「對真的要求」（claim for truth），就是我們講一個論點的時候是不是要求所說的為真？論述可能錯，要修改也不妨礙，但說那種話的目的是「我認為真理（Truth）是這樣的」，別人弄錯了才會自己騙自己。從德希達那一代到二十世紀後半葉，都曾提出一個懷疑論的看法，要表明所謂追求「實有」（reality）、「真理」（Truth）的想法都是不能很穩定的成立的；一切歷史、文化問題都往這個方向切入，這是後現代表現的方向。一個根本的問題——特別從自然科學來說，其首要假定就是有個自然的規律，對規律的陳述有個預測的功能。它有一種自我預測的成分，以至於對同樣自然的事實可以有不同的解釋，因此就構成種種不同語言的圖像。一個人可以說這些話，但這也不能否認根本處還是有一個「基本真理」（basic truth），那就是自然科學要主張的。現在如果要說自然科學裡的一些觀念根本是我們自己構造出來的，基本難題就暴露出來了：這究竟是認為人可以瞭解真相，還是不能瞭解真相？因為種種的系統與學問都是在不穩定的、虛幻的假定下建構起來的，然後再去談它們是怎樣的一個虛幻法、怎樣的受限制，是怎樣的不可信。

於是研究科學在後現代立場來看，科學研究至少有兩個不同的傾向，一個傾向就是以自然為主，就是在「瞭解」自然，一個就是以敘述為主，在「建構」自然。在這裡他們常用的字眼之一就是「雜生」（hybrid），「雜生」有兩個意思，一方面我們還是要承認有自然物（natural things），但一方面自然已經不是純粹獨立的自然，而是跟我們自己的文化合在一起，變成一種「雜生」的結果。就這一點來看，我就覺得是一種無可奈何的妥協。因為就後現代來講，因為它打算取消前面講普遍性、獨立性、客觀性這類的概念，都取消掉後，於是它就變成不知道站在什麼地方講話，因此他們用「雜生」的觀念來保留「自然」的作用，這是不得不然的。但即使以上都談完之後我們還是要問：「你現在在做什麼？」（What are you doing now?）「你的意思是不是要告訴我們現在說的這些才是真的？」如果我們問這個問題，他馬上就遇到一個困難，就是他不相信任何「真」的東西，但現在又告訴我們「真實就是如此」，這就是我在前幾年研究中稱之「自我解釋的失敗」的後現代現象。

事實上這種問題在古希臘時就有人提出，不過說得還不像這樣準確。現在我要提出來的一點是：我們不明白為什麼要這樣講自然科學，因為事實上講或不講都一樣。例如現在我提出一個理論，這項理論在我說話的範圍內是有效的；效力不夠再來修改。因為可修改，所以並不需要一步就接近絕對真理，甚至可以主張我們永遠不會知道絕對真理；我的目的只是要解釋或預測某些經驗，或只要滿足這些功能就可以了。所以後現代思想只是把人類某種活動當成文化現象來描寫，換句話說，他面對的是發生過程，於是要一步一步的否定有任何的內涵觀念。比方說「本性」（essence），在亞里斯多德時代是形上學意義的實在，就好像中國人說「理」，「理」在人身上還沒有實現，因此人要努力去實現，那過程就是功夫，就是實現人的本質。其實不僅僅後現代，在後現代之前已有很多懷疑論者質疑「本質」，但特別就後現代來講，德希達等人都談過這個問題，譬如他就認為人沒有一種不變的本質；人一直都在變。事實上「什麼東西在變」這想法本來不是嚴重問題。「人一直在變」不表示一切都是定好的、就有個本質在那裡；這樣說本來沒有大問題。但倘若因為認為一切都在變，因此主張我們要是說什麼東西成立都是不穩定的，對這樣的說法，我們就有個根本的懷疑：整個說的這一套，包含不穩定的這一套描寫，其意義究竟是什麼？這是後現代思想解釋科學的第二點問題。

順著這道理再推進一步又產生一個問題，這問題本來在理論上講有幾種不同的發展可能，但事實上它的發展是偏一面的：也就說關於人的參與問題，以人的參與作為條件來看時，我們根據觀察者與參與者的不同著手，就有對於人類的社會科學與行為科學。任何一套理論語言都有它的一些核心觀念，因為理論不能從無限起頭，一定要有一種限定。我們不妨拿帕森斯的社會學系統當代表，以社會科學跟自然科學的語言來說明兩者根本不同的地方，就在：從哪裡說起的不同。以帕森斯為例，他先假定一個「社會行動」（social action）的觀念，他的第一本書就是從這裡開始。這裡有個理論的技巧；理論上我們承認行動（act）存在，就一定要有行動者（actor）存在，也即是「有行為就有行為者」的觀念；我們不能說有個行為但不知道是誰的行為。他從行動者說起，然後一層一層擴張到系統的觀念等等。這「有沒有行動者」的問題擺在哲學裡，就會是很麻煩的問題，就變成自由意志的問題。「人都是自由的」是一種形上學的主張，但就實際經驗而言，人從別的動物不斷地進化，每一階段都是被外界限制的，但人有一種意義就是自由，或自主；一方面他受外界影響去做事，另一方面他也自覺到本來自己有一個自由的「我」，但現在受到條件限制。盧梭和馬克思都有過類似的言論：人本來都是自由的，後來在制度下才變得不自由。於是它有這樣的意義，但有意義卻不代表有實際上的指涉，這裡就牽涉到方法論上的劃分，比方說有個兩百歲的人，「兩百歲的人」這樣的話其意義是很清楚的，卻不代表實質上有這樣一個人存在。在我們意識中不可否認的是確實有自由、自主的意義，在經驗世界講，我們處處都感覺到限制、感覺到被條件決定。但如果我們問自己：這是不是我的行為，例如「我有無責任」這樣的觀念，這時我們就會感覺到，自己在觀察別人的活動時，是有些預先認定的，其中的一個預定就是人可以是「行動者」，因此有「你的行為」、「我的行為」之別；正因為如此才有「責任」的概念。因為我們語言當中有一套這種觀念可以彼此解釋，譬如自主性、責任、義務，於是形成一個語族。到生活世界來看時，既然我們會使用這套常規語言（normal language），顯然我們都瞭解這些語詞中的意義；所以如果回頭把世界看成無規範的，像自然主義那樣把人看成「自然的存在」，就會發現自然主義談的世界不等於當前的生活世界，因為當前的生活世界我們會講責任、義務、「對」或「不對」這些話。但是自然主義的語言——就是所謂物理主義的語言——都不能說這些話。就物理主義來說，如果把一切語言化成物理語言，是否化得成功是一回事，我們得先問這樣化約之後，表達出來的世界是不是我們當前的世界，那時就會發現那是抽象化之後的世界，是從實際的生活世界把一些東西抽掉之後所形成一個抽象世界。比方經濟學的「經濟人」假定便是如此；「經濟人」並不是我們生活世界中的人。在實際生活中哪有像這樣沒有感覺、希望、想法、信仰，而只是純粹計算收益的人？生活世界的人不是這樣的。實際上我們每個人都不是「經濟人」，但為了研究人類經濟活動，我可以建構一套經濟學的語言，所以這樣假定「經濟人」。因此自然科學的語言不能描寫規範活動，這並不是說哪個好或壞，而是學科性質不同。

第三點問題是，這樣看科學會形成怎樣的趨勢？這種思想趨勢不是一種可能，而是實際上已經存在很多年了。馬克思是十九世紀的人，我們可以舉兩個例子來講馬克思與女權主義。這兩個浪潮非常相像，女性主義把所有問題都當成是和性別有關的，這一點和馬克思很像；馬克思把什麼問題都說成是和階級鬥爭有關的；他將階級鬥爭的觀點拿去解釋歷史、人的行為，甚至人的希望、人的心理狀態等等所謂的意識形態問題。我要說的是，科學知識構成一種系統知識，而後現代思想認為科學知識只是一種語言敘述。但假定科學知識並不是反映客觀獨立的知識，那麼它能反映的就不外乎利害、偏好、與情緒等；因為既然不承認科學知識是真的、而只是它符合某些要求、希望，則這種想法都可以列入廣義的意識形態。和這個理論平行的還有很多其他這類的思想。例如後現代談史學的時候，就好像每個歷史的記載都代表寫作者、那個行為主體的特殊意識型態，於是究竟有沒有歷史都成了問題，因此我認為第三點就是科學知識虛幻化的危機問題。

這是我在這部分講演的結論，就是我們看後現代思潮在方法論來講，他們的問題其實涉及「發生過程」以及「內含品質」的劃分，但他們作法都盡量的將「內含品質」的問題抽掉，而用「發生過程」來取代，這種作法在十九世紀表現在馬克思階級鬥爭的理論上，也表現在二十世紀德希達一類人的思想當中，這是很廣的範圍。在這上面來看，後現代思想從哲學的基本理論轉到政治思想上，結果成為反權威主義、幫助弱者的理論，就像李歐塔說的：「要讓被壓抑者的聲音被聽見。」但是讓被壓抑者的聲音被聽見又如何呢？那畢竟是很少數的一部分，但很多基本問題並沒有被解決，那是結束痛苦的那方面的事，但是解決問題是另一回事。比方我出車禍，你如何懲罰我是一回事，而你如何去治療傷者又是另一回事，這是不同的問題。並不是說你現在判我監禁，傷者的傷就自然好了，事情不是這樣的。要是覺得某種理論不能處理某些問題，那就要改善，找一個較好的處理、補正，而不是去證明錯了、去否定，就覺得問題解決了。

4. 藝術與生活：附論流行文化

我們談後現代思想的最後一點是它的藝術觀。後現代本來是從藝術開始的，後來卻變得非常龐雜，因此我們要找一條線索來化繁為簡。前面在談宗教意識的時曾經提過，"religion"的字根本是「約束」的意思，因此宗教基本的意思是一種約束。從早期的社會直到我們眼前很複雜的世界，在這漫長的過程中，始終有這樣的問題：是否有些事情不可以做？這個問題引出原始宗教禁令，然後發展到一定時候就變成為道德意識，這是一系列的文化現象，一些社會學研究就在討論這些現象：像涂爾幹、韋伯等人都談過這類問題。但是藝術在根本上強調的是「自主性」（autonomy）的觀念。如果拿約束與自主這兩組意識對照來看，就會發現在文化意識上有很重要長久存在的問題。我們現在試著從「約束」的觀念來分析，進而轉到「自主性」的觀念。

任何規則、次序都不能沒有約束，但約束涉及「合理性」的概念；假定我們預認合理性的概念，而認為社會中的某些習俗、制度、傳統、信仰是不合理的約束，因此想把它改掉也是很正常的。所以那些強調社會革命的理論，比方較接近常識的就像是盧梭說的：「**人本來是自由的，有制度之後就不自由了。**」而馬克思也說幾乎同樣的話。雖然人很容易有這樣的感覺，但這是不是能證明？我們是否可以因此不受約束？這當中就有合理性的問題。人的文化生活發展中有種種次序規則的關係，當然這是人建立起來的，正由於建立了這些我們才有文化秩序觀念。如果沒有的話，則會是很難想像的一種完全沒有約束的秩序，這種「完全沒有約束」就是一種純自然的狀態，就是在人類還沒有能力創造文化的階段，在那個狀態下當然沒有什麼規範或約束可說。這裡我要強調一點：約束與自主這兩個觀念一面表現在宗教意識上，另一面表現在藝術意識上，因此若是想要以純粹的藝術意識來指導生活，那根本上是強調自主，但這時就不能安頓任何合理性秩序，這對社會生活、社會文化來講是一種很危險的形式。在那種形式下，一方面我們不能想像那是怎樣的生活，事實上那是通向「前文化」的生活。前面提到馬克思、盧梭、新馬克思主義者保留了這種說法，認為人本來生來自由，後來失去了自由。但生來自由本來不是真正的自由，若我們作為真正的動物而生活，其實也不是真正的自由。霍布斯對這點就講得很明白，因為那跟森林裡的法則無異，在那種狀態下人隨時要受到動物的侵害或自然的威脅，以自然的壓力來講是非常重的，在那種情況下其實根本也不自由，不過在那種狀況下確實沒有人創造的約束力，所以霍布斯才說人需要互相訂立契約、相互合作，建立合作的關係。從這地方看，如果人真的只有藝術的意識，因為要維持自主性所以不接受任何的約束，那麼一切文化秩序就無從說起。所以說「反對約束」有兩種意義：一是在合理性的標準下來反對約束，說這種約束是不合理的；另一種是根本反對約束，但任何約束都不要，那就沒有文化秩序，而沒有文化秩序就變成自然動物的生活。因此後現代意識所犯的毛病是很多人都犯的毛病，因為不合理的約束喚起他們反約束的心態，再把這種反約束的心態加以擴大，加到一切約束上面。盧梭跟馬克思都有這種意思，只是到實際設計如何操作的時候，反而這兩者都走向集權的狀態，不但不是沒有約束，根本是絕對的約束。近兩百年來我們世界對文化秩序的觀念，例如要不要有生活的規範、生活規範是以什麼為秩序等等這些問題，到今天都沒有在根本處解決。這是人在意識上根本的毛病；因為反對不合理的約束，於是變成反對所有約束。

往更深的層面來看，後現代風氣成立、發揮它們的藝術理論時，有一種很複雜的情況，我們就舉個例來說明後現代的複雜化究竟是什麼樣的複雜化。後現代主義理論最根本處是對現代性的批判，但是從一九七〇到一九八〇這十來年以來，出現了一種奇怪的思想，這種思想一方面批判現代文化，因此就有後現代的色彩；但另一方面又對後現代採取一種排拒的態度，所以就有一個很多對於這類理論問題的討論都沒有回答的最終問題。後現代主義是否分成兩個部分：一部分是抗拒後現代主義，另一部分是擁護後現代主義。後現代作為藝術理論就有這樣的特色，它在藝術理論有這樣的分裂，因此兩大類的理論：一類是順著後現代主義走，它的想法就是去批評現代主義或現代性有基本的錯誤與問題，這態度比較簡單；另一種態度是就現代性的藝術理論來講，認為在這個地方另外存在一個正面的、積極的目的，想指出這個正面的、積極的目的，因此這種理論態度就變成對後現代性自身也是個批判者，因此批判某些現代性的同時，也批判後現代主義。

擁護後現代主義立場的理論本身並不是奇怪的事，但一方面是後現代主義卻又批判後現代，特別表現在藝術批判上，就是一個複雜奇怪的現象，因為批判理論已經成為一個很廣泛的字眼，文學的批判、音樂、畫作的批判……都有，而大家在提批判理論的時候，常有一種複雜的態度。要解釋這一點就要注意這個現象。在這裡我們以格林伯格（Clement Greenberg, 1909 – 1994）為例，來說明後現代如何變成一種批判自己的理論。作為一個批判家來講，格林伯格本來是被認為是對現代主義傳統的批判。他的主張中有個「淨化」（purify）的觀念，有時他也用「蒸餾」（distillation）這個字，意思也是淨化。他主要的主張就發表在論前衛藝術的論文裡面。他的態度是把前衛藝術看成現代藝術的代表，然後說後現代主義那些批評現代藝術的立場都是錯誤的。他有一個很重要的假定，他認為西方文化混雜很多東西，要經過一個淨化的過程，才能顯現真的價值。那真的價值就表現在現代性裡面，但現代性本身又混雜很多東西，就要用蒸餾的過程清掉。換言之，他假定通過種種文化的變化，我們要保持一種不變的文化活動特性，那種文化活動就是淨化之後的西方文化。他一方面要把藝術淨化，淨化後透露出一種文化境界，然後這種境界就是長久不變的。通過歷史、社會的「變」，變的結果我們就有種種理論的「變」，但這些都被他看成是可笑的，他用"Alexandrianism"這樣的字來談。"Alexandrianism"這個字很難翻譯，它本來是作英詩時的音律規定，就是正統的英詩規定許多音階，本來是音律規定很嚴格的意思，但格林伯格用以嘲笑學院的研究。他認為真正藝術的方向應該要拒絕、排除這些僵硬的元素，這就是淨化的過程，就淨化過程而言，他要假定長期長久存在的純粹藝術。這種想法把現代、後現代、前現代這些界線打亂了，因為順著想也可以轉向前現代，因為既然是長久不變的，所以也就可以轉回前現代了。但把它擺回到後現代時，它的要求又完全不同；它的要求不僅僅批判現代性，而是說現代性對後現代性來說，都有一些共同處，就是長期存在的那些文化境界，所以不論是面對現代性，還是面對後現代性，都要把那些加上去的部分抽掉，就是所謂的淨化。後現代的東西，事實上對格林伯格來講都還是有很多髒的、雜的東西，而我們面對現代性也是如此。

格林伯格的理論一出來他就聲明：順著前衛藝術來看，我們要做兩件事情：一是自我批判，就是現代文化對自己的檢討與批判，讓我們看見當前流行的理論裡面有哪些部分要去除掉。其次，作為一個長期的模型來講，所謂藝術理論走向淨化的趨勢，主要是要消除外在的影響與力量。這裡他隱然是在講藝術的基本要求：「自主」；所謂自主就是不受外界條件的限定，所以基本上藝術理論的目的就是要顯現藝術的自主、消除外來的影響，簡言之，作為現代文化的自我批判，藝術批判就是在把理論中的雜質丟掉。他的理論一出來就引出一些反感，主要就在於大家怎樣看後現代的藝術理論，因為就格林伯格來看，這種藝術也是不純粹的、需要淨化的。但是到七〇到八〇年代，在美國有很多批判藝術家都認為所謂後現代藝術是一種解放性的藝術，這就還是那種排除約束力的態度。解放性的藝術觀有以下特點：反偶像的、應該有一種成長進步的意義而不是定型的，而且這種意義的藝術活動有一種特點，它跟平民、普通人比較接近，而不是少數人在學院裡所做的。站在這個立場來說，就會認為格林伯格所說的純粹藝術有點形上學化的味道，一般人是不會懂的；不能懂就表示它不是為民眾服務的。本來我們不太把這種想法當成哲學問題，但是二十世紀中間有一個很長的時間是新馬克思主義運動熾盛的時期，其社會革命實踐的要求就結合了民眾的要求，如果純粹就學院的哲學來講，就不覺得民眾的要求是理論的條件，但因為它們強調的是社會實踐，所以這種學風也曾經一度流行，東方也一度受到影響，因此強調平民文化的需要。說到這裡我們可以轉到所謂「通俗文化」。後現代是很龐雜的，我們只是用格林伯格的例子來解釋其複雜性。

至於後現代的文化理論如何看待通俗文化，在二十世紀中期以後，就是五〇、六〇、七〇年代，在歐美有很多人——不見得是學院，像新聞媒體這些文化機關都很強調大眾文化的重要性，在社會發揮運作的並不是很深遠的文化理論，而是通俗大眾的想法。事實上提倡大眾文化的人很少是專門作理論的，比方說很多作家、寫小說的人好像有很強烈的主張強調通俗文化的重要，但由於他們不是專門研究的理論，所以常常是一種常識的講法。因此一方面談大眾文化的人很多，通俗文化似乎很重要，但是卻又沒有代表性的理論。以後現代化理論反對現代文化當中系統性思維的態度，我們也可以看見談大眾文化的人也有一種共同的特色，其最重要處就是否定有高級文化、低級文化這樣的區別，換句話說他們反對菁英文化的方式是主張不應該有這樣的劃分：文化無所謂菁英或通俗之分。在我看這樣想來反而使大眾文化的特殊功能表現不出來，但反對這種劃分是他們共同的態度，凡講通俗文化的立場都是在根本上不贊成精英與大眾文化之間的區分。

我們很難說談這個議題的當代理論家誰成就比較高，因為他們談的都是常識性的理論，這裡我們舉較代表性的胡森（Andreas Huyssen, 1942－）為例。胡森提出一個字「大分化」（great divide）。大分化意味著談論藝術價值的時候有一種社會性的分裂，就是對於某一群人講的文化與另一群人講的文化不一樣。在這樣的觀念裡，胡森的講法有很多人也和他的意思相近，這個字帶有後現代的意味，比方李歐塔反對大敘述、大系統，這些都是後現代思想的基本範式。他提出來的「大分化」的字眼，就很像李歐塔反對大敘述的思想。這個概念並沒有深切的論證上的根據，卻有很深的意識型態的根據：其背後有濃厚的社會革命的意識型態，因為社會革命的意識型態強調民眾，所以強調藝術價值不能區分內行外行、菁英與通俗，從這裡推出來的很顯然就是跟前現代古典的藝術價值以及現代性的前衛精神都不一樣，他所說的藝術價值既不是古典的也不是前衛藝術的，而是成為沒有界定的一般人的感覺。

照理說這樣的理論效力應該很弱；它在態度上很明白，但沒什麼論證。格林伯格認為長久的藝術價值需要通過「淨化」的過程，這些想法顯然不是通俗的，因為通俗的很顯然也是染污的；胡森如何否定、駁斥這類想法？藝術價值又應該怎樣？在他的理論裡面也沒有去回答這些問題。二十世紀後半葉，好像大家都六神無主，沒有什麼確定的堅持、理想或原則，一切都鬆懈下來，所以這類說法很流行。無論台灣或海外都有很多新聞系的師生很喜歡談大眾文化，甚至有人認為辦個報要能支持群眾的喜好才是成功。這種風氣固然不是完全從後現代思想生出來的，但是後現代態度的結果是在資本主義社會中逐漸強調群眾意識。要是用常識的話來講，這樣說藝術就是「人喜歡的」，也就是感覺，於是通俗的也就成了藝術的。事實上後現代思想在這方面助長了這種想法，這問題如果擴大，就會牽涉市場、商業活動，就不在我們討論範圍內。

四、結論：「反理性」（anti-rational）論述而非「非理性」（irrational）論述

「後現代」幾個思潮可以說都是「反理性」的討論，而不是「非理性」的討論；這牽涉到我們對語言哲學問題的基本看法。「反理性」為何跟「非理性」不同？這種不同

有什麼理論上的涵義？以維根斯坦的想法來講，他晚年的基本論點就是「語言作為一種遊戲」。我們使用語言就像遊戲一樣、依照某些規則做一些事情。譬如打球，當然我們可以自己一個人玩球，如果跟別人一起玩，我就一定要遵守某些規則才能玩。遊戲之所以成為遊戲，是因為它有規則；如果根本沒有規則，遊戲就不能成立。遊戲的規則必須包含一定的要求，才能有成功不成功的差別。所以維根斯坦在《哲學研究》（*Philosophical Investigations*）[15]這本書中就有一部分討論遊戲規則的問題。維根斯坦費了很多文字去說明我們在了解語言時，事實上是把語言當成遊戲來理解的，也就是把語言意義的解釋當成一種遊戲規則。但作為一種遊戲，語言和打球下棋還是不一樣的；一般參加遊戲的人是「自覺地」去做的，但語言作為一種遊戲並不是如此；如果有人問說我們是照著什麼樣的規則來說話的，我們不見得答得出來。換言之，人並不是順著一套規則說話，而是在玩遊戲的過程中自然地形成規則，這就是維根斯坦有名的「遊戲理論」。

準確地來說，「後現代思想不信任理性態度」其實是「反理性」，而不是「非理性」的意思。這樣說必須預認一個差別。人使用語言來表達意義的時候，可以是有自覺的，也

---

15 Ludwig Wittgenstein, *Philosophical Investigations*, George Pitcher, ed., (Notre Dame: Universtiy of Notre Dame Press, 1966).

可以是非自覺的。順著這個分別，我們把後現代的思維看成是「反理性」論述（anti-rational discourse）。意思是說它「自覺」且「有意」地去反理性。這種述說跟「非理性」的論述不同；後者在說話的時候情緒化地批評，而不是清醒地以一套理論來表達他想要否定理性的目的。如果是非理性的，那他就根本不是在說理，只是在發洩、尋求滿足。「後現代」的幾個重要論點都是當作一個道理來表達，這才真正是問題。如果是「反理性」的，就不是受情緒支配的，而是要建立一個合理的論點，但論點本身又主張沒有什麼是真正合理的。如果使用這樣的語言來表達這個意思——就是自覺地、理性地表示我們不能真正建立一個論點，就會變成一種語用學上的矛盾：既然提出了一套「反理性」的說法去證明所謂「理性」是不可相信的，那麼說這些的目的是什麼？難道不是在建立一個論點？平常我們相信理性論點是可以建立的，現在說不能真正建立一個理性論點，這是否定理性的地位。而既然一切論點不能被建立，何以又再建立一個論點？所以我們用「反理性而非非理性」來代表這種觀點：就是「自我解釋」的失敗。

第四章
異質文化之問題

一、引言——衝突（conflict）與整合（integration）

首先我們討論「文化衝突」與「文化整合」的觀念在一般性的意義下該怎樣瞭解。就國家或者民族交互關係來講，衝突與整合是一個核心問題。國家之間關係最重要之處，就是不同的、異質的生活態度與價值觀彼此之間如何衝突，又如何解決衝突。談文化彼此間關係時，通常有兩個理論模型：一個屬於文化科學這一面，就像行為科學、文化人類學、社會學等等。另外一面是從人類意識活動作為根據來解釋文化特性、文化衝突，也就是文化哲學的活動。在思想史中發揮影響力的文化哲學的一個模型是黑格爾提出的。另外一個在二十世紀出現，包含經驗科學的角度來解釋文化，最有代表性的就是帕森斯（Talcott Parsons, 1902－1979）的模型。從這兩個模型來看，特別就黑格爾來看，世界上有許多並立的國家與文化存在，而這多民族與國家交互關係的領域，是傳統文化哲學的模型所經常忽略的。

哲學史上從康德到黑格爾模型，重點都在主體性的建立；而許多國家並立、許多文化平行存在，是屬於「交互主體」的領域。黑格爾解釋文化如何發展、演變，每個文化內部怎樣發展講得很充分。譬如他批評中國文化的毛病在於主體自由、客體自由的問題。他認為中國文化必須要改變、改造，其內部理論裡有一定的力量。由黑格爾的理論可以看出他的文化觀功用的限制，在於交互主體性與單一主體性的分別。說得明白一點，如果只就單一文化討論它的成長、演變，那麼黑格爾螺旋式的解釋模型也就夠用了；某種價值觀之所以可以成立，是因為它有文化的功能，可以解答人類在那個階段面對的問題。但是當問題本身在客觀世界裡發展，出現另外一個原先文化成績不能涵蓋的問題時，就會由「正」到「反」，再往上升又到達「合」。但倘若一個文化遭遇異質文化、兩種不同文化發生了一些變化，又如何處理？這才是我們現在要講的：異質文化的衝突與整合的問題。黑格爾講文化的時候，在這個領域內就顯得他的理論弱勢的地方；他理論的強勢之處是在於順著「主體性」來講，等到進入「交互主體性」的領域時，黑格爾模型的力量就不夠了。

一旦我們預認了多數文化同時存在的事實，彼此就是一種平行文化的存在，如此才有異質文化的問題。在現實經驗世界裡，我們早晚會遭遇異質文化。因為文化活動不是靜態的，而是一圈一圈地向外展開的，當然有彼此遭遇的時候。異質文化的遭遇首先是衝突的問題，因為是異質的，因此根本上取向就不一樣。取向不同時只有「衝突嚴不嚴重」的問題，而不是「能不能沒有衝突」的問題。所以文化差異會成為一個衝突的根源，這主要在於文化成型的時候，就表現在一套規範意識上。就規範意識本身來講，變化是非常繁多的。換句話說，兩種規範意識相比的時候，會有一些想不到的差異。簡單一點說，文化比較成熟時，就會表現成一種「規範語言」，而不是一種「事實語言」。「事實語言」就是描述性的語言，比方哪個山、哪個河怎樣。就「事實語言」來看，文化衝突的問題不嚴重；真正嚴重的時候是在「規範語言」出現的時候。當然就算在石器時代，譬如溫奇調查比較原始的非洲部落，它們也已經有了初步的規範語言。這些規範語言就是巫術的信仰；它規範什麼事情是不能做的。原始社會裡有禁忌的時候，就已經開始有規範語言；這些規範語言構成一個一個文化的特別內容。也因為這個原因，不同的民族、集團有不同的規範語言時，就有不同的生活態度。

所謂「文化衝突」，可以分成幾個層面來講，比方生活態度層面、制度性的層面、制度內觀念的層面等等。在這些層面上不同文化對事實的認識可能是很不相同的，這就是我們所謂文化的衝突。而這種對世界認識的差異並不難消除。在文化歷史上可以看見，經過一些時間，很多對事實的瞭解很容易產生共同的瞭解。當然，各自特殊的環境會形成隔膜。從文字演變來看就有很好的例子。例如象形文字是文字的一類。跟中國的象形文字相比，埃及的象形文字是用不同的東西來象徵的。中國象形文字指「水」的時候，是一條直線旁邊有四條小直線，意思就是說水應該要直流。埃及的「水」則是三條平行線。因為埃及尼羅河定期會氾濫這件事情對他們的農業來說是好事。所以水要橫流才好。中國也有這種三條平行直線的字，但那是「災」字。這就表示了古代的埃及人與中國人如何解釋自然現象。水橫流這件事情究竟是看成好事還是壞事呢？這個使人在認識「水」上面有所差異。但是講「日」、「月」上面，中國與埃及就是相同的了。要是專就事實的意義來看不同民族的意義，上述不同也很容易瞭解。儘管對中國人來講水要直流、埃及人認為水要橫流，中國人去看埃及人的文字時也沒什麼問題。所以文化間的真正隔膜並不在這裡，而是在規範語言上。

規範語言從部落有禁忌時就出現了。所以我們在這個第四部分要比較客觀地探索一下，對於不同文化間的衝突，通常有哪些想法。這些想法的有效性有多大，在什麼情況下會有效，有哪些困難是這些普通的想法是不能解決的。然後再轉向有怎樣的建議、主張。其次在第四部分我會舉三種最流行的想法，這三種想法都是「通俗觀念」（demotic ideas）。所謂“demotic”就是多數人、群眾、非學院的想法。我們把這三種想法做一種陳述，再轉向自己的建議與訴求。我們不能很獨斷地說這些建議可以得到最後的結果，而是面對這一套文化衝突所產生的困難作從事思想上的探險，所以我就用了懷德海（Alfred North Whitehead, 1681－1947）的「觀念之冒險」來結束討論。面對異質文化衝突的問題時，我們要問「異質文化整合的可能性」在哪裡，這才是這一部分的主題所在。

「現代性」出現之後，異質文化衝突的問題越來越成為世界性的問題。當然衝突的強度可能是不同的，十九世紀馬克思批判「現代性」，他要建立一個陣線、並且形成國際勢力。十九世紀末、二十世紀初馬列主義運動興起，跟啟蒙下來的傳統勢不兩立，後來變成兩大陣營、冷戰了相當長的時間；在這中間又有「基本教義」等不同宗教信仰，就像杭廷頓描述的情況。所以面對現代文化問題時就有兩頭：一頭通向「現代性」、「後現代性」，另一頭通向「前現代性」。

作為中國人來看這些事情，中國可以說近一百多年都在這種浪潮中。清末有「現代性」的要求，但這種現代化的運動始終都被干擾的。例如孫中山晚年留下來的憲政時期、憲政制度的想法，講的其實是「一黨專政」，他雖然把憲政制度擺在最後，但實際上是利用一黨專政的方式來建立秩序。這是現代化運動首次受到政治打擊；這裡可以有很多事實可以舉例。一個明顯的事例是北伐勝利，北洋軍閥的勢力被擊破之後，寧漢合併，南京國民黨內部也妥協了——有左傾的國民黨跟所謂南京政權曾經一度分裂，但經過一段時間幾派人共同協商，新的國民政府總算成立，但這時候大家都沒有把握新政府要做什麼。因為原先要打倒軍閥、打倒帝國主義，跟孫中山晚年去吸收蘇聯經驗是有關係的。到了軍閥已被打倒，究竟新的政府要走向何方，便成了知識份子爭執的新問題。

舉胡適之先生為例，他當時準備要回國，但是他兩個最重要的弟子：顧頡剛和傅斯年都勸胡先生暫時不要回來，因為他對民主化、自由化大概是不會讓步的，而他們也知道國民黨當時建立政府之後的路向。但胡適回信說他一定要回來看看這個新政府要把中國帶往哪裡去。胡適本來要回北大，但他到上海時，上海公學請他做校長，他也答應了；但不久就遇到考驗，當時國民黨的教育原則就是黨化教育：由黨訂一套規則，從國小開始思想教育。於是胡先生就出席了一個全國教育會議，會議上發表講詞，絕對反對黨化教育。這時國民黨裡分成兩部分：比較溫和的認為不能輕易對胡先生採取什麼行動。另一種黨化較深的就開始威脅胡先生了。蒐集來的信件裡有胡先生寫給教育部的信，裡面說：「該關該殺隨便你們吧，我就是這個態度。」教育部就回給他一封比較客氣的信。總之這個情況透露出在「現代化」這個論題上來講，中國在北伐成功、建立中央政府之後，就已經構成這樣的衝突。這些都是屬於對「現代性」的接受與排拒的問題而已，還沒複雜到好多個異質文化之間的問題。等到杭廷頓寫《文明衝突論》的時候，問題就暴露得更厲害了。美蘇兩大陣營對立之後蘇聯陣線消解，可是在此之後問題還是沒有解決，異質文化的問題也越來越凸顯。中國本來是馬列主義政權，馬列主義代表的就是美蘇對立中蘇聯陣營那一方又加上一些別的因素。

今天來看，中國面對世界的壓力大多來自異質文化。中國自己就很矛盾；有一部分人提倡傳統，但整體來看，政治、經濟結構、教育方向好像都沒有傳統價值觀念在支持它；表面好像有傳統勢力存在、卻沒有傳統價值觀念的存在。從清末下來我們面對西方所代表的現代文化，也面對一些老文化，譬如伊斯蘭文化、日本文化、印度文化等，中國自身又有一種很長時間的古老文化。在這些異質文化構成種種衝突時，中國人也作過許多嘗試。不過結果總是沒找到可行的解決之道。國民黨轉入憲政時期的社會情況，並不是對現代性的政治經濟有什麼深刻的瞭解，而只是一種力量的問題。二次大戰抗日是受美國支持的，因為美國就代表啟蒙運動下來的資本主義文化。於是國民黨就不得不從一黨專政往後退。第一步就是一九四二、一九四三年的廢除不平等條約。當然美國也有交換條件：就是要中國廢除一黨專政，自由化、民主化。所以中國在這個時候也是一步一步地接受這個觀念。那時我正是高中快畢業剛進大學，我們眼看著世界在變。一黨專政搞了十多年，面對新局勢卻好像仍然套在孫中山理論裡面，但是大家對憲政是什麼、現代性的政治和經濟特點是什麼都搞不清楚。國民黨號稱要走向憲政，但是它的組織的運用上並沒有任何真正民主化的意思，也沒有一種自覺化的前進方向。不久美蘇對立，在國內又有國共爭霸，兩邊都不是真正地在追求現代文化，也不是在維持什麼別的文化。所以中國在清末時客觀上面對的困難就是想要現代化，卻做不下去；兩次都被專政打斷。然後毛澤東搞文化大革命卻逼出一個資本主義化的結果。毛澤東等第一代領導人走的本來是馬列主義——走不走得通都要走。只有周恩來比較特別一點，顧忌到不能走到民窮財盡。毛澤東說他自己最喜歡鬥爭；而事實上他採取的也是一種戰場原則：「我只要害了你，我就成功了。」毛澤東一輩子都在這種氣氛中生活。一九四九年建立中央政府之後，在哪裡找鬥爭對象就成為毛澤東的問題了，因為兩三年間所有國內反共的鬥爭對象都破壞了。所以毛澤東只好開始在黨內找鬥爭對象，跟所謂走資派鬥爭。這樣逐步走向了文化大革命，建立一個以毛個人為中心的力量，最後黨內鬥爭完了只剩下他自己。由於做事不能一個人全包，於是就亂用人，導致四人幫當權。

文化大革命之後，大家明白文革不能提供一個正面的秩序，於是文革派分裂，華國峰參加了舊勢力，一起把四人幫的勢力打下去，鄧小平上台。鄧小平當然不是民主化的，但他又要改革開放，就是說經濟制度上一個大的變化，這變化其實就是資本主義化。共產黨經過江澤民、胡錦濤幾個領導人，至今都說不明白怎麼樣叫做社會主義的經濟改革，和資本主義又有什麼不同。換言之，中國現代化的問題在思想上始終沒有找到出路，因為中國在現代世界裡面，所以不可能離開現代世界而找到出路。可是兩次被專制的勢力控制，使中國無法完成現代化。到了今天於是出現一種矛盾：經濟上現代化，政治上卻完全不是這樣。

作為中國人，特別可以感覺到所謂異質文化如何能尋求一種整合的問題，這些問題需要觀念上的冒險，才可能看一看在理論上有哪些可能的出路。因為到現在為止我們可以說確定還沒有找到出路，如果專就學術界、思想界來講，所看見的都可以數得出來。例如胡適之先生就代表自由化、現代化運動，他的用語不是那麼直接；他不講「現代化」，而是講「文化改變」的問題。從西方傳來專政思想，像是馬列主義等思想，進入中國後形成兩次專政。馬列所代表的方向可以稱為革命專政：以革命作為立場，但手法、作法就是專政。這種制度當然跟啟蒙之後的資本主義、自由主義不同。清末以降，還有些人宣傳革命，但又提倡啟蒙以來的自由的觀念；一方面提倡現代化，同時又講馬克思，好像他不明白馬克思是批判現代文化的。總之在思想界也沒有找到可行之道。所以我們要全面檢討異質文化之間有沒有整合的可能。在此之前我們要先檢討一般性的流行想法為何是無效的。

二、三種通俗觀念（demotic ideas）的評述

中國思想界有三種流行的想法，我稱為三種通俗的觀念。這不是指學院裡面專家學人的想法，而是一般社會上流行的三種想法；它本身沒有理論深度，但在社會上有很深的影響。異質文化的問題有一部分就牽涉到當前世界的現象、活動。所謂「文化衝突」也不是學院裡面的概念，而是在生活世界裡實際存在的文化現象。因此用理論的角度處理這個問題以前，我先談一下這三種流行的觀念。為了強調這種觀念本身的非學院性，我用了一個比較「生」的字眼“demotic”（多數人的）。為了能夠把這三個觀念表述得易懂一些，每個觀念都舉一些具體的例子。首先就是「掘寶」的觀念。

1. 掘寶觀念

以前的人會把金銀埋在地下，經過很長歷史的過程，後代會假定有前代留下的寶物，就真的去挖。現在看起來會覺得很好笑，因為就算要留下財富，也不必挖個洞埋起來。這種心理雖然顯得很落後，但在中國清代中葉以來，一般人處理文化壓力流行的反應幾乎都

是遵循這種趨勢的，也就是認為只要把老祖宗留下的東西搬出來，就可以解決問題。

從挖寶的意識、心理過程來講，又可以再分成三層來說。第一，在反省程度最少、直覺的呈現的時候，毋寧說這種想法是最接近常識的。因為人是運用已有的文化秩序在生活的。發展心理學的科爾伯格（Lawrence Kohlberg, 1927－1978）解釋人的心智發展，就有個重要的劃分：「前習俗的」（pre-conventional）、「習俗的」（conventional）與「後習俗的」（post-conventional）。人順著約定俗成的規則來生活，本來是一種自然的狀態。剛剛接觸到跟已有的信念、傳統不符的時候，我們的第一個反應會想要站在原先有的標準、規則去處理新的經驗、因素。

用哲學來講，尊重習俗的路線可以說是他執著在「特殊性」上面，就如亞里斯多德講的「特殊性」與「普遍性」。因為傳統本身不管怎樣都代表一種「特殊性」的文化，所以把希望寄託在這種「特殊性」上，它就成了主要的觀念。這種觀念遇見挑戰時，就要引入語言理論的辯論、進入一個較高的辯論層面去找「證成」（justification），在原來屬於「特殊性」的文化傳統裡去尋找普遍意義、效果的觀念，也就是要來證明特殊傳統本身有一種普遍意義的功能。這在中國來講就是「中體西用」的理論。張之洞在《勸學篇》[1]提出的這個有名的主張曾經被清朝所認同；他把書送到皇室去，皇室就下一個聖諭要大家都要讀這本書。所以張之洞所代表的，就是遇見挑戰之後去找一種證成。因為大家對於張之洞也有一些誤解，我在此清理一下：張之洞很清楚地說我們之所以要學西學，是因為要保存中學、不希望中學滅亡，所以不得不去做西學。這個講法可見張之洞在意識上並不是肯定西學獨立的價值，而只是為了應付危機，我們需要一些準備的工作、具備一些條件，才能應付困難，所以他主張為保存中學，不得不講西學。這態度與我們日後要講的「開放成素」的意思是很不相同的，因為他把吸收學習異質文化的某些成果的活動當成工具效用，透過這個工具來達成保存中學的目的。如果要用做理論的態度來問：為什麼保存中學那麼重要？是為了保存中學，所以需要加強自己的條件？但是這個理論首先最重要的假定是「中學是有必要維持的」，然後才說因為要維持、應付困難，所以講「中體西用」。

中國近代有很多觀念是很麻煩的，我們順便清理一下關於「體」、「用」這兩個字的看法。張之洞的理論內容其實是我們「為了保中學才學西學」。日後嚴復、王濤等人對於「中體西用」這個口號根本上非常懷疑，這是因為「體」、「用」的用法問題。宋儒講「體」、「用」的觀念是說一種「實體」，它有一定的屬性。嚴復批評「有如此之體、方有如此之用」；譬如茶杯的「體」，就有茶杯的「用」。現在說它是一隻牛，卻要它有馬的功能——「牛體馬用」就很奇怪。所以「中體西用」先假定中西不同，再講它

1 張之洞：《勸學篇》，北京：中華書局，一九九一年。

在「體」上是中，而要有西之「用」。那「體」是中，那就只會有中之「用」，何來西之「用」？這就是嚴復這些比較瞭解西方思想的人的說法。但是張之洞的用法是明清之後一般文人的用法、不是理論邏輯上的用法。一般文人的「體」、「用」是指有根本的功能，另外又有技術性的功能。若把每一個東西本身當成目的，我們就會說是把它做成「體」來肯定，也就是「本末」的意思。「本」是真正目的所在，所謂「末」是就技術條件來講。不過從思想史來看，就應該瞭解每一個作者他自己是什麼意思，如果瞭解張之洞為什麼使用這個字眼，就會知道他是指以中學為本，在技術上可以使用西學。所以從深處分析，他可以有這種主張，這種主張要拿自己的傳統為本，再從異質文化吸收技術層面的東西，這背後還是有一種歷史傳統的執著、一種民族感情上的東西。以張之洞為例，主張「中體西用」為什麼以中學為本？因為他認為在中國文化傳統上所肯定的價值、規範是不能被丟掉的。換句話說，這裡有個很確定的執著；這種「特殊性」仍然是他根本接受的。他接受這種中國文化的特殊性之後，再說這種特殊性要在當前的世界裡實現有種種的困難，要克服這些困難才講西學條件。很顯然地雖然他依然執著自己文化傳統的「特殊性」，但他還是留下一個技術的層面可以容納吸收異質文化的成分。在這裡還不能說他要正面證明什麼「普遍性」，但他為什麼用那些東西做工具？他說為存中學不得不講西學。但講西學為什麼會對保存中學會有用？這雖然不一定是他自覺的，但是隱隱然他對於西學的普遍性功能有某一程度的肯定。倘若西學根本沒有什麼客觀的功能性，那學它做什麼呢？若為存中學不得不講西學，那麼西學本身應該具有某種功能，因為不否認這種功能，然後才能說要透過西學來達成一些目的。張之洞在他的書中始終沒有認真嚴格地解釋為什麼「為存中學就不得不講西學」，也沒有嚴格理論的論證，他只是順著常識講。所以第一層是直覺地想要保衛那些已有的文化，第二層是為了要保存文化，就要加一些東西進來，這就是「中體西用」的說法。

再進一步是把已有文化傳統的態度宗教化，與原先有的宗教情感和在一起。這地方最大的特點是：當傳統文化被看成一個寄託宗教情感的意識時，原先價值意識的普遍性就要被肯定。譬如伊斯蘭教從七、八世紀開始擴張勢力。它把教義當成最有普遍性的宗教真理。所以從外面看，伊斯蘭教徒相當非理性地去執著他們的傳統，譬如女人一定要穿特殊的衣服。但執著的道理是直接把它已有的宗教信仰的感情都擺在文化上面。於是在文化的理論結構來說，就成了最普遍的根據。所以對於「傳統文化」（conventional culture）的這種執著、留戀，就是所謂「挖寶」的心理；它也有不同的層面。但要拿伊斯蘭教來做代表的話，這種老觀念反而在復活。一方面現代文化本身的開展，前面也談了很多。但是我們現在要注意的是，譬如就中共來講，馬列主義本來是個國際性的運動，不是一個民族的運動。但中共很明顯地講民族主義的感情，把這種感情作為一種宗教性的感情，投射在它馬列世界革命的主張上。於是美蘇對立時，馬列主義就變成一種新的宗教。但到了蘇聯解體的時候，基本教義宗教意識再度興起。這種宗教意識面對世界的態度，還是以「挖寶」的想法作為基本根據的。

2. 換體觀念

第二種觀念跟掘寶觀念有一種對立的味道；這種觀念我在《中國之路向》一書中舉過一個醫學的例子，稱之為「換體」的觀念。假定我們去看醫生，醫生說我們罹患了很嚴重的毛病，但接下來他不給有效治療，而是叫我們換一個身體，我們肯定會覺得這個想法很荒謬，因為找醫生是要修補身體。身體有這麼多毛病沒錯，換個身體就會好也沒錯，可是這不應該是治病的建議。當文明衝突的時候也會有些人往這些方向看，譬如說得不是太準確的傾向就是「全盤西化」。從十九世紀後半這一百多年來，中國人在面對文化壓力時確實有這種思路。現在這兩種觀念，一個是把希望放在傳統習俗上，相信它可以有效治療現在的問題，另一個則是認為它絕無可用之處，把它想辦法丟掉就好了。可是實際上這兩種想法都有無從著手的困難。因為沒有根據的到處亂挖寶顯然不是明智的作法，可能落得徒勞無功；有可能做得越多問題耽誤得更多。從「鴉片戰爭」之後「甲午戰爭」之前，這段時間的主流思想還是這種保留傳統的思想，這就是張之洞所謂的「中學為體，西學為用」。另外一種主張要直接換掉身體的又更是無從做起。所以這兩種主張雖然都有很多人跟，但事實上很難正式地循序推動。

換體觀念不像第一個那樣跟我們的直覺那麼近，但它也有一定的客觀因素，這就是清末以來救亡運動的歷史環境。倘若不是清末救亡意識越來越強，就根本不會有「換體」的觀念。換句話說，救亡成為一種客觀上的需要，於是拿那個需要作為標準來談文化問題。從五四以來，強調民主政治、民主與科學的價值之潮流通常稱為「全盤西化」的理論。2

在觀念上來分析，「換體」或者「全盤西化」這種想法，最根本處是大家對文化救亡沒有信心。辛亥革命以後經過北洋軍閥、北伐、一黨專政這樣的歷史，讓人們越來越感覺到把民族國家的病治好似乎希望很小。民國史上幾次政治上改革的結果都使人們很失望，不知道要怎樣才能有效救亡；更不幸的又有戰爭的威脅。清末甲午戰爭之後，日本始終在計畫征服中國，這種壓力越來越強，這時候大家覺得談民主化、自由化等等都是空談，要想辦法振衰起敝，所以有換體的觀念。但是要換一個身體又保持著原來的自己是很奇怪的想法；這樣想的人對所謂人與文化的關係也有種常識上的誤會，這和前面講的詮釋學的問

2　事實上全盤西化是從四川的知識份子那裡提出來的。胡適一度對他們也表示同情。但事實上從胡適本人實際上的主張、作法來看，他並不是真正主張將已有的文化丟掉，然後進入一個新文化。他反而很強調中國原有的生活方式與觀念其實是會自然保留的，並不會隨著全盤西化就整個消掉。

題相通；以科學的研究成果來看就很容易明白。人吸收文化的承受力，一開始總先有一個文化再去接受一個文化，就像是語言學習的過程一樣。所以換一個身體不可能、也不必要回到沒有文化的狀態、再去接受一個文化。「全盤西化」要把全部已有的文化丟掉，這是不能做的。

最後，換體觀念還有一個值得注意的地方，就是它對普遍性有一種預先的肯定。譬如說這個身體不好，要把它換掉，那麼換體的標準就是預先承認它的「普遍性」。但是現在特殊的狀態仍然存在，譬如哪裡強一些、哪裡弱一些。如果認為可以把這些特殊狀態完全丟掉，照著另一個標準重新設定一套，也就是預先承認另外一個標準的普遍性，因為我們如果用規範語言來談「應當」、「不應當」的問題時，就牽涉到普遍性的問題。講文化差異與衝突最容易犯的問題，就是不容易肯定「普遍性」。這一點和文化人類學家溫奇的立場來對比就很清楚。每個部落、小民族都有一套內在生活的規則，如此個別文化都會發展一種特殊性，而非普遍性。所以問題就是：怎樣安置普遍性？相對來說，換體的想法卻是預先承認了普遍性，所以才有可能有這樣的主張。

3. 拼盤觀念

除了上述兩種流行的觀念之外，還有第三種最樂觀、膚淺的想法，就是文化的成果拿過來擺在一起就行了，這就是「拼盤」的觀念。這想法沒有處理異質文化「為何」可以擺在一起的問題，但它直接採取一種常識的樂觀態度，就是面對異質文化的辦法就是「哪些東西好用就把它拿過來」。也就是假定不同的文化遭遇時，我們把各方面正面價值的東西擺在一起就可以了。這種想法是非常膚淺的；異質文化的排斥性、它的理論效力來講，不同的東西一起在我們的生活世界運行的話，彼此將會產生很嚴重的排斥問題。也因為這個原因，所以異質文化的多元性才會產生困難。倘若我們以為把各種文化擺在一起就行了，這就好像吃拼盤，雞、魚、蛋等等都擺在一起，但並非這樣擺在一起就能產生一道新的菜，只是愛吃魚就吃魚，結果問題還是沒有解決。

我們在面對異質文化的衝突時，被迫要面對一個問題：不同的文化、價值意識的要求之下，如何讓諸多因素發揮正面作用，又不引起負面作用；這不像吃拼盤那樣輕鬆。

三、典範轉移與破除迷執之嘗試

前面所講的，是已經討論很多次的理論趨向：所謂客觀主義的、以及詮釋學的趨向等等。我們面對這些理論，一方面要跟它們在同一個層面上看問題，瞭解它們怎麼講法，這是我們在前面所說的。但另方面我們也要覺察這些作法是否有基本上觀念的糾結、不夠清楚的論點，以及在應用上的困難。最近這幾年來我有一個想法越來越清楚：當代思想雖然千頭萬緒，但基本上有兩種看法與態度，這是目前種種困局的理論樞紐。現在我們要更深一層來看這些流行趨向基本的作法、想法，以及所遭遇到的困難，從深處是怎樣形成的？這是我們這個時代的問題。

1. 當代思想困局的理論樞紐

近代有一個哲學界關心、爭論的問題：我們是不是能夠知道「獨立實在」（reality）？要不要尋求獨立實在的知識？這個問題柏拉圖早已經提出來了；他依靠的是純理性思維。他那樣說的時候已經無條件地認定我們要去認識「獨立實在」、並且能夠認識獨立實在。不過穿過中古，到了近代哲學，一開始這個根本問題的存在就牽涉正反兩面的反應。正面的還是走這條路：基本上我們不能訴諸知覺，因為知覺是變幻不定的，所以要訴諸純粹思維。純粹的思維可以讓我們得到純粹的知識，這就是從笛卡兒下來到萊布尼茲的「理性主義」，可以說是對柏拉圖傳統的補充、改革；像笛卡兒希望回到全面懷疑，然後再找確定的點。那樣推論的時候，他們的基本立場是：凡事假定我們要去瞭解那最後的實在，我們也能夠瞭解那實在，這是「理性主義」的傳統。但另一方面是懷疑的反應；從洛克下來，最明顯的代表就是休姆。休姆對於「獨立實在」有很大反感。[3] 他認為知識使我們知道，除了經驗世界裡面呈現的世界，不可能有在它之外的世界可以被當成「實在」來認識；這在初期的經驗主義裡面就有了。所以在理性主義傳統的思想之下，大家好像有一個共同承認的目的：要確定地知道「最後的實在」。所以康德把「獨立實在」、「實體」（substance）等詞彙重新定義了一次，這就構成康德「第一批判」[4]的理論。

和柏拉圖的要求相比，康德是把當時的要求取消掉。康德認為人所認知的正是自己的活動，離開自己能有的認知活動以外不可能知道別的什麼東西，這就是第一批判前面的部分。康德自己雖然比較謹慎，處處都保留著沒有解決的問題，但受他影響的後學就不是這樣了。從費希特到黑格爾，集合前人的成績，就是要建立一個維持最早的目的的全面思維。我們通常稱呼它為「主體性的形上學」，來跟「實體性的形上學」與「客體性的形上學」對比。在康德以前，正面的形上學是柏拉圖的傳統，基本上是要建立一個實在的對象意義，所以講實體性觀念。康德把實體觀念取消、收到範疇表裡，並將實體性範疇跟因果範疇並

---

3 《人性論》是休姆代表作：David Hume, *A Treatise of Human Nature*（London: J. M. Dent; New York: E.P. Dutton, 1911）.

4 康德的「第一批判」指的是康德三大批判的第一本著作，《純粹理性批判》（*The Critique of Pure Reason*）。

列、否定「實體性的形上學」，認為不是有個實體性的對象被我們認知。

康德並不想建立一個主體性的、新的形上學來代替舊形上學；他只是認為形上學的尋求是個錯誤的假定，所以放棄「客體性的形上學」，用知識論代替形上學。所謂「知識論的轉向」意思是指把認知作用當作根本，一切以認知能力來解釋；譬如時空是一種直覺的形式，因為開頭人已經有直覺的能力，順著它才能構造對象。所以康德的意思跟他的後學走的路有很大差異；明確的證據就是康德給費希特的信。康德的理論很自然地會引到一個新的、所謂主體性的形上學：以自我的自覺意識作為根本條件與力量，一切都存在於自我的意識上。可是康德個人具體地表示，他不要另外建立一個形上學。費希特去聽康德講，就自認為最瞭解康德；當時康德也很稱讚他。費希特回去後寫了一本書，發展一個「自我」為中心的形上學，建立了初步的「自我與非我」的理論，以為是對康德的發揮，就把這個書寄給康德，想不到康德很反感。在給他的信上表示：形上學是一種傲慢的態度，勸費希特從事比較「謙虛」的知識論研究。

從柏拉圖下來到理性主義出現，西方哲學都是在作「實體性的形上學」，康德否定「實體性的形上學」，後來影響到黑格爾發展「主體性的形上學」。黑格爾重新講形上學好像跟柏拉圖不同，但是基本上還是一樣的認為「我們能夠，也應該去認知最後的真實」。從柏拉圖到黑格爾，形上學的敘述與論證始終是「懷疑論」的對象，「懷疑論」從與蘇格拉底同時就已經開始了，一直下來譬如黑格爾建立大規模的「主體性的形上學」，籠罩一切文化歷史宗教，規模是夠大了，但引起的反感也很強。黑格爾身後的二、三十年裡，他成為很多哲學學派所攻擊的對象。這些學派認為只要自己證明了黑格爾某種理論的弱點，自己就站得住腳了。

以十九世紀而言，黑格爾的立場是很特別的。他的系統一方面統收了傳統文化思想，另方面也把「現代性」收進來；這樣讓我們看見黑格爾後學的方向。以「現代性」這個觀念為中心來說，黑格爾所處的已經是在範圍之內了。在他身後，歐洲思想就有幾派是對「現代性」唱反調的，一方面十九世紀逐漸變成「現代性」的世界、「希望的世紀」；另方面我們在引言與第三章都提過，此時懷疑論也開始出現，其中三位代表人物就是齊克果，他從宗教來反對、批判「現代性」；馬克思主張社會改造，5 最後尼采認為希臘下來所代表的文明力量已經耗盡、不足以引導世界，所以需要「力」、需要「超人文化」。

二十世紀在兩大潮流：「詮釋主義」與「客觀主義」之下，很多人都反對黑格爾，也連帶反對他的「主體性形上學」。但是反對「主體性形上學」並不是放棄反對柏拉圖以來的假定——「我們應該、也能夠去瞭解終極實在」，這才是困局的理論樞紐所在。二

5 到了二十世紀後半葉，馬克思這個方向又被解構思想拿出來用。這是我們下一段要講的。

次大戰、一九六〇年代以後歐洲思想最主要的變化，就是後現代與解構思想的出現。後現代思想當然也是否定黑格爾的。但否定的論證方式是什麼？黑格爾的方式其實還是從柏拉圖下來的老傳統，這個傳統認為我們應該、也能夠瞭解最後的真實。照這樣的講法，就可以證明這種樂觀的態度。事實上解構思想真正做的事情是極力證明「最後實在」是無法認知、不可能成功的。所以結論是：這種對最後真實的預認是一種錯誤。這裡有一個很少人察覺的問題：回頭來審查，如果要去追尋「最後真實」——如後現代和解構思想所說的——是一種幻覺，那麼這種幻覺的出現究竟是什麼功能？所有解構思想在根本上證明的是，「建立最終實在的知識」是不可能的。可是它的講法是，「最終實在表現成概念」本身就是錯誤的；但這兩者是有差異的。從反面來講這個差別會比較明白；我可以立「真實」這樣的意義，但我並不要求今天或明天就可以擁有絕對真實的知識。因為它可以是一個極限的觀念，我們會做認知的活動，是因為想要接近真實，但我可以同時知道我不能到達最後的真實。我不需要假定要過多久才能知道那個真實；如果不需要這樣假定，則縱然否定了某一些自認為瞭解真實的理論具有這樣的功能，也不能證明在思想活動中就不應該有「尋求真實」的方向。

孔恩在六〇年代初期發表了《科學革命的結構》（*The Structure of Scientific Revolutions*）一書以後，[6]有幾方面的人和他辯論。一九六五年，在倫敦開了一個科學哲學的會議，後來並出了一本題為《批判與知識的成長》（*Criticism and the Growth of Knowledge*）的書，[7]來記錄會議討論的內容、以及孔恩的答覆。那場會議事實上是揭露問題、不是解決問題。孔恩一方面想給予科學知識過程新的說明，同時堅持他是從科學史的立場來講科學哲學。但一牽涉到「史」，就牽涉到實際上是否有這樣的事實發生。另一面他又碰觸到語言自身有效範圍的問題；一種說法可以有一定的效果與限制，也就是每一種語言都承載一種知識；這也是一直引起爭論的。我在看會議資料時感覺基本上摻有西方哲學的信念。一九七〇年美國的科學哲學會議不幸碰上卡納普去世，只好把原先的論集改變，以容納對卡納普致敬的文章。這樣一來很多重要的問題與意見還是來不及詳細處理，例如分不清楚「絕對主義」的假定以及「非絕對主義」的假定，也就是說可以沒有絕對主義的認定，但可以有較大的認知效力、涵蓋較多的經驗，孔恩強調，一個科學理論之所以被接受，主要是因為它有理論效力；新的解釋可以解釋舊的解釋原先不能解釋的部分。

孔恩的想法本來也沒有什麼太特別、太難的，可是這地方接觸到前面所提的西方傳統裡向來有的毛病，就是一講到「實在」，就把所有講實在的人列入絕對主義，然後證明絕

6 Thomas S. Kuhn, *The Structure of Scientific Revolutions* (Chicago: University of Chicago Press, 1970).

7 Imre Lakatos and Alan Musgrave, eds., *Criticism and the Growth of Knowledge* (Cambridge [Eng.]: Cambridge University Press, 1970).

對主義不能成立，結果變成知識也不能講；對於知識的信心都是虛幻的。德希達或者羅蒂都是這種立場，所以他駁倒的是什麼以及他以為自己駁倒的是什麼，這當中有很大的誤會。這就是基本上的困局。因為這樣，凡講知識、真理都是絕對主義，然後絕對主義都是不能成立的。如果我們都不能說真理或真實，又如何作理論的選擇？為什麼接受這個理論而不接受別的？由於出現這樣的困難，於是他們就向另一個地方逃遁，也就是「廣泛的實用主義」。這些人包含講社會革命的法蘭克福學派，還有羅蒂等人所主張的，不要求哲學的「知識」，只要求哲學的「陶養」，好像藝術一樣。

以上就是我說的第一個困局。這困局的造成，是因為後現代打倒的是絕對主義的判定：結果不僅不能達到絕對主義的要求，還變成不應該問那些問題與想那些問題。在那個層面，我們如何看待代表知識方向的「形式觀念」就有一個很大的問題：論辯的一方可以隨時把絕對主義的立場加到對方身上，然後再否定它；而否定它之後又以為把另外一層的作用也否定了；一切知識都是不可信的、知識不能反映世界。像羅蒂在《哲學與自然之鏡》裡講的，傳統哲學的錯誤就在於想像我們可以建立一套反映客觀真理的知識體系，這套知識體系猶如一片明鏡，再現世界的真理結構，而羅蒂認為「鏡子」的想法是錯誤的。因此羅蒂其實是否定了絕對化的知識。但是否定絕對化並未否定人是在一個世界圖像中生活；人還是有很多行為，彼此都有一些衝突利害或者共同的規則。所以要解釋生活世界，即使不取絕對主義的態度，仍然可以知道其構成這部分是不可以當成虛幻的，否則就不知道怎麼生活。

這裡有一個基本態度的問題，很多作理論的人並不懷疑上述問題，都以為就是這樣的。我近幾年強調文化世界的變化本身是恆常的現象。正如第三章第三節（簡說後結構主義與解構思想，頁146－156）所提到的，在這個意義上，蒯因強調所有知識都是「可修改的」。這個觀念要跟哈伯瑪斯等人所強調的另一個觀念「不可逆的」（irreversible）配合起來，就比較能代表我們文化生活的秩序；一方面它永遠是可修改的，所以不是絕對主義的，另一面這種修改依然是拿已有的基礎往前推的，它不是可以退回來的：也就是可修改性與不可逆性。我們把某些東西破壞掉，就像都市計畫一定有個拆除計畫，之所以拆除是因為有一個正面的觀念。所以可修改性與不可逆性合起來看，就可看見文化史是有開展性的，並指向某一個方向，就是我們通常講的真理、實在、善等等所謂「終極概念」。終極概念不給具體內容、而是給一個方向。如果要取消方向，那代價就大了。

關於「非絕對主義」，我們要提倡這樣的態度：規範性字眼包含兩個面向，一是可修改性的，所以它不能給我們完整的知識；另外一面它是不可逆的、有一定的方向，所以才使我們覺得在文化世界裡有些事情可以做或不能做。希特勒殺猶太人或者文化大革命這種事情，要是由文化生活可修改性來看是不對的，在文化史上不應該有的。當代思想困局的第一個理論樞紐——也是人很容易犯的毛病，就是證明絕對知識不可靠，之後變成「自我虛無化」的問題。第二個困局的理論樞紐則牽涉到異質文化是否有交互影響的可能，以及「封閉性」與「開放性」在什麼程度。在第二章談到詮釋學風（成素分析與分配式轉移，頁106－109）時，我引用康德的話，稱這個問題為「成素分析」。所謂「成素分析」是針對「系統分析」來講，因為二十世紀的理論，譬如社會學理論，德國的魯曼（Niklas Luhmann, 1927－1998）是很有名的系統論者。再往前推，蘇聯的科學院發表一些言論時也很強調系統論，意思就在強調制度；每個個體都擺在一個秩序裡面活動。所以魯曼說，人是順著已有的秩序在生活；除非全面革命，否則不可能在每個環節上去跟制度與秩序爭。魯曼這個想法顧及到人有「最後自由」，革命可能不成功；但理論上人永遠都有革命的自由。可是倘若人不打算全面革命、又以為每天的生活都可以如自己的意思安排，這是不對的；人是在已有秩序裡活動的。

波普（Karl Popper, 1902－1994）曾經寫過《開放社會及其敵人》（*The Open Society and Its Enemies*）[8] 去批柏拉圖的共和國，認為這當中呈現的是一個封閉系統，所以是不能進步的。這樣講是指某一種系統與社會可以是封閉也可以是開放的，這樣的理論跟文化交流、影響等等問題完全接不上頭，因此需要一個對於範式的轉換。我們不是說一個特殊的系統是開放或封閉的，而是每一個系統都有被其他歷史社會背景決定的部分；在那一部分講，每個系統都有其封閉成素。但是人類想到一些共同問題時——不是怎麼答，而是怎麼問——就有一種開放性，回答問題人需要回到自己的文化成績，但遇見困難的時候還是能回到原來的開放問題上去找出路。有很多問題是特別去強調而引出來的，如果A接觸一些B民族發明的標準，是否A民族就喪失文化主權呢？有些東西的基礎是共同的，有些則是特殊有的。舉例來說，顯微鏡是歐洲發明的，那是否只能看歐洲的細菌？但顯微鏡的研究與設計不是以民族特性所設計的，因此沒有這種事情。所以「封閉成素」代表傳統特性，但是訴諸於共同知識，就可以產生符合共同要求的文化成果，兩者要有所劃分；訴諸「普遍共同」的時候，就沒有文化主權的問題：既然是共同的，對對方來說也就不會是獨佔的，這樣一來文化主權的問題就消失了。

兩個困局中絕對主義困局是很普遍的。它之所以成為困局，是兩個互相衝突的要求所形成的；一個要求是我們希望對世界的知識能夠達成穩定的瞭解。要求「穩定性」基本上就是形上學的基本旨趣；形上學找的就是絕對性，看「理性主義」、「經驗主義」下來對形上學的態度就可以知道，如果達到一個非常穩定的結果，就表示得到不可動搖的知識了。笛卡兒就是這樣；他要找一個必然的知識起點，但因為無論實際進行的活動也好、思維也好，都受一定限制，因此他又要求保留進步、發展的可能。歷史上好幾次人類以為找到絕對知識，後來卻發現不是那麼絕對。當然一切知識都可以有一個理據，但是它都是在有限

8 Karl Popper, *The Open Society and Its Enemies* (Princeton, N.J.: Princeton University Press, c1966).

的程度內被接受的，所以我們尋求知識時，每每發現內部活動的兩種要求構成一種內在張力。這兩種要求是對於「非絕對主義」所引起的困難。康德以後很明顯地，通過對世界的具體認識來說，我們脫離不了「經驗主義」的假定，另一方面「經驗主義」有絕對無法解釋之處。所以到了十九世紀末年出現很多離開「大系統」的論述，這些片段、破碎的哲學論述都是具有破壞性的，它不是提供全面性的論述來代替；他會在一個個環節上達到過去沒有的精確性，於是可以對於傳統上語言的困難、矛盾都有一個澄清的作用。但這樣並不是讓我們回到另一個系統；它只是把以往的思維，或者在方法上、程序上內部的假定將困難清理出來。最具體的就是「符號邏輯」的興起，使解析思維更精準化，這些情況都形成「非絕對主義」的趨勢。可是另一方面我們要注意：取消「絕對主義」必須要有非常強而有力的命題支持。這個命題的基本功能正是要達到一種普遍的斷定，之後就可以宣稱「一切知識都是有限的」。我們說這句話的時候希望它的理論效力很寬，但這個效力很寬的斷定是怎麼達到的？這就牽涉語言級序與普遍的標準。所以人在進行認知活動的時候，都是在一定級序上說話的，如果把那些話化成全稱的「一切X都是Y」，這時X作為一個變項，他可能的價值是在一個級序上，所以我們作斷定時，這個「一切」不是什麼都包含在內。因為它是在一個級序上成立，所以不能證明自己的真理。倘若它要證明自己的真理，就要使用更高一個級序的語言來表達。所以當我們提出一個論斷、用一句話去表現一個普遍成立的命題時，就不能說「普遍有效」永遠不能達到，因為這「有效」是就原先設定的級序來說的。

根據上面的分析，我們看到兩個要求，一個是絕對知識越來越不可信，另一個方向是人進行認知活動，即使不把自己知道的當成是絕對的，但仍然可以要求它越來越準確、普遍、與穩定；這個問題是靜態與動態的看法。用靜態的方法就可以以傳統的態度說絕對的真理追尋到了；但倘若這是追求不到的，每一次認知活動的成立都是有限的，這仍然不表示不去追求普遍、有效。任何認知活動，譬如對形上學進行批判與檢查，就要假定所有講的、想的都是對的，而且是在尋求「真」的東西；這並不是採取「沒有所謂真假」的立場。倘若如此，那人是在尋求什麼？當我說話的時候，我是希望我所說的話有某種真的意義存在，因此就有普遍的成分在裡面。很多年來這在思想界、哲學界引起種種誤會，結果構成一種困局。這困局就是：人用語言能夠作出多少成果是一個問題，但做事情的方向是什麼？這兩點本來不是常識講的矛盾；用語用學來說，這是作為上的矛盾，它可以跟純粹語意的矛盾不同。換言之，這兩種活動本來是兩件事、可以不衝突的，我們卻把它收在一個架構裡面。一是認知活動進行時，我們永遠在找比較可信的東西，另一個是說我們知道每次所得到的都不是絕對可信的。如果只承認一點、但又不作理論的解釋，那就會形成理論上的困局。這個困局表現成很多人一方面極力建立理論來否定知識的普遍性，可是另一面他運用的邏輯又相信這個主張是絕對不會錯的。比較晚近的德希達、羅蒂多少都是這個傾向。這就是當代「絕對主義」、「非絕對主義」理論的困局。

倘若我們把上述問題收在「瞭解不同文化」來看，同樣會牽涉到一個困局：因為人的理論語言是有限的，所以使用已經有的知識去解釋對象時，一定受某些特殊條件影響，譬如社會脈絡或歷史脈絡。因此歷來講相對主義這類問題，就經常爭辯：「某一種傳統的主張與理論究竟是只代表它自身的傳統，還是有一種超乎傳統的普遍性？」比較強調歷史的限制，就看見「歷史主義」這種立場。另方面，倘若我們認為有能力去估計任何一種理論的價值——就是所謂「批判理論」，我們就要承認人一方面是受歷史環境影響，但與此同時依然保持獨立的能力；當他自我批判的時候，就是要跳脫這些脈絡的限制。這一點就跟我們剛才講的兩個困局有一定的關係。第二個困局是每個理論都有限制，但是另外一面我們又要假定至少在理論上永遠有可能約束限制的能力。把這些基本觀念看清楚，就會發現很多人常在這兩個觀念間轉來轉去。比方高達美主張歷史的負擔；人不能離開歷史活動、人的活動當中總有其歷史所決定的成分。他跟哈伯瑪斯辯論時，哈伯瑪斯問他：你評價以前那些詮釋歷史的人——譬如席萊爾瑪赫（Friedrich Schleiermacher, 1768－1834）或狄爾泰（Wilhelm Dilthey, 1833－1911）——時，這些話的效力是怎麼成立的？你不能假定能這樣批評的原因是因為你自己背後帶著特殊的文化，所以這樣批評狄爾泰；任何人必然是在某個意義的客觀立場上去瞭解狄爾泰，然後才能評論他的長處或短處。如果是從非特殊的因素去批判狄爾泰，那對他的瞭解就永遠都是限於個人的瞭解。這地方就牽涉一個問題：這兩面我們都不能否定，我們不能因此反過來說我不受歷史限制，這是不可能的。因為人生命當中的種種內容都是一個社會文化大架構當中的現象，那又如何說跟一切文化、社會架構無關呢？但另外一面講，若我們真是被特殊的架構所決定，那就不能接觸到具有普遍效力的規範、理論的標準。所以事實上這是我提成素分析的態度。

我們之所以有上述問題，是因為傳統慣用的方法，是就系統來講開放或者封閉。但如果一個系統是封閉的，是否它就會永遠存在？它在什麼情況下會分解？譬如魯曼的社會學、系統論就講，人要麼跟著系統生活，不然就發動大革命去破壞系統。也有人認為人永遠不能脫離系統的影響；破壞一個系統之後，就會又建立另一個封閉系統。但這種種說法都不能解決我們剛才的問題；這問題不是把一個系統丟掉、取另一個系統的問題，而是是否有些系統本身可以叫做「封閉」或者「開放」？「系統」這個字是否應該這樣使用？

事實上每個系統都有兩面：一定特殊歷史條件、社會結構帶來的特殊性，所以一定有它封閉的成分。可是因為人類可以意識到共同的問題，其幅度可以超過他的具體經驗所能處理的問題。因為這樣，每個知識系統一方面都有一些被特殊因素決定的部分，我們就叫這部分「封閉的成素」。另一方面都有超出他已有的限制的活動，譬如說先作形式思考，然後建構一些形式系統，再檢查思想中間是怎樣一層一層形式地建構起來。從形式建構上講，亞里斯多德那個時代背景當然跟我們很不相同，但是他講初步的思想形式，就是亞里斯多德傳統邏輯，也就是希臘人早期的數學知識。它本身雖然是在特殊的歷史環境下產生的，可是並不受歷史條件的拘束，因為它不是封閉的成素，而是接觸到共同問題、普遍問題的觀念，所以一個問題可以有很大的普遍性。但是人在答覆問題時能運用的方法受到歷史影響，常常就是封閉的。所以每一個對知識問題的答案常常是有限的，但是問題的普遍意義並不因此而消失。第一個困局非絕對主義與成素分析的新觀點因此也是一脈相承的。

第一點瞭解清楚之後，第二點就不難瞭解；第二點就是所謂「民族文化衝突」的出路所在。拿杭廷頓的《文明衝突論》來說，面對二十世紀的現況，他要點破從啟蒙下來，這中間大家曾經很樂觀、把問題看得很簡單，事實上不是如此。兩次大戰下來，美蘇對立，多元化中間出現基本教義派，於是從中東伊斯蘭教開始有恐怖主義的出現。杭廷頓的判斷是，所有民族文化都是封閉的；不同的封閉傳統就有不同的基本教義派來代表，比方有基督教的基本教義派、猶太教的基本教義派等等。於是杭廷頓就得到一個很弱的結論：我們無法徹底改變基本教義派，只能想辦法緩和他們之間的衝突，希望衝突可以漸漸減少。

論者認為杭廷頓這篇論文好像一個很虛弱的人的聲音；一方面承認不同傳統文化間的衝突並且表示憂慮，另方面他希望緩和、但並沒有徹底解決的辦法。學院來說，杭廷頓的講法叫人覺得無力，但他的講法表達了目前在世界上有影響力的政治人物的思想，所以就跟別的學術結果拉在一起。他的說法跟文化人類學的觀點最接近；後者認為每個文化只能用自己的標準來瞭解，而不是比較哪個文化是對或錯。作為科學的學問，文化人類學可以採取這種中立（neutral）的態度，但是這種態度不能處理實際世界裡的衝突。我們一方面講共同標準，但另一方面又不相信這些共同的標準，這成為很虛弱的傾向。在這樣情況下，「成素分析」就有明確的效果。成素分析首先消解文化主權的觀念。文化主權假定每一部分文化成績都是傳統中特殊的產物。但是如果每個文化傳統都有其開放成素與封閉成素，則異質文化溝通的可能性主要必然擺在開放成素上。開放成素不屬於某一邊，因為「開放」表示一種普遍的功能。中國父權的觀念就不可能是普遍的。雖然民族的進化一開始都是血統關係，但逐漸成熟、要尋求一種共同標準時，就不能只記著血統。韋伯解釋「我們為什麼會接受某些權威的標準」時，他以傳統的制度、血緣關係、個人的領袖氣質三個條件來解釋以往政治史上權威是如何建立的。他依然把血統講成一個獨立的因素；血統因素的存在是不能否認的，但是這個因素所決定的就不可能是開放成素。文化之所以能發展、交互影響，就是因為有開放因素，否則就沒有真正的瞭解、溝通與發展；各人各玩一套。杭廷頓經過了二十世紀大震動之後才發表他的理論。這個理論其實描寫了很古老的現象，卻沒有透過典範轉換，把異質文化的關係看成開放成素與封閉成素的關係。我們現在這樣看能轉到另一個階段，儘管並非因此能解決所有問題，但有一部分問題將獲得解決，譬如文化主權的問題就會消失，如果文化主權的問題消失，就能發現某一個宗教的教義之所以會有正面價值，就是因為它包含了普遍因素。

2. 另一個失敗主義的心態——泛實用主義之流行

接下來一個很重要的題目，就是心態與風氣的問題。學院的成果基本上對於生活世界的影響是相當遙遠的。譬如知識逐漸專門化的過程，使我們進入一個理論建構的世界，但那個世界並不影響當前人們生活的條件。除此之外，在風氣上有一種「失敗主義」的心態出現在知識界，這種共同心態相當程度上表現了當代知識份子的精神狀態與人生態度：對於許多事物很多都不相信、都感到失望；另一面他又不能夠不選擇一些標準，而且是別人也能瞭解的標準。要不是這樣，他在實際生活裡就不能作任何決定，甚至不能生活下去了。

既然一方面有價值虛無化的傾向，另一方面又需要一個標準，那究竟抓什麼當標準呢？這我給它一個標題：「泛實用主義」（pan-pragmatism）。這不是學說上的「實用主義」。加一個「泛」（pan）在前面並沒有理論基礎，而是指只能順著這個傾向去生活。最近三十年這潮流對世界的影響中，透露了怎樣的問題？為什麼是一種「失敗主義」的心態。就哲學講，有一部分人在懷疑失敗主義是不是「哲學的終結」？這種想法至今沒有完全澄清，大家也沒有共通的想法。所以現在我們有一個反面的、給人有悲觀感覺的風氣，這種泛實用主義的傾向有不同層面的表現，幾乎使當代的哲學的活力都流向這個方向。

前面談到當代思想困局的兩個理論樞紐。當代思潮在理論上兩個很普遍的毛病，使得「後現代」這一類的思想傾向帶著很深的「暗病」。這是暗病，因為它並非總是很明顯的顯露出來，也就是上次提到的絕對主義的問題，以及封閉、開放成素的問題。現在我們要更清楚地解釋一下。特別表現在形上學來講，傳統哲學思想都是要表現絕對的實在性。通常傳統的思考方式都是預先認為這是有可能的，而且試圖去說一種絕對性的知識與真實。真正的問題是這樣的：傳統上只有一面的想法，就是運用純粹思維來達到終極（ultimate）決定。康德所批評的「傳統形上學」、「客體性的形上學」、「實體性的形上學」這類詞彙，都是描述那些要去決定所謂「終極的真相」；越是舊式的形上學家對「終極決定」就講得越多。在康德之後已不是如此了；實體這類的觀念，是我們思想組織資料時的條件、活動的方式，這和康德所謂的「可能性的知識」是相合的；它和「可能性經驗」也是一樣的，因為人知道的永遠都是在「可能經驗」裡所呈現的。所以從康德以後從各種不同的方向來講，大家都對「絕對性知識」有保留態度，一大部分學派或學人直接否定這樣的路線，極端一些的就走向相對主義，而另外還有一部分人認為「絕對知識」是很難用的詞彙，運用這樣的詞彙會遭遇種種不同的困難，因此有種種不同的角度來解釋我們為什麼要避開絕對知識，這也是當代二十世紀思想裡面一個很顯著的趨向。

我們問題的複雜處在兩個地方，一是絕對性知識這樣的觀念是否能充當具體目標的觀念？「絕對知識不可能得到」是指我們不可以以絕對知識當成對象；彷彿它能夠被經驗、被觀察。可是如果絕對知識這種觀念沒有辦法被當成所謂「極限的觀念」（limit concept），是因為建構知識的活動無法不去追求「究竟性」：則知識的進展為什麼要把不夠強的部分刪掉、要改變理論加強論證？為什麼我們有這套活動？答案就是因為我們希望知識準確度變高一點，希望離最後假定的真實更近一點。不管是不是學哲學中人都很容易將上述的兩種意思混在一起，就是：求知識當然是希望逐步接近真實。這種想法似乎很理所當然，但事實上犯了一個極大的毛病，它一直下來就是當代西方哲學所面對的困難。這兩個意義，一個是當做具體目標，因此認為是可以達成的；另一個意義是雖然我們行為指向一個方向，那個方向雖然是無限的向度，儘管我們不知道這方向什麼時候我們能走到盡頭，但還是指向一個方向。所以內容的意義跟方向的意義是很不同的。一個是在「內容」上肯定我們最終會知道「究竟的真理」，一個是說儘管我們永遠都不會完全知道，可是它代表一個方向。瞭解上述這兩種說法不同，然後講康德的絕對主義對當代西方思想的影響，就可以比較清楚。這裡我們可以稱做絕對主義投射的問題：心裡先有一個「要得到絕對知識」的想法，然後去找這個絕對知識的內容，而不只是定一個方向。

說到這裡，近代「意義論」的基本知識可以把問題講得更確定一點。一個概念、一個詞語牽涉兩個問題：一個是「意義」（meaning）的問題，二是「指涉」（reference）的問題。為了說明「意義」跟「指涉」在嚴格邏輯意義上的不同，弗雷格（Friedrich Ludwig Gottlob Frege, 1848－1925）最早提出有名論文〈論意義與指涉〉（*On Sense and Reference*）[7] 就指出這兩個不同處在於：我們講「意義」的時候，是就思維過程裡面形式的關係來談；事實上有沒有一個具體的對象是另外一回事，因為那涉及指涉的問題。所以我們最容易講明白的是弗雷格的辦法，他說「同一的指涉可以有不同的意義，而同一的意義亦可以有不同的指涉」。以天文的例子，日落的時候我們會看到一顆亮星，到了天亮、太陽快出來時，又有很亮的一顆星。日出時我們注意到的那顆叫「晨星」，而日落時我們看到的那顆喚它「暮星」。「晨星」與「暮星」的意義是很不同的，可是隨著天文學的進展，後來我們知道「晨星」與「暮星」原來是同一顆星，就是「金星」。所以就意義上來講，當我說看見晨星時，其意義當然跟我說看見暮星是不同的，然而指涉的對象卻是同一個，因此同一的指涉卻可以有不同的意義。另外在語法學上，語言結構有所謂「代名詞」，在任何一個自然語言當中都有一些代名詞，代名詞跟我們剛才講的正好相反，一個代名詞的意義可以相同，但指涉可以不同，比方「我」（I）這個詞的意義就是第一人稱的代名詞，但我說的時候指涉是我，而你說的時候指涉就是你，同一的意義卻可以有不同的指涉。意義跟指涉的不同，在於指涉是牽涉「存在」的——存在有這樣的東西，由它滿足這個意義，而這個意義是符號被使用開始時就有的，不然就不知道為何要用這個字；譬如從前舊式邏輯學曾經辯論「獨角獸究竟有沒有」？

7 Friedrich Ludwig Gottlob Frege, "On Sense and Reference," in Herbert Feigl, Wilfrid Sellars and Keith Lehrer, eds., *New Readings in Philosophical Analysis* (New York: Appleton-Century-Crofts, c1972).

我以意義跟指涉的分別來說明「絕對性知識」與「絕對性方向」的不同。換言之，我們不能再回到絕對性知識。絕對性知識這個詞是找不到指涉的，但意義很清楚；就是「最後的」、「無限的」、「終極的」，一切皆可置入於其中的知識。但中古神學下來到近代哲學的時候，理性主義的哲學家都用像是最後的、無限的、終極的這樣的字眼去講神、講形上學的主體，認為這樣可以得到對象的知識。但透過知識論的反省之後，康德以後的哲學就不是這樣了，因為這概念有其意義、卻無其指涉。所以在認知活動的過程裡，還是假定我們面對那個方向，是方向而非一個目標或實體的東西，因此不是說我可以知道，就像我看到一張椅子，所以有一組語詞可以描寫。

明白上述區分，我們就可以通過它來考察二十世紀許多代表性哲學家對於形上學問題的看法。舉兩個相反的例子來講，一個是強調人可以知道「絕對」，這是很古典的想法，但二十世紀還是有人提出來，例如胡賽爾就認為我們可以有一種絕對的知識。當然胡塞爾的講法引出很多爭論，因為它跟主流思想所得的結果都不相合。不過胡塞爾是用技術性的意向性（intentionality）來講的，他以現象學解釋存有、世界，而不僅只是形式上的思考。胡塞爾代表一個趨向：在已經沒有人講「絕對知識」的時候，他認為還是有的。跟這個相反的代表性理論則徹底否定「絕對性」，就是蒯因的理論。蒯因講知識問題時，最核心的觀念就是「可靠性」（reliability），所以有人說蒯因是徹底的經驗主義者。蒯因本身是數學家、邏輯家，但他數學、邏輯的講法跟傳統主流的講法不一樣。傳統主流的講法是形式的，因此可以看見一種必然性，這是我們對邏輯知識的基本看法。可是蒯因提出同心圓的理論，認為事實上的差別只是程度上的差別。這裡需要清理的觀念還很多，但基本方向是對的，因為即使我們提出數學證明，之後仍然有修改的可能——可能更簡明或更直接；邏輯數學上有很多這種例子。就那些例子來說蒯因是對的，不過他只顧及「一切知識都是可以修改的」這邊，而沒有注意到另一邊。

另外這一邊是在最近二十、三十年來哈伯瑪斯的理論、或影響哈伯瑪斯那些發展心理學家所強調的問題：「不可逆性」。這個理論一面講我們永遠可以修改，修改時必定是在某個向度裡修改或擴張。因此思想界堅持要達到絕對知識的風氣漸漸在消逝之中。但儘管一切達成的知識都是有限的，但也都有修改的可能，它並不表示認知活動的方法是亂動的；像費耶阿本德那樣說的「一切都可以」。那樣講是對人類認知活動的另外一種誤會：一方面的誤會就是像傳統形上學那樣太過樂觀，認為只要我們往前走就可以接觸到絕對真實；另方面的誤會是認為只要認知活動之後就有效果的問題，等效果出來，才真正能肯定一些東西。因此就內部來講，不管世界上有沒有效果，都沒有一定的方向、方法、規則，這種看法就等於「一切都可以」。這樣的傾向會產生兩個困難，第一個困難就是認為別人都是接受絕對性觀念、絕對知識，然後想去證明這是不可能的、別人都錯了。這個想法特別出現在解構思想，具體說是德希達，以及後來法國比較年輕的一代。所以我批判後現代，最重要的問題分兩頭講，其一就是在「自我解釋」上的失敗，就是他們不能解釋自己究竟在做什麼；另外一面他們去反駁別人理論時，就先假定別人是絕對主義者，假定對方要去找「絕對性」的東西，然後去證明沒有「絕對性」存在、證明對方是錯的。在傳統形上學這種批評還可以，但是在康德之後的哲學發展那就不對；假若把它用來批評蒯因，蒯因一定會認為對方根本沒明白他的意思。我還沒有想一個最適當的字眼來描述這個困局；原先我是就「絕對觀念的投射」來描述，因為把對方理論當成是講「絕對主義」的，然後再否定它，這是二十世紀「解構思想」消極思維共同的特色。而我要指出來代表行為的方向，是一種有意義的方向，並非一種實有的指涉。先認為有一種實有的指涉，然後認為人找不到這種指涉，這就是近代知識論與邏輯解析的結果。所以蒯因一定要肯定這個「可靠性」，因為蒯因談數學新基礎的時候，就很明白的表現出來，即使是形式的新知識也是可以修改的。這是第一個困局。

第二個困局也是前面說過的，就傳統上的方法來講，把普遍性的問題講到一個死角，認為一個語言系統本身可以是一個「封閉系統」或「開放系統」；「開放系統」是較容易與其他系統交流的，「封閉系統」就排拒其他的系統。這想法不是錯，不過這麼說本來就會陷入在第二個困局的問題裡。「絕對性」的觀念其意義可以決定一個方向，並沒有「絕對的對象代表一個真實」這樣的指涉。換句話說，我們不能達到所謂的「絕對知識」，但卻要求知識解釋效力進步，這進步指向一個方向，就這方向而言不是可逆的。在這裡我們把指涉與意義分開來講。要解這個困局就牽涉到「普遍性」的問題。人類活動都是在一定的縱向的歷史與橫向的社會脈絡下進行的，所以歷代談文化、歷史、思想、哲學的人都面對這樣的問題，就是我們自以為在談普遍成立的東西，但其實可能僅是對我們的既有文化普遍成立。我們看別的文化也是如此；別的文化可能如此的一套，這一套跟他的歷史脈絡可能是在一起的，但是我看的時候也可能忽略其特殊性，而把它分開來當成普遍性來看。因此被當做「普遍性」的問題實質上是不是「普遍性」，就牽涉到我們了解理論的時候究竟是用什麼樣的「範式」（paradigm）。

「範式」這個字眼除了在中古時期被沿用之外，二十世紀思想界用的主要就是孔恩；他是就科學革命講的。事實上科學知識的建構方式是不是真的如他所講：建構科學就像修大廈一樣，用一定的材料、依一定的範式來修，修了以後到有一天大廈已經完全破爛沒有用了，就把它拆掉，這個大拆除就是科學革命。是不是孔恩描寫的就像是這樣？但是科學革命預設一個前提，撤掉已經有的東西，一定要換一套更有效的東西，就是解釋效力或預測效力上的有效。他講的當然有一定道理，不過他講的代表知識的大廈好像一個封閉的知識系統；好像科學家都接受一個範式並形成一個科學家的社會，他們自己彼此用什麼方式來交流知識、用什麼方式來推動知識，這一切都籠罩在已經接受的範式下面。它必然先遇見不合範式的「非常態（abnormal）情況」，等「非常態情況」累積到一定時候變成危機，然後就要一場科學的革命克服危機。

應用到不同文化傳統的交流相處，這種想法就缺乏實際的可選擇的路。除非放棄已經有的範式、尋求新的範式來重新修大廈，不然一座一座大廈都是相互封閉的、都不能直接進入。但真是如此嗎？為什麼一個一個的文化傳統會有不可超越的距離與阻礙？很顯然的講這個理論時，我們都假定它有某個程度的普遍性跟共同性，也就是說我們不會把一個絕對的、特殊的文化當作是理論研究對象。所以孔恩這個想法跟科學史的想法顯然不是完全相合的。他選了某些相合的例子來描述，譬如說「燃素」，中古世紀傳統「燃素」這個概念認為一個東西會燃燒，是因為物質裡面有一種成分，否則就只能燒到變形、但不會燒成灰，像是金屬跟木頭就不一樣。但近代卻否定了「燃素」概念，因為如果燃燒現象是對象物內部燃素的消耗才有燃燒，那麼理論上來講燃燒過後對象物的總重量應該是減少，但是通過精密儀器去測量物質燃燒前後的重量，結果所有檢驗都發現燃燒後反而變重。所以「燃素說」就不能支持這個現象，於是才有了「氧化說」。「氧化說」是指一個東西燃燒時和氧有化合作用、產生氧化物，所以氧化現象才是燃燒的根本。以這種例子來講，我們可以說某種範式的根據是否充足合理，可是這些說法不能幫助我們解釋一個文化系統與別的系統之間交流是如何可能，還是說在某個程度上根本是不能交流的。

如果要爭論「普遍性」這個議題，首先要看人類有沒有共同的問題。事實上儘管人類文化發展過程不一樣，以至於處理問題時的具體條件，以及運用的資源條件不一樣，但問題還是一樣的；這就表示文化史上有些重要的、需要解答的問題是普遍的問題。我們答覆問題的時候可以受文化成績的影響，可是如果我們瞭解別的文化傳統是存在的，而同樣的問題會被別的民族用別的方式處理，那麼在問題的共同性上就看見所謂的「開放成素」。因此一個文化系統自然有其「封閉性」，這個封閉性並不是說整個系統都是封閉的，而是說封閉系統有一部分是跟特定歷史條件、社會環境沾在一起的。從這個角度來看，我們就不用劃分「開放系統」、「封閉系統」。儘管這樣的劃分並不是完全沒有道理的，不過這樣的劃分不能取消現在我們講的這個問題。

為什麼要提「成素分析」的問題？每一個文化系統都有它的「封閉性」和「開放性」，我們明白這點就可以知道為什麼有些文化衝突很厲害，有些則很容易彼此滲透。就拿中國歷史來講，西漢時期匈奴不接受漢代的影響，在《漢書》的〈匈奴列傳〉裡記載，有回匈奴派使者和漢朝的知識份子談論文化問題，就完全用畜牧文化的角度來批評農業文化，那時候他們簡直無法溝通，因為農業文化要強調人的合作、社會的和平、安定……等等；而畜牧文化永遠在衝突、遷徙，並不是在一個地方定居下來穩定的建設。就譬如對老人的態度來講，老人的存在對畜牧文化是不利的，這種觀念就剛好跟漢人所重視的相反。漢人對於這個現象很吃驚；他們犯了一個錯誤，就是把農業文化當作標準，以為其他民族也會很自然的接受這個標準。在此情況下，除非一方面放棄某部分的想法，否則我們看不出來兩個文化能夠相通。因此我們在文化相異的地方來觀察，就會看見不同文化的衝突；但如果從共同問題下手，就會看見「開放成素」，也才能看見雙方都能提出的價值意識。「普遍性」因素進入歷史的時候，它一定會受到一定特殊成素的影響，「普遍性」抽出來就會形成兩個特殊文化的會合，會合之後產生新的秩序時，「普遍性」進入歷史，又會受到這個階段的特殊社會環境影響。換言之，每一個具體成立的秩序都有兩種意義：一部分是具有普遍意義的，另一部分是它會受到特殊的因素的影響。過去我只講到我們可以發現、發展與整合「開放成素」，以「開放成素」推動文化進展，但是接下來是談如何重新具體化的過程。

當代思想的兩個困局，一個是「絕對主義」的問題，就是如果我們總是要尋求絕對知識，確實如別人證明的那樣是個幻覺。但若是因為這樣而不知道認知活動有一個方向，那就產生虛無的、妥協的「泛實用主義」。在不同的路向上，懷疑知識普遍性的這些人，結果都喚起一些非常無力的反應，我把這種反應稱為「失敗主義」的反應。政治經濟在二十世紀不斷變化，哲學問題、思想問題也陷入一種迷亂當中，因此出現前面提到的「哲學的終結」這樣的觀念。「失敗主義」的出現緊隨著「哲學終結」、「揮別哲學」的心態，這類心態都和「後現代」思潮的出現有關。除了這一面以外還有一種傾向：「泛實用主義」；它跟之前美國那些人的想法又不一樣；重點也不同。「泛實用主義」的重點是在避開所謂理想、思想、文化取向這些觀念。採取這個態度之後，希望運用在生活上就能夠讓我們比較快樂。「泛實用主義」又有幾個代表的人物。

二十世紀各種哲學思潮互相激盪之後，形成一個我稱之為「泛實用主義」的共同傾向。在此我要先說明，「實用主義」跟「泛實用主義」是不同的路向。我分析它的代表人物，主要在於他們不自覺的思想背景，因此不一定是他們自己宣布的立場、也不限於他們公開發表的論述。「泛實用主義」的流行跟別的哲學理論的流行有根本上的不同，這情況到目前為止沒人討論過，但我特別有些體會，因為我跟他們其中的幾個人接觸過。接觸多了我就明白他們自覺或不自覺地有一種「不得已」的態度；不像傳統上許多有名的學派，刻意的、特別苦心經營以建立一套系統去解釋一切現象。「泛實用主義」其中一部分較早在十九世紀就有了，但我現在所講的是二十世紀後半的大盛的另一部分。那時走向「泛實用主義」的一批人有個共同特色，就是他們不是很積極、正面的去推行一個學說，而是要「找一個藏身之地」，這是一種不得已的傾向，在這情況下，就把意義很廣泛的「泛實用主義」的招牌拿出來。

「實用主義」這個傾向十九世紀就有了，後來在二十世紀初影響美國，因此有了「美國實用主義」學派。我現在講的「泛實用主義」特別著重一個「泛」字，重點擺在那些講某個意義的消極思想之後要找一個棲身之地，於是成了「泛實用主義」。如果要問「泛實用主義」的根源，那麼我們就應該回溯到十九世紀左翼黑格爾學派的出現。黑格爾講的大封閉系統籠罩著當時的知識份子，特別是哲學界。一批黑格爾的跟隨者就認為，被黑格爾系統籠罩之後，根本上在理論上已經沒什麼值得做的了。所謂「黑格爾學派」從黑格爾學生那一輩一直下來兩、三代的時間，歐洲哲學界都有這種走向，在這走向中的一批人認為：黑格爾把重要的理論問題都說過了，好像再沒有什麼可以作的，但是哲學應該有另外的任務與功能，這就是馬克思、列寧所說的：「哲學不僅是認知世界，而是要改變世界。」所以「泛實用主義」最早出現的型態，就是社會改造的實用。二十世紀之後，大家就用「實用主義」來代表這種哲學。既然用了「實用主義」這個字眼，它就可以跟亞里斯多德的想法比較，因為「實用」（praxis）是亞里斯多德的觀念。

從這裡回頭看看歷史，亞里斯多德覺得哲學的使用就是實現好的生活，因為哲學要實現「好」（good），然後將這個「好」一層層排列出來，最後落在人身上、對人而言什麼是「好」，所以他在《尼克馬甘倫理學》裡談道德生活的「好」。亞里斯多德說的「好」，有東方人說的「善」的意思，又有品質上「好」的意思。當然他背後有形上學的傾向：如果我們問這個世界存在與根本的規律，那麼是「目的論」、是「本質的實踐」。但若問「人應該做什麼」?他的答覆就有很濃厚的「實用主義」的傾向；就是知識、智慧所有這一切都會落回「什麼是一個好的生活？」這樣的問題。換言之亞里斯多德的倫理學雖然沒有那麼清楚地表現出來，但它還是有「實用主義」的面向。

十九世紀後半葉，轉向二十世紀時，這種想法開始結合左翼黑格爾學派。亞里斯多德思想當然是很古典的哲學，但二十世紀後半出現的一批人，認為學院的哲學思辯已經沒有什麼值得做的了，最重要的是社會改造、強調人的完善生活。這就是逐漸興盛的「泛實用主義」的較早階段，它要經過十九世紀哲學界內部的種種大衝突才轉向這裡來，所以左翼黑格爾學派一開始是肯定黑格爾的，到了後來變成反對黑格爾，是因為他們不要那些概念、結構或理論；重要的是我們要做些什麼來改變社會，因此轉向社會改革。這不像美國的杜威（John Dewey, 1859－1952）、或者法國的孔特（Auguste Comte, 1798－1857），是要去宣揚一種進步的哲學、認為哲學必須滿足一些正面條件。馬克思與恩格斯把他們尋求的社會改革的態度跟學院哲學方向混在一起講，因此這種傾向從馬克思跟恩格斯就已經有了，後來變成二十世紀的流行思潮之一，就是所謂「新馬克思主義」（法蘭克福學派）。這裡有一個線索，就是他們將哲學的功能都繫於社會改造功能上。所以"praxis"通常翻譯作「實踐」，當然就字的根源來講，希臘文是這個意思，所以日後"pragmatics"、"practice"這些字眼的意思都從這裡而來。不過我常常強調"praxis"如果翻成「實踐」，這種「實踐」是社會性的實踐，而不是東方人講個人性的、內省式、體悟式的實踐；東方講的「實踐」是就主體內省、覺悟講的，是自己對於自己內在的瞭解，並不假定一個社群。而馬克思要講的實踐的哲學，主要是落在社會改造上，因此是社會性的實踐，這可以看做「泛實用主義」的第一類，就是從十九世紀末馬克思與恩格斯的思想到二十世紀初「新馬克思主義」的思想。

「實用主義」的流行是很奇怪的；大家走否定思維到一個程度後，回頭就忽然感覺無所依傍、似乎什麼都留不下來，因此排斥形上學的答案後，用「工具主義」、「效用主義」的答案，就變成「泛實用主義」的傾向。所以「泛實用主義」都在講社會改造，但這裡也出現純粹講理論的人，特別是六〇年代以後的幾支思想，經過不同的過程都走向「泛實用主義」。我們現在舉幾個最重要的人物。首先，從二次大戰時希特勒統治德國一直到他失敗，這期間美國哲學本來接收了歐洲的分析哲學，也就是維也納學派，然後從這裡轉出一些批判維也納學派的論述，但它本身還是一種解析哲學，也就是從原本的邏輯解析轉入語言分析。以維根斯坦來講，他個人思想的經歷正好代表西方思想——特別是美國哲學學風的演變。可是七〇年代美國出現的幾個人都偏向否定思維；他們並不要說明知識如何有效，而是質問為什麼以為我們對於世界的知識是有效的？本來二十世紀前半截，美國最流行的思想是那兩個階段的解析哲學，維根斯坦個人一生的兩段思想就正好代表這兩個趨勢。維根斯坦在一九五二年去世，一九五三年他的最後著作也陸續在印，所以五〇年代後期他思想的影響也在改變。

以美國有名的哲學家來講，羅蒂本來受蒯因影響是做「邏輯解析」的，被時代浪潮衝擊之後轉向「意義論」，有了很大的改變；開始懷疑哲學作為認知學問的前途、認為作為一種知識論的活動，哲學是沒有真正前途的；換句話說，就叫「哲學的終結」。[10] 羅蒂參與這個陣營，不過他不順著解析哲學的思維去做思想工作，也不從社會效用開始講，這點他跟黑格爾左翼不同。基本上他質問哲學認知是否可能、並懷疑瞭解世界是否能真正滿足「客觀主義」的要求。他先引述了兩種解析哲學的影響，然後又反對它們的說法。他在《哲學與自然之鏡》一書[11]中就質疑，在我們常識中的想法，知識就像鏡子去照這個世界；比較原始的、素樸的知識論立場會認為，通過知覺得以讓我們對世界有一個直接的接收。羅蒂思想上的轉向就在於這種對知覺的懷疑，這當中牽涉建構理論語言的層級（order）

問題，但他並沒有很妥當地予以處理，所以他的立場十分明白，但論證是不充分的。前些年羅蒂在台灣、南京、上海講演，很確定地認為哲學真正的作用只是「效用主義」和「實用主義」。

「實用主義」在什麼地方「實用」？羅蒂提出一個字眼「教養」（edification）。「教養」原先是中古的概念，用來指對於人的培養、教養；所以他那麼說至少是部分贊成「哲學的終結」，認為哲學並不能真正提供知識，而只是一種教養，所以他將藝術、文學批評拿來與哲學比較。他退縮到「我們對世界不能真正知道」的說法，但問題是生活中間我們究竟肯定什麼？畢竟人總是要生活的；對知識的肯定就是我們對世界所持的態度的問題，現在把這些都否定掉，說我們並不能真正了解這個世界，那麼我們在世界中間怎麼生活？這畢竟是一個很明顯、很迫切的問題。這是一支，以羅蒂為代表。

如果以更學院一點來走，另外美國在上一輩有一個代表人物就是蒯因。他批評維也納學派的看法有一部分是「實用主義」的傾向，而不是純粹邏輯數學內部所支持的。他強調所謂意義的傳達在實際經驗的作用，但他在知識論的自然化、對於悖論的態度等等，尤

10 「哲學的終結」是歐洲思潮的名辭，相關論文都收錄在《哲學的終結或重建》一書中。

11 Richard Rorty, *Philosophy and the Mirror of Nature* (Princeton, N.J.: Princeton University Press, 2009).

其他用「實用主義」的觀念來講十九世紀以來意義的問題，是我始終懷疑的。例如他批評卡納普，是因為卡納普認為語言是述敘知識的。通常敘述知識的語言有兩種：一種是純形式的，另一種涉及感性知覺經驗，「經驗主義的兩個教條」的那篇論文就批評上述的劃分。[12]他不能滿意卡納普的關鍵，就是「區分」的目的應該是幫助處理問題，而不僅僅是因為存在差異。基本上這就是一種廣泛意義下的「實用主義」。蒯因把原先傳統形上學、宇宙論都丟掉了，之後他就變成廣義的實用主義者。我在跟他談的時候感覺到，有一些比較難解決的形上學問題他並沒有都解決，不過他取了個立場，轉到傳統的對立面去。

「泛實用主義」還有一個人物就是「後現代」思想的李歐塔。李歐塔反對「大論述」。作為否定思維來講這類的論調很多，問題是人究竟用什麼態度來生活？支持日常生活的規則要怎麼說？因為我們生活在一個社群裡是參與社群的一份子，正因為如此，所以我們的行動、活動、說話的意義和語言的使用等等就很明顯的是跟許多人共有的；通過系統性的看法就有種種的判斷。譬如假使我在晚上十點鐘撥電話給一個朋友可能會吵到他，因此這是不對的，我這樣想的時候就不會這樣去做，因為我活在一個行為系統裡面。如果不要所有一切系統性的東西，那要如何使別人瞭解我呢？李歐塔否定「系統性」，認為系統性是徒勞無功的，然則又如何處理實際的事情呢？他《後現代狀況》[13]的那本書就說，我們實際上能做的事就是短期時間內能做的事，長期規劃都是徒勞無功的，在這層意義上講，他對於哲學傳統所主張的價值都沒有肯定。通常對於傳統價值的肯定，會使我們在眼前追求的利害以外還有其他追求的價值——當然各人對於傳統的種種解釋可以不一樣。

我所要建立的要點，是文化生活有定向的，這是它的「不可逆性」；另外一面講，文化知識的發展確實不能用「封閉系統」來代表，每個「封閉系統」都會溢出去，因此可以肯定種種傳統知識的「可修改性」。但這些修改只是「定向」的修改。我們在知識上越來越定立，在行為上也越來越有條理、越來越能夠有統合的作用。文明成長跟宗教信仰不同；它沒有特殊內容，但有一些形式上的規則，像「殘忍」是個文明標準的問題，不是道德內部的問題；人類文化尚未發展到一個程度前是會出現某些行為的，合乎文明的行為並不保證是合乎道德的行為；道德行為是一個形式條件。中國人以往把合理性、合法性、道德等等概念都混在一起，所以產生不少糾結錯亂的問題。事實上在我們生活的秩序裡都有要遵守的規則，若完全沒有就亂了；李歐塔卻認為「大秩序」都是虛幻的；真正能做的只有短期構成一種決定，但這些決定顯然都是「實用主義」的，這就是所謂的「泛實

---

12 Willard Van Orman Quine, *From a Logical Point of View: Nine Logico-philosophical Essays* (Cambridge, Mass.: Harvard University Press, c1980).

13 Jean-François Lyotard: *The Postmodern Condition: A Report on Knowledge*, trans. Geoff Bennington and Brian Massumi (Minneapolis: University of Minnesota Press, c1984).

用主義」傾向。

「泛實用主義」的流行大概短時間還不會停下來，因為現在的趨勢還是普遍地「否定思維」。但「否定思維」越流行我們就越覺得無家可歸，因為否定思維就是反對、拒絕，但是把一切都反對、拒絕了之後，問題其實並沒有解決，就跟拆房子一樣，如果你拆的時候有一個全面的計畫，那麼拆房子只是裡頭的一個階段，但如果你只是拆房子而沒有計畫，你一面拆一面就會感覺到我今晚要住哪裡？純粹只是否定並不能生出新的基礎，而人生不能只是否定；要有個基礎、方向，否定才有意義。

二十世紀幾個來自不同學派的主張和理論，同樣地都走向所謂「泛實用主義」的方向，為什麼？在這裡我們要用幾個代表性的人物，把現代哲學思想的風氣作一點補充。這風氣可以分四類來說：第一類是社會革命的傾向。它最原始的觀念是哲學要改變世界、推動社會革命，而不是認識世界。馬克思與列寧都講過。就像列寧所說的，要促成革命行為就要建立一個能夠推動世界變化的權力。這個問題在馬克思自己晚年、共產黨宣言之後，就變成一種建立革命權力來完成革命、改變世界的思想。光看蘇聯發展的過程以及失敗，這思想所出的毛病就已經不需再提了。這方面的無效——或者說結果與預期效果相差很遠。另外三種都具有很濃的學院色彩，建立理論時也是學院的作法，不是社會性的運動。第一個我們從美國來講。所謂美國思想本來都跟歐洲有關係。其中最明顯的就是三〇、四〇年代下來解析哲學的流行。相當長一段時間，美國哲學家基本上都是從邏輯、語言解析開始的，可是就出了一個例外，他變成「後現代」哲學的人物，屬於「泛實用主義」的取向，這就是我們先前提到的羅蒂。

羅蒂的後現代傾向就是不信任理性與知識；知識是經驗科學提供的，而哲學思維是對生活的浸潤、改變，是一種培養、教養（edification）的活動。羅蒂的講法之所以變成泛實用主義，是因為他否定了哲學思維提供的知識，[14] 這就是他的實用主義，跟馬克思、列寧革命所使用「實用」的意義很不同，並且也與亞里斯多德代表古代思想不同。[15] 使人遺憾的是，他不能讓我們看見後現代哲學讓人有希望的地方，越到後來反而越加強調泛實用主義的觀念。因為落到人類培養的問題已經成了效果問題、而不是理論分析的問題。

第三種我把它稱為「徹底經驗論」立場。「徹底經驗論」本來不應走向「實用主

14 羅蒂認為哲學根本不能提供知識，這是後現代不信任理性的表現，非常接近歐洲的立場，這在美國哲學界並不多見，卻也是羅蒂最近一、二十年常常被人注意的原因。

15 亞里斯多德也接觸這個問題：教養使我們比較文明，文明就是排除野蠻的生活方式。亞里斯多德講道德教育時也提到這問題，不過羅蒂是相當激進的主張，他認為我們不需要哲學作為知識的基礎，而是要得到哲學的教養。這理論很顯然地是要否定哲學知識與理性思維的功用。

義」，因為「經驗論」的「實在論」的假定是相當強的：一切都要化成經驗世界的呈現，其代表人物就是蒯因。蒯因的一部分工作是在英美數理哲學範圍內講數學基礎，但蒯因在哲學出路、功能上的主張是在他的「意義論」當中。基本上他也是從以卡納普為代表的維也納學派的解析理論那裡下手，但是比他們更徹底。他對知識的看法就是前面提過的「同心圓」看法。他不認為知識像是卡納普認為一邊有經驗語言、一邊有純形式的語言。因此康德以來有如「分析命題」、「綜合命題」這類知識都收在裡面。可是蒯因不認為這可以化成兩半、互不相干；他的想法是它們是像同心圓一樣一圈一圈套起來的，於是從最外層的知覺活動，到最圓心的邏輯數學，形成了一種漸進的關係。蒯因主張整個知識活動的特性就是「可修改性」；就算是邏輯數學知識的證明也是可修改的[16]。蒯因的論述本來不應該是實用主義，卻越來越重視效果問題，我們從他中年之後談知識論的自然化等主張，就可以看出他朝經驗主義的傾向去，這就是我說的「泛實用主義」的傾向。

轉過來在歐洲來看，「泛實用主義」的趨勢又更明白。比較早的德希達、李歐塔否定思維太重：放棄所有系統性陳述之後，所剩下的就是片段。片段既然不能依靠系統來成立，那以什麼來維持他的地位呢？最重要處就是在實用中間它能發揮某一種功能。譬如李歐塔的「後現代主義」對於教育、哲學思維等等的態度，是我們只有點點滴滴地面對文化問題。不過即使如此，這裡我仍然有個問題：我們是不是還是假定某種確定性存在？因為確定性要滿足之後才能說有效無效。

上述四種立場、想法各異，但實際上都指向「泛實用主義」。把這部分加進來，我們對於當代很混雜的哲學思考趨勢就會更明白：這麼多不同的傾向，竟然都有一個相同的避難所。

3. 迷執破除之建議

以上是我對於當代哲學的憂慮與評價；最後就談談主張與建議。前面提過，在語言上講，「後現代」屬於「自破」（self-defeating）的語言，但落到行為上來講就變成一種「自我毀壞」的行動。最近二十、三十年世界的運作已經看不見理想的引導。特別是歐盟，剛開始的時候很明顯帶有一種理想性，希望建構一種共同秩序，結果卻變成經濟問題，而且這經濟問題是屬於「在什麼程度上騙人」的問題。「以債養債」並不是凱恩斯的意思，但凱恩斯理論的發展實際上都落在這些地方，所以才有雷曼兄弟銀行崩潰的問題。現在大家

16 蒯因有幾個論集就是發揮這個理論的，批評卡納普最有名的就是〈經驗主義的兩大教條〉，這些地方就是我現在所談的蒯因的立場。他之所以批評卡納普是因為卡納普相信絕對必然的東西，可是他認為不是只是程度的差別。

成天在講金融風暴，為什麼？從十六、十七世紀下來，資本主義經濟逐漸成長，這中間有種種的病、也有政策上種種的藥；但現在不是要追尋一個理想或希望辦成一件事情，而是對於危機的來臨束手無策。社會怎麼會變成這樣呢？從這裡來想，在長久文化的趨向之下我有幾點建議、看看心思應該擺在哪些地方。

i. 支持並加強哈伯瑪斯之普遍主義（universalism）立場

近年來我有一個看法：從二十世紀中期哲學思想往後看，正式面對世界性危機——特別是西方危機的人，主要還是哈伯瑪斯；他是唯一有正面主張的人。這主張可以用兩個觀念來講：一個是所謂「普遍主義」。我們在不同語言級序上，一定要有某一種「普遍主義」的認定，然後才能講規範。如果沒有某種肯定意義的普遍意義，就不能有規範語言。在不同層面上規範語言一定要認定普遍性的原理，哈伯瑪斯也提出來了。他講法律哲學、道德哲學也提過這一點，也就是「普遍化原理」（universalism）這個觀念。

ii. 堅持哲學乃「合理性之捍衛者」——基本斷定

跟普遍化原理觀念連在一起的，是他對哲學任務的看法，在《道德意識與溝通行動》（*Moral Consciousness and Communicative Action*）那本論集當中，[17]他用一個特殊的名詞來代表：「哲學是理性的保衛者」（guardian of rationality），意思就是「我們有講理的意識傾向」；不管在哪一個語言的級序來看，人必須要保存理性的觀念才能說是有哲學。哲學如果變得不能保衛理性，那麼作為學問它就不能存在了。

17 Jürgen Habermas, *Moral Consciousness and Communicative Action*, trans. Christian Lenhardt and Shierry Weber Nicholsen (Cambridge, Mass.: MIT Press, c1990).

iii. 哲學無終結，文化之自覺努力無終結

如果哲學思維是在不同級序上理性思維的表現，則「哲學終結」的問題就不應該存在，因為「哲學終結」使用的是另一個規則上的哲學語言；換言之它仍然是一種哲學思維、一種哲學語言，只不過是在一種特殊的級序上說出來的。這一點羅蒂晚年在香港講演，我就提出過：如果要證明哲學語言的功能是他所不承認的，那說明這個「不承認的語言是不是哲學」的問題就非常大了。

iv. 超越自我解釋之失敗——建立形式意義之新基礎理論

由於上述問題，因此近代，特別是二十世紀後半葉的哲學語言有一種根本的錯誤，就是它形成一個自我解釋的失敗。我們剛才說過哲學必須是理性的保衛者；如果不能夠貫徹這一點，那就表示當我評論哲學語言時，我自己不知道我在做什麼。所以「超越自我解釋的失敗」就變成當代做學院性哲學時的主要課題。如果這樣做，恐怕我們要建立一個基礎

理論，所以我談「新基礎主義」，要旨就是說「舊基礎主義」招來很多反對，但「基礎主義」之所以會出現，有一種客觀上的根源。事實上我們追尋標準、規範等等這些意識活動，都要假定形式意義上的基礎。倘若沒有形式意義上的基礎，那就像哈伯瑪斯所說的：根本沒有辦法溝通，不能瞭解別人，也無法使別人瞭解自己。在這一點上我相當肯定哈伯瑪斯的想法。不過我對於哈伯瑪斯另有評論：他太強調「自我社會化」的觀念。我們要解釋文化秩序是可以用哈伯瑪斯的理論，但問題是文化秩序上在意識內在還有個根，所以我們不是憑空說要達成「自我社會化」。

v. 改換異質文化之溝通範式，確認「開放成素」之實在性

至於我的建議則是關於異質文化的問題。這個時代「共同性」、「系統性」、「普遍性原理」漸漸地都被人誤會、變成後現代批評的對象。於是在現實上發生一個問題，就是說如果我們只看見「異」看不見「同」，「異」就隱藏一種衝突，於是大家都在妥協中過日子：我容忍你一部分、你容忍我一部分，彼此過得下去就算了；沒有價值選擇、判斷的問題。杭廷頓這樣的人就會覺得民族文化、傳統文化的衝突是無法避免的，只能想辦法緩和，這種思想是一種文化無力、沒落的思想。但我們對於文化秩序的發展、整合要有一套更正

面的構想。就這個來講，我提出「開放成素」、「封閉成素」，就是要修改典範。以往一個系統要麼是開放性的系統，或者是封閉性的系統。但我主張每個系統都有其開放與封閉的成素，因此對於開放成素的注意與尋找就是一個正面的希望所在；所有「封閉成素」並不妨礙我們尋找「開放成素」，於是文化傳統的特性與功能都可以保留。但是文化傳統如何配合「開放成素」的形式化？換句話說，我們所面對的問題與別的文化所面對的問題都有開放跟封閉的成素兩面，我們應該向一個正面的方向去達成整合、消融衝突。所以我們能夠對不同文化的人有什麼貢獻，就要看能夠發揮的開放成素是哪些。反過來講也是一樣，對方有些元素是它那個傳統的，那就是他的封閉成素，但他必然也有開放的成素。很多年前我的《中國哲學史》第一卷出版的時候，陳榮捷認為我好像運用西方哲學特別多；在這種情況下好像「由西觀中」，而不是「由中觀中」。我答覆他說，在我們的思想裡面，自有一部分是有普遍意義的，在那部分說話，就沒有所謂「觀中」、「觀西」的問題。當我們說由西觀西或者由中觀中的時候，就是說他用他系統內部的話去解釋。所以我就用「思想顯微鏡」的觀念來解說：難道因為顯微鏡是歐洲人發明的，於是功能上就會被這個條件所決定，只能看見歐洲的細菌嗎？我當時並沒有使用「開放成素」或「封閉成素」這組詞彙，但有這樣的意思。

每一個知識系統裡面都有「封閉成素」與「開放成素」，因為我們有能力去接觸一些共同問題，但當然我們也受特殊環境影響，要是只取一面，就會引出很多毛病了。說到這裡再補充一點：如果有哲學的話，哲學是一種展現理性的思維，說到這個背後就通過一個重要的有關「思想形式」的問題。我們用一種大的觀念，譬如「無限的係數、系列」的時候，「無限性」對一個範圍講是「無限」，不是說「無限性」就可以把所有東西都包含在裡面；這在數學上就比較清楚。總之把不同秩序的東西包含在一起就會出現內在矛盾。一種理論語言一定要預認某一個級序上的普遍性。如果「否定思維」把一切都否定了，但這否定背後仍然包含著它的級序，那就一定會是個矛盾。

vi. 消解文化傳統之衝突，指向新的文化整合

結論：勇敢承擔歷史之任務——觀念之探險

概念索引（中文，依字首筆畫）

九劃

十劃

十一劃

十二劃

十三劃

十四劃

十五劃

十八劃

十九劃

二十一劃

二十二劃

概念索引（英文，依開頭字母順序）

L

M

N

O

P

R

S

T

人名索引（依英文人名姓氏字母順序）

中西對話

當代西方思想的困局

作　　者：勞思光
叢書主編：汪　琪
發 行 人：王春申
副總編輯：沈昭明
編輯部經理：葉幗英
責任編輯：王窈姿
封面設計：吳郁婷
校　　對：張麗莉

出版發行：臺灣商務印書館股份有限公司
10046 台北市中正區重慶南路一段三十七號
電話：(02)2371-3712　傳真：(02)2371-0274
讀者服務專線：0800056196
郵撥：0000165-1
E-mail：ecptw@cptw.com.tw
網路書店網址：www.cptw.com.tw
網路書店臉書：facebook.com.tw/ecptwdoing
臉書：facebook.com.tw/ecptw
部落格：blog.yam.com/ecptw

局版北市業字第 993 號
初版一刷：2014年11月
定價：新台幣380元

ISBN 978-957-05-2969-2

當代西方思想的困局 / 勞思光著，-- 初版 . -- 臺北
市 : 臺灣商務 , 2014.11
面；　公分

ISBN 978-957-05-2969-2（平裝）

1. 西洋哲學

140　　103019456